BUKEBUZHI DE JINGJIXUE CHANGSHI
JINGJIXUE DE BA GE LIAOTIANSHI

不可不知的经济学常识

经济学的8个聊天室

郭小东　主编

SPM
南方出版传媒
广东经济出版社
·广州·

图书在版编目（CIP）数据

不可不知的经济学常识：经济学的 8 个聊天室 / 郭小东主编. —广州：广东经济出版社，2015. 7
ISBN 978 - 7 - 5454 - 3796 - 6

Ⅰ. ①不… Ⅱ. ①郭… Ⅲ. ①经济学 - 通俗读物 Ⅳ. ①F0 - 49

中国版本图书馆 CIP 数据核字（2014）第 305664 号

出版发行	广东经济出版社（广州市环市东路水荫路 11 号 11 ~ 12 楼）
经销	全国新华书店
印刷	茂名市永达印刷有限公司 （茂名市计星路 144 号）
开本	787 毫米 × 1092 毫米　1/16
印张	17.5　1 插页
字数	410 000 字
版次	2015 年 7 月第 1 版
印次	2015 年 7 月第 1 次
书号	ISBN 978 - 7 - 5454 - 3796 - 6
定价	35.00 元

如发现印装质量问题，影响阅读，请与承印厂联系调换。
发行部地址：广州市环市东路水荫路 11 号 11 楼
电话：（020）38306055　37601950　邮政编码：510075
邮购地址：广州市环市东路水荫路 11 号 11 楼
电话：（020）37601980　营销网址：**http://www.gebook.com**
广东经济出版社新浪官方微博：**http://e.weibo.com/gebook**
广东经济出版社常年法律顾问：何剑桥律师

编　委　会

聊天室欢迎词

——权当前言

朋友，您好！

欢迎来到本财经聊天室！

本聊天室以经济问题为讨论主题。“财经”与“经济”的意义实际上大致相仿。

经济与我们每个人都密切相关。我们时时都生活在一定的经济环境之中，天天都从事着一定的经济活动。说到经济，您可能会马上闪出一个念头：“经济”这东西我可是太熟悉了。大至国家当前的经济政策，小至邻家小孩今天的晚餐；上至太空探索，下至深海采矿；远至太平洋彼岸的纳斯达克指数，近至本人的发展大计。凡此种种，我无所不通，无所不晓。经济就这么回事，我懂。那么，如果冒昧地请教您一句：什么是经济？经济这个篮子里到底装着些什么东西？或许，您又会眉头一皱，顿时生出些“不识庐山真面目，只缘身在此山中”的感觉出来。

“经济”，按我们中文的原意，是指“经国济世”或“经世济民”，是我们的祖先，特别是古代知识分子按“修身齐家治国平天下”理念所要追求的崇高目标。说某人有“经济之才”，原来的意思是说这个人有抱负、富韬略、心怀报国为民之志、胸有兴国安邦之策。当然，今天的“经济”，其含义和古代相比，已大相径庭。今天，我们虽然可以从不同角度对“经济”作出不同的定义，但一般而言，**经济**是指由生产、分配、交换、消费活动所构成的总体。

出于理论和实践上的需要，经济又可按不同标准划分为许许多多不同的种类。例如，按照一般行业划分，经济可分为工业经济、农业经济、商业经济等；按照经济活动中交换所起作用的大小，经济可分为自然经济和商品经济等；按照经济活动决策机制的不同，经济可分为计划经济和市场经济；按照对外联系程度的不同，经济可分为开放经济和封闭经济；按照对象范围的大小，经济可分为微观经济和宏观经济；按照经济活动主体的不同，经济可分为公共部门经济和私人部门经济；按照竞争程度的不同，经济可分为完全竞争经济、不完全竞争经济和垄断经济；按照所有权归属的不同，经济可分为公有经济和私有经济；按照所处周期阶段的不同，经济可分为繁荣期经济、收缩期经济、上升期经济和萧条期经济；按照社会性质不同，我们也把经济分为社会主义经济和资本主义经济等不同社会形态下的经济，等等。

就像探究各种语言现象要靠语言学，分析各种数量关系要靠数学一样，我们分析把握各种经济现象靠的是经济学。那么，什么是经济学？首先，我们可以说，经济学就是一门以经济为研究对象的学科。当然，这种解释未免表面化了一些，应该有个更深入的说明。可以说，长期以来，人们对经济学到底要研究的是什么，在认识上是经历了一个明显的变化过程的。例如，18世纪时英国的经济学大师、古典经济学的建立者亚当·斯密认为，**经济学**是一门研究国民财富的性质和增长的学科。生活于18世纪后期和19世纪前期的法国著名经济学家、当时被称为“科学王子”的萨伊又认为，经济学应该是一门分析财富如何生产、分配和消费的科学。生活于19世纪后半期和20世纪初的英国著名经济学家、因博采众家之学而把经济学推向一个新的高度的马歇尔则认为，经济学就是一门说明人类一般生活事务的学问。今天，随着认识的不断发展，人们对经济学内涵的认识已进一步深化。如果要一言以蔽之的话，那么，人们已普遍认为，**经济学**是一门关于如何合理配置稀缺性资源的学科。相对于人类无穷无尽、不断发展的需求来说，我们能够用于满足这些需求的绝大多数资源显然是稀缺的。自然资源中的水资源应该是一种相对丰富的资源了吧，但是，农业灌溉用水紧张、工业用水紧张、城市生活用水紧张已经是司空见惯的现象。更何况，当我们大片大片的沙漠需要开发时，我们首先感觉稀缺的是什么？水！那么，对我们这个拥有十多亿人口的泱泱大国，我们的人力资源具有稀缺性吗？一样有。我们人力资源的结构性稀缺太明显了。我们太需要各种各样的杰出的科学技术人才了。正是这种无时不在、无处不在的稀缺性，迫使我们必须认真考虑如何更充分地利用各种有限的资源，在稀缺性资源的安排配置上作出合理的选择。这正是经济学所要解决的问题。

具体说，面对稀缺性资源合理利用的选择问题，经济学要回答好如下四个问题：①生产什么。也就是说，一段木材，是用来生产书刊、书桌为教育事业服务，还是用来生产乒乓球台为体育事业发挥作用。②如何生产。即为做成一张书桌，是用手工方式进行制作，还是用机械化方式完成。③为谁生产。即这张乒乓球台最后被谁消费，是进了投资者的家，还是进了工人俱乐部等此类问题。④如何决定。即对以上几个问题，靠什么办法来回答。例如，可以靠政府的行政决策来定夺，也可以让市场机制来支配，还可以通过政府和市场都发挥一定作用来共同决定。我们只要稍微品味一下就可知道，这几个问题实际上也就是和生产、分配、消费活动有关的问题。

和经济学要回答好有关选择的几个问题一样，处于经济生活中的每一个经济活动主体（政府、企业、家庭、个人等）也要不断地作出选择。政府今年的一笔资金是用来铺一条高速公路还是建一座污水处理站？某家工厂这个季度是扩大生产还是减少产量？您家这个月的收入是打算全部花完还是储蓄一部分？您将乐意于从事哪种职业？这些，都体现了经济活动主体的选择。这些选择既构成了经济活动主体的思考、判断，也会最终变成经济活动主体的行为，体现在形形色色的经济活动上。

也许您接着会问，千千万万、各种各样的经济活动主体，大家目标不同、爱好不同、所能支配的资源不同，这将会使经济活动主体们作出千差万别的选择，那经济活动岂不会是一团“剪不断、理还乱”的乱麻？让我们看看情况是否如此。

以您身边的生活例子为证。当您观察您和某个熟人的选择表现时，情况确会像您开始时感觉的那样，说不清，理还乱。您会看到，你们两人爱好的差别实在太大了。从吃的到穿的，从日常用品到文体活动，你们两人的选择都截然不同。而且，你们的选择带有太多的偶然性和随意性。您前天花钱买了一本小说，可能完全是您一时冲动的结果。您的那位熟人昨天掏腰包请您在饭店饱吃一餐，可能完全是因为他（她）突然心血来潮所致。今晚，连您明天想吃什么早餐都还难说。那么，面对这类乱糟糟的选择，经济学能理出个头绪，对此进行有效的分析吗？能说哪一种选择是合理的，哪一种选择又是不合理的吗？更何况，你们都觉得你们各自的选择是合理的、自然的。这讲得清楚吗?

确实，当您单看两个人时，情况可能真的难以用三言两语讲清。但是，当您把观察的范围不断放大，从您和您的某个熟人放大到全部熟人，再放大到您所能接触的全部的人，乃至于进一步放大到全县、全市、全省所有的人，您的感觉就会不断改变。这时，因偶然因素和个体差异而造成的区别将会随着您面对范围的扩大而不断缩小。您会很自然地发现，原来，和您以及您的那位熟人行为方式相类似的人还有很多很多。您熟人的饮食习惯刚好和他（她）的老乡大李小陈相近。而您自己的衣着品味则恰恰和您同事中的老张小王他们相仿。也正是因为你们在日常生活中都能不断观察到这种现象，所以，您和您的那位熟人也就自然都会互相认为对方是很正常也很普通的人，而并不会因为互相间衣着品味的差异而把对方看成是“怪人”，更不会天天带着“和外星人同行”的心情走在一起。再回头看看您的书架。上面所堆的，实际上并非全部都是您一时冲动而买回来的书籍，大多数的书是按您明确的目的选购的。您的那位熟人也不会老是心血来潮请您下馆子。至于明天早上您会买什么早餐，一般也跑不出离家不远的那家小餐厅里准备的那几种食品的范围。这时，您就会发现，经济活动并不是乱糟糟的，经济活动主体的选择并不是杂乱无章的，这其中是有规律可循的。实际上，经济学已针对人们的生产、分配、交换、消费行为寻找出了不少的规律，并建立了相应的理论体系。通过认识这些规律，经济学不但可帮助您更好地认识今天的经济，而且还会建议您，在今后的选择中，如何才能做得更好、更合理。

现在，您有兴趣在我们的财经聊天室里转转吗?

竭诚欢迎您的光临!

主编

2010年3月

目　　录

第四聊天室　市场经济中的政府职能

第五聊天室　财政运行与税收

第六聊天室　经济周期与反周期

第七聊天室 经济发展趋势

第八聊天室 在经济现象的背后

置身市场

⇩【版主的话】

“市场”是经济生活中最基本的概念之一。我们每天都要与形形色色的市场打交道，这些市场有着共同的任务，那就是要在资源有限的条件下解决生产什么、如何生产和为谁生产的问题。

在市场上，买者决定了一种物品的需求，卖者决定了一种物品的供给。商品的价格、收入、相关物品的价格、预期和偏好等因素会对某种物品的需求产生影响。同样，商品价格、投入物品价格、技术和预期等因素也会对某种物品的供给产生影响。市场上的供给和需求共同决定了商品的均衡价格。供求关系决定商品价格的过程，同时又是价格调整需求和供给的过程。这种市场机制通常被称为调节经济运行的“看不见的手”。“看不见的手”可以使经济资源获得有效的配置，但是，它有时也会失效，甚至使经济走上错误的道路，出现市场失灵。外部性和垄断是导致市场失灵的重要原因。

作为消费者，需求方在市场中发挥着关键的导向作用。在市场中，我们常常要在一个目标与另一个目标之间有所取舍，我们总是希望用最少的花费满足自己最大的需要；同时我们注意到，在新增加的消费中获得的额外满足程度将会下降。

企业作为市场的主体，在市场中扮演着重要的角色。在历史发展的不同时期，先后出现了独资企业、合伙企业和公司企业等三种类型的企业，在目前，公司作为现代企业的形式而存在。

主题一　借问市场何处有

【讨论热点提示】

什么是市场？

你身边哪些市场是有形市场，哪些市场属于无形市场？

你身边哪些市场是竞争市场，哪些市场属于垄断市场？

提起市场，几乎每个家庭、每个人每天都要与它发生联系，小至衣食住行，大至入学就业，没有一样不需要通过市场来实现。市场与我们的关系如此紧密，然而，你对市场的了解有多少呢？这个问题看起来好像很简单，或许你会举出许多关于市场的例子，譬如，你家附近的农贸市场，又或者你平日常常光顾的超级市场。然而，接下来的交流将会告诉你，市场的奥妙远远不止这些。

有形市场

我们平常所见的市场，无论是农贸市场还是超级市场，虽然买卖的商品不一样，但是它们都有着各自固定的地点。不错，**市场**这个词的字面意义或者最初的含义，就是指买卖商品的地方。我们可以设想，沿着时空隧道，作一次回到过去的旅行，观看一下最初的交换活动是怎样进行的。首先，交换的一方将自己拿出来交换的东西放在一个空地上，然后在空地旁边隐藏起来，等待交换的另一方的到来。他要一直等到交换的另一方在空地上放上自己满意数量的物品，才出来拿走换来的物品，否则就不出来，以表示对这桩交易还不满意。不要小看了这种原始的交换，正是用这样的方法，伊图里森林中的姆布蒂人用肉换取了图班族人的香蕉，斯里兰卡的维达人用蜂蜜换取了迦罗人的铁器。

随着生产力的进步和社会分工的发展，交换的方式也在发生改变，零星的、偶然的交换变成了大量的、经常的交换。在人群聚居的地方，人们往往选择交通方便的地点定期集市，进行交换。渐渐地，这一地点就成为固定的交换场所，形成了市场的雏形。在我国，很早就有关于市场的记载，《易经》中描述的神农氏时代“日中为市，致天下之民，聚天下之货，交易而退，各得其所”，就是古代市场的典型写照。我们从中不难看到，由于受生产力发展水平的制约，人们提供交换的商品数量很有限，因而市场活动在时间上是间歇的，只是在“日中”进行；人们交换的目的还仅仅限于“各得其所”，即换取不同商品，满足生活的需要，所以交换活动主要是直接的物物交换。

随着社会经济的发展，商品交换的规模日益扩大，进入市场交换的物品种类也越来越多，不再限于满足人们生活需要的各种商品，还包括各类生产要素。同时，在人们的交换活动中逐步发展出了一些大家公认、易于被人接受的商品，如晒干的鳕鱼、贝壳，或某些贵金属，以这些商品作为交换的媒介。这些作为交换媒介的特殊商品，也就成为随后出现的货币的前身。据记载，唐朝时的长安城设立了东西两市，各有 220 行，而其后的宋朝洛阳城有 120 行 3000 余肆。这里所说的市与肆就已经是我们今天的集市与店铺了。到了今天，除了前面提到的农贸市场和超级市场以外，我们还可以举出许多市场的例子。例如大家都熟悉的上海证券交易所和深圳证券交易所，在那里交易的是各个上市公司的股票，还有每年春秋两季在广州举办的中国进出口商品交易会，在那里交易的是从玩具熊到成套机械等各种各样的进出口商品。

无形市场

前面我们提到的市场，都是有固定交易地点的，这些市场称为**有形市场**，与此相对应的，没有固定交易地点的市场叫做**无形市场**。让我们看一个例子：在广州有一个全国闻名的购书中心，当地人把它简称“书市”。毫无疑问，这是一个典型的有形市场，买者和卖者在固定的地点接触并且进行交易。除了这个购书中心，广州城还有大大小小过百甚至上千家的书店和书屋，所有的这些书店、书屋与购书中心一道组成了整个城市的图书市场。在这个庞大的市场上，书的买者并没有相聚在一起，他们在不同的地方向不同的卖者购买书籍。另一方面，书的卖者也一样。所以我们说整个城市的图书市场是无形的，因为它并不拥有一个固定的地点。虽然这个市场是无形的，但它确实存在，它由书的买者集体和书的卖者集体所组成，他们交易的对象是书。

另一些无形市场的出现和兴起要归功于现代通信技术的发展。在这些市场上，买卖双方的接触、交易指令的下达主要依靠邮政通信、电话传真以及互联网来完成。特别是随着计算机网络的推广，更使得无形市场大有挑战有形市场的趋势。作为消费者，我们在网上淘宝、买书、购票，通过网络参加旅游团；作为供应者，我们在网上发布商品的信息，达成企业间的大宗交易。这种方式已成为买卖双方并行的重要交易方式。

既然市场已经不是一个空间地点的概念，那么市场是什么呢？我们发现，无论是古代的市场还是今天的市场，无论是有形市场还是无形市场，它们都离不开三个最基本的元素，那就是：买者、卖者和交换物。因此我们可以说，市场就是某种物品或劳务的一群买者与卖者。其中，买者作为一个群体决定了一种物品的需求，而卖者作为一个群体决定了一种物品的供给，只有买者或只有卖者都不能成为市场。举例来说，我们每个人每时每刻都在吸入氧气，呼出二氧化碳，大家都是二氧化碳的提供者，但是没有谁需要这些二氧化碳（当然，植物的光合作用是需要的，但是它们不在我们的讨论之列），所以就不会有这类二氧化碳的市场了。再举一个例子，一直以来人类都想找到长生不老的秘方，即使无法办到，也希望尽可能地延长寿命。因而人们对于时间有着强烈的需求，遗憾的是没有时间的提供者，因此也就不存在时间的市场了。

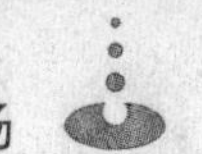

竞争市场和垄断市场

我们会发现，市场除了可以划分为有形市场和无形市场以外，根据不同的划分标准，还可以有其他的分类方式。例如，按照交易对象的不同，可以分成商品市场和生产要素市场。在商品市场上交易的主要是消费品，而在生产要素市场上交易的主要是供企业生产所用的生产要素。又如，按照区域的大小，市场可以分成地区市场、国内市场和国际市场。再如，按照交易交割的时间不同，市场可以分成现货市场和期货市场。在现货市场上，交易在现时发生；而在期货市场上，买卖双方约定在未来某个时间以某个价格对某物进行交易。虽然对市场有各种各样的划分，但在讨论特定的问题时，我们往往只是关注市场某种特定的分类。比如，对于研究市场结构的经济学家而言，市场分成两类：一类是竞争市场，另一类是垄断市场。

举例来说，广州这个城市的报纸市场就是一个**竞争市场**。在这个市场上，有许多的买者和卖者，每个人对市场价格的影响都微乎其微。一方面，我们每个消费者都知道，每个报摊提供的都是相同的几种报纸，所以我们随便到哪个报摊购买都可以。另一方面，每个报贩也都认识到，他提供的报纸与其他报贩所提供的没有多大差别，所以他没有什么理由收取较高的价格，如果他这样做的话，消费者就会到其他地方购买。正是这两方面的原因，使得在这个市场上，没有一个卖者能够影响价格。同样，由于没有哪个买者购买报纸的数量特别多，所以在买者中也没有谁可以影响价格。

经济学中的许多理论都是以竞争市场为研究起点的，而且多数的经济学家认为，竞争市场是最理想的市场，在竞争市场中，市场的功能能够最大限度地发挥。在我们以后关于市场的讨论中，如果不加以说明，都是假定市场为竞争市场。

当然，并不是所有的市场都像报纸市场这样，在另外一些市场上，某种商品只有一个或少量几个卖者，而且是由这个或这几个卖者在决定价格，这样的市场被称为**垄断市场**。例如，我们的有线电视服务的市场就是一个垄断市场。每个城市的居民只能从当地为数寥寥的有线电视台购买有线电视服务，而这样的有线电视台在当地往往只有一两家。如果我们继续分析下去，就会发现，除了竞争市场与垄断市场这两种极端的情形，生活中更多的市场是处于这两者之间，既有某种程度的竞争，又有某种程度的垄断。但不管怎样，关于这些市场的一系列问题都可以通过对竞争市场与垄断市场的研究，最终得到解决。

市场的功能

现在我们对市场有了初步的了解，我们不妨把关注的焦点从单个市场转向更大的范围，当我们把茶叶、布匹、土地、劳动……各种不同的市场放到一起的时候，会得到一个什么样的结果呢？这时候，无数的个人和大量的企业将通过各种商品和劳务的市场进行交易，发生联系；与此同时，这些分散的主体将按市场情况独立地作出决策，支配自己所占有的资源，从而实现了整个社会的资源的配置。我们说，这时候的社会就是市场经济的社会了。那么，在市场经济的社会里是如何解决“生产什么”、“如何生产”、“为谁生产”这一系列问题的呢？

在市场发挥作用的前提下，一个社会生产什么取决于消费者的货币选票，消费者每天都要作出购买这种东西而不是那种东西的决策，这时他们手中的货币就发挥类似选票的作用。当消费者决定购买某种商品，把货币选票投向某种商品时，这种商品的需求就会趋于旺盛。企业作为生产者，看到这种商品需求增加，价格上升，受到追求利润的欲望驱使，就会增加对这种商品的生产，甚至将资本抽离原来利润较低的商品，而投向生产需求和利润较高的这种商品。于是，生产什么的问题就被解决了。

至于这种商品如何生产，则取决于不同生产者之间的竞争。为了在市场竞争中应付价格竞争和获取最大的利润，生产者唯一的办法便是采用效率最高的生产方法，以便把成本压缩到最低点。因此，总会出现用更便宜的生产方法取代成本较高的生产方法的现象。美国农民使用粗放的方法，把每小时的劳动用于相对多的土地上，因为美国地广人稀；我国农民使用精耕细作的方法，在每亩土地上使用相对多的劳动，因为我们的人口密度远比美国高。农民这种解决如何生产问题的方法并不是由各国政府制定的，而是由市场推动而成的，市场解决了如何生产的问题。

所以，商品为谁生产取决于收入分配的结果。在市场上，企业出卖产品并且购买生产要素，个人用出售生产要素（如劳动、资金）取得的收入去购买产品。就一个劳动者而言，个人因按劳动合同向企业提供技能、劳动而获取的货币构成为工资，工资就成为个人的主要收入。收入在劳动者之间的分配取决于他们劳动的时间和工资率，后者是由劳动市场的供给与需求决定的。当然，如果人们的收入比较高，手中的货币选票也就比较多，那么就可以购买更多的商品。

由市场作用而形成的分派结果，通常称**初次分配**。在市场竞争机制的作用下，初次分配总会拉开要素所有者之间的回报。现实世界中，既有获取高额回报、号称“日进斗金”的资本拥有者，也有回报偏低甚至“亏蚀连连”的资本投放者；既有领取高额工资的“打工皇帝”，也有收入水平在平均值以下的低工资劳动者。

一般而言，如果初次分配的结果符合这个社会在公平、伦理层面所形成的共识，高收入者和低收入者可以相安无事，那么对这种市场机制形成的初次分配结果在总体上是可以接受的。但是，如果初次分配的结果使贫富差距过大，超越了社会认可的程度，就需要通过其他手段来弥补这种市场失灵，这是我们在后面的交流中需要谈到的问题。

主题二　钱归何处

【讨论热点提示】

消费者的行为目标是什么？

上大学会给你带来哪些收益？什么是上大学的机会成本？

对不同的人来说（例如穷人和富人），1 元钱的效用是不一样的，这与边际效用递减规律有关吗？

我们假设你决定今晚带着朋友一起出去玩，在你面前有两种选择：要么去看电影，要么去吃饭。电影票每张 5 元，共需 10 元。晚餐的费用大约为 50 元。让我们来看一下，在作出选择以前你会考虑哪些因素。

效用最大化

我们平日购买的东西，都是我们需要的东西。我们之所以花钱去吃饭，花钱去看电影，是因为我们有吃饭的需要，有看电影的需要。换句话说，吃饭和看电影能够给予我们一种满足和享受，这种满足和享受在经济学上叫做**效用**。值得注意的是，对于不同的消费者，效用的具体内容可能很不相同，他们对同一样物品效用的评价也很不一样。例如，某种消费对于你来说是一种享受，具有效用，而对于他来说可能是一种折磨，效用为负。

消费者的消费愿望不能不受到他自己支付能力的限制。我们的收入永远是有限度的，是稀缺的，我们的时间也永远是有限的。我们每一个人都不能随心所欲地得到我们所需要的东西。我们总是要考虑如何用稀缺的收入和有限的时间去购买和消费所需要的商品和劳务。因此，消费者的行为目标就被概括成：在既定的收入下追求效用的最大化，用最少的花费满足自己的需要。

我们决定去吃饭还是去看电影，不仅要比较吃饭和看电影的效用，还要比较吃饭和看电影的价格，因为我们的钱总是有限的。经济学家们认为，如果你吃晚餐的愿望很强烈，至少是看电影的愿望的 5 倍，那么你就会花费 50 元去吃晚餐，而不会花 10 元去看电影；反之，你就会去看电影而不是去吃晚餐。

量多无价值——边际效用递减

我们能够从一部电影或一顿晚餐中得到满足，但这种满足不会永远保持不变，它取决于我们出去看电影或者出去吃晚餐的频繁程度。例如，如果你和你的同伴曾在早些天去电影院看过了电影，那么你再看一场电影得到的满足程度就会降低，你就会更倾向于出去吃晚餐。

如果你是一名超级电影迷，无论看多少部电影你都不会轻易满足，都不会明显影响你渴望看下一部电影的欲望的话，就让我们来看一下其他的产品，譬如汽水。想象在一个炎热的日子里，喝一杯冰镇汽水会使你感到神清气爽，舒服极了。喝第二杯，感觉也不错。喝更多，感觉会怎样？第三杯、第四杯、第五杯甚至第 N 杯，给你的满足程度跟上一杯相比如何？还跟上一杯一样吗？毫无疑问，经过一段时间之后，我们先前喝进肚子里的汽水数量，会使我们从新增加的那杯汽水中得到的满足下降。喝第三杯，就不会像第二杯那样满意了，而第五杯更不会像第四杯那样满意，如此类推，结果大致相同。

说到这，有一个小故事：当年在罗斯福第三度当选美国总统的时候，一名记者问罗斯福对连任有何感受。罗斯福没有直接回答，而是请这名记者吃三文治。记者吃了两块，罗斯福让他接着吃第三块，然后说道：“你现在能体会到我的感受了吧！”我们可以猜想那位记者的感受大概是：第一块三文治最美味，第二块比不上第一块，第三块的味道又不如第二块。类似的经历在生活中经常会碰到。一个多世纪前经济学家就是从这一系列现象中提炼出一个规律，那就是我们消费的每种产品或活动，都有一个满足程度下降的问题，换句话说，我们从新增加的消费中获得的额外满足程度将会下降。因此，你对某种物品的赞赏与爱好会随着对该物品消费的增多而下降。看电影是这样，喝汽水、吃三文治是这样，罗斯福甚至认为当总统也不例外。

在经济学中，**边际**这个词的含义是新增的或额外的。例如，你再多喝一杯汽水，这杯新增加的汽水就处在“边际”上，你从这杯汽水中得到的效用，就叫**边际效用**。我们总是在新增的、额外的这一意义上来使用“边际”这个词，所以“边际”的用途十分广泛。例如，如果你还是一名学生，你所在的班级这个学期来了一名转学的新同学，那么这名同学就处在“边际”上。又如，你决定每天拿出一小时的时间来打球，我们可以把这个新的决定所引起的新增成本叫做**边际成本**，把新增的利益叫做**边际收益**。在建立了边际效用的概念后，我们就可以把先前提到的规律提炼成**边际效用递减规律**：当某种物品的消费量增加时，该物品的边际效用趋于递减。

鱼和熊掌不可兼得——机会成本

当你在看电影和出去吃晚餐之间进行选择时，如果你选择出去吃晚餐，很遗憾，你就无法去看电影，这就是出去吃晚餐的成本。经济学家用我们被迫放弃的东西来作为我们所做事情的成本，并把它称为**机会成本**。在更多的情况下，除了吃晚餐和看电影，我们还有很多其他的选择。当我们有超过两项的选择时，我们应该怎样考虑我们的机会成本呢？比如，我们在看电影和吃晚餐的例子中增加一个可选项目，即你还可以去挣钱。假定今晚你

要是留在家里工作，可以赚 50 元。让我们来看一下，现在你面对的是看电影、吃晚餐和工作这三个可选项目，你只能选择其中的一项。经济学家说，如果你最后选择去吃晚餐，放弃了其他两项，那么，吃晚餐的机会成本就要用剩下的这两项（即看电影和工作）来衡量。看电影可以给你提供效用，工作会给你带来 50 元的收入，它们中的较大者就是你出去吃晚餐的机会成本。

机会成本是人们为了得到某种东西而必须放弃的东西。很明显，机会成本之所以存在，是因为我们生活在众多的选择和机会当中，面临着各种不同的替代关系。比如你有买一套衣服的预算，但如果同时看中了两套衣服，那么就得从中选择一套。你父亲攒了一笔钱，准备添置新的家具，是买组合柜，还是买沙发。你们一家要决定如何使用家庭的收入，是用于现时的消费，例如购买食物、衣服、出外旅游，还是把收入的一部分储蓄起来。一个国家也不例外，要在“大炮与黄油”之间作出选择。因为当我们把更多的钱用于国防（大炮）以保卫我们的领土免受外敌入侵时，我们能用于提高国内生活水平的个人物品消费（黄油）就少了。

正因为人们面临着各种各样的替代选择，时间便变得越来越宝贵。看电影花费了我们的时间，用这段时间我们本来可以留在家里工作，赚取 50 元。排队购物花费了我们的时间，用这段时间我们本可以看一场精彩的球赛。而人们对时间价值越是重视，就越是追求方便快捷的方式和途径。越来越多的人放弃了那些费时的活动，转而从事省时的活动。用这种观点我们可以解释为什么快餐业和方便食品能在市场上取得如此巨大的成功，为什么写信的人越来越少，而使用电话的人越来越多，为什么洗衣机、洗碗机和自动取款机会这样流行。用这样的观点我们还可以解释为什么生活在贫穷国家的人们并不在意花时间排队，因为在那里工资是如此之低，以致人们的机会成本很低。

时间的价值还体现在这样一个事实上：我们在购买高档产品时花的时间要比购买便宜商品时多得多。为什么呢？因为精明的人们预期，通过货比三家和讨价还价，在高档商品上节省的费用要比在便宜商品上节省的费用高得多。所以，为购买便宜商品，跑遍全城货比三家实在是不值得。但是，如果为买一套家具跑遍全城可以节约 500 元，那是值得的。

覆水难收——沉淀成本

假定在看电影与吃晚餐的选择中，你最后选择了看电影。设想你坐在电影院里，发现电影很恐怖，那么，你是离开电影院，还是照旧坐在那里，以弥补电影票的费用呢？如果你从电影中根本得不到享受，你会离开电影院吗？

你也许觉得，如果在这时离开电影院就会白白损失了买电影票的钱，因为这个缘故，虽然电影不好看，你还是坚持看下去。然而，经济学家不这样认为。要知道，电影票的费用已经沉淀了，你为电影票所花的钱已经收不回来，因为无论你是继续留在电影院，还是离开电影院，你都必须（而且已经）支付这笔费用。所以当你一进入电影院后，就把电影票的费用忘了吧，它与你下一步的决策已没有关系了。你现在要做的是，比较你的时间价值与你继续留在电影院将获得的满足程度。如果你从电影中根本得不到享受，而你若在家中工作可以赚到钱的话，赶快离开电影院。

你也许觉得这种思维方式很特别，让我们再举一个例子来说明。假设在去电影院的路上，你发现你们的电影票丢了，你会怎么办呢？在这时，经济学家会对你说，过去的事就让它过去吧，覆水难收，如果你们确实想看这场电影，你就应该再买两张电影票，至于原来的电影票怎么样了都无所谓。

在经济学上，把已经发生而且无法收回的成本称作**沉淀成本**。买电影票的钱就是一种沉淀成本，因为从你买了电影票那一刻开始，你在电影票上所花的钱就收不回来了。一旦成本沉没了，它就不再是机会成本了，在作出新的决策时可以不考虑这部分成本。所以，在电影票丢失以后，我们面临的仍然是与当初同样的选择——吃晚餐或者看电影。电影票的丢失，对从事两项活动的相对价格没有任何影响，这时看电影的价格为重新购买两张电影票的花费。既然原来就认为花费 10 元看电影是值得的，那么现在仍然会这样认为，没有理由仅仅因为丢了电影票而决定不去看电影。

主题三　揭开需求的面纱

【讨论热点提示】

价格是怎样影响需求量的？

如果可口可乐的价格相对于百事可乐下降了，你会购买前者还是后者？

请解释一下下面这一现象：经济繁荣使得人们的财富增加，从而刺激了对房地产的需求。

我们在前面说过，在市场上不仅要有买还要有卖，如此市场才能运行起来，所以，需求和供给对于市场来说，是缺一不可的。正因为需求和供给如此重要，经济学家常常把它们挂在嘴边，以至于有人开玩笑说，只要教会鹦鹉“需求”和“供给”这两个词，鹦鹉也可以成为一个经济学家。

我们的讨论打算从需求开始。在前一阵子，舆论经常在讨论一个问题，那就是如何刺激消费，扩大内需，保证国民经济的稳定增长。我们知道，一个社会需求的背后是千千万万个家庭和个人的需求，要研究一个社会的需求，首先得从个人的需求着手。而个人的需求背后又是什么呢？个人的需求又受哪些因素影响呢？下面我们用一个例子来加以说明。

平常你有吃冰激凌的习惯吗？你怎样决定每个月买多少冰激凌？哪些因素会影响你的决策呢？

价　格

显然，最可能影响你的决策的因素是价格。试想想，当水很贵时，我们仅仅会买需要喝的水；当水的价格下降时，我们就会多买一些洗东西的水；当水的价格非常便宜时，我们就会买它来浇花或大量地把它用于任何可能的用途。同样的道理，如果冰激凌的价格下降了，对于爱吃冰激凌的你来说，是个好消息，你将会多买冰激凌；如果冰激凌的价格上升了，你就会少买一些。需求量随着价格上升而减少，随着价格下降而增加，这一规律对于水、冰激凌以至一般的商品来说都是适用的。我们注意到，主妇们总是趁着大减价的机会多买一些物品，商家们也乐于看到薄利多销。然而，你有没有想过，价格的变化是怎样引起需求量变动的呢？

假定冰激凌的价格上升，而其他商品的价格不变，那么，很明显，比起其他商品，冰激凌变得昂贵了，精明的消费者就会很自然地选用其他商品，比如冻酸奶，所以冰激凌的购买量就会减少，而冻酸奶的购买量却会增加。类似地，当出租车的收费提高时，人们会更多地使用公共交通工具，减少搭乘出租车的次数，因为这样做更划算。经济学家把冻酸奶称作冰激凌的替代品，它可以代替冰激凌使我们获得大致一样的满足。同样，公共汽车是出租车的替代品。生活中替代品的其他例子还有很多：吃面包时，我们用奶油或者果酱；星期天我们去烧烤或者看电影。如此多替代品的存在使得消费者可以做到趋利避害，用最少的花费来满足自己的需要。

同样的道理，企业也希望用最小的成本生产相同数量的物品。当某一生产要素的价格上升时，企业就会调整它的生产方法，以便用较便宜的生产要素代替较昂贵的生产要素。比如，当木材的价格上涨时，企业就会考虑用塑料或其他材料代替木材，这将导致对木材需求量的减少。

另外，我们还可以换个角度解释价格变化带来的结果。别忘了，在我们的收入固定不变的前提下，冰激凌的价格上升，相当于我们实际的购买力下降了，我们就会觉得自己多少比过去穷了一些。当我们感到较为贫穷和购买力下降的时候，我们自然会节衣缩食，减少在大多数物品上的消费，包括减少购买冰激凌。

收　入

如果你的收入真的下降了，譬如某个夏天家里给你的零花钱少了，你对冰激凌的需求会有什么变化呢？很可能的情况是，需求要减少。收入少了使得人们能购买的东西少了，人们的总支出也会减少，人们不得不在大部分物品上减少支出。相反，更高的收入将允许人们购买更多的东西，因而收入的增加通常将导致需求的增加。

但是，只要我们仔细观察一下就会发现：不同的商品对收入变动的反应是不一样的。经济学家把那些需求变化与收入变化关联关系不大——例如，在收入增加的情况下其需求增加很少——的物品称为**必需品**。举个例子，改革开放以来，我国居民人均收入水平有了相当大的提高，人均粮食的消耗也有提高，相比之下，前者的增长速度又明显大于后者。道理很简单，人们生活富裕了以后，更多地消费肉、蛋、禽、奶等食物，对粮食需求的增长反而不大。与必需品相对应，那些需求变动大于收入变动——例如，在收入增加的情况下需求迅速增加——的物品被叫做**奢侈品**。别墅、首饰以及汽车等都是奢侈品。

无论是必需品还是奢侈品，它们的相同之处在于，对它们的需求会随着收入的增加而增加，随着收入的减少而减少。然而，生活中还有一些相反的例子，在这些例子当中，对商品的需求随着收入的增加而减少，随着收入的减少而增加。搭乘公共汽车就是其中一个例子：如果你的收入比起过去减少了，那么你不大可能乘出租车，而是更可能坐公共汽车，收入下降使你对公共汽车的需求增加了。再比如，过去一些地方很穷，人们对玉米和山芋的消费量很大，现在收入上升了，生活改善了，就主要吃大米、白面，对玉米、山芋的需求就减少了。

相关物品的价格

在前面我们曾提到冻酸奶是冰激凌的替代品，反过来，冰激凌也可以作为冻酸奶的替

代品，它们是相互替代的。实际上，当我们说甲是乙的替代品时，就意味着乙也可以代替甲了。现在假定冰激凌的价格维持不变，发生变化的是冻酸奶的价格，冻酸奶变得便宜了，你会不会多买冻酸奶，少买冰激凌呢？答案是肯定的。冰激凌和冻酸奶都是冷而甜的食物，它们可以给你相似的满足，除非你对其中的某种情有独钟，否则它们两者是可以相互替代的。所以当冻酸奶的价格下降时，为什么不购买冻酸奶呢？

根据这个道理，如果某个生产厂商的产品和别人的产品有很强的替代性，那么就必须十分重视对方的销售策略，因为只要对方的价格下降一点，就有可能给自己带来很大的销售损失。与此同时，厂商应该尽可能地使自己的产品朝个性化的方向发展，减少别人的产品对自己产品的替代程度，这样才能在价格竞争中常胜不败。明智的厂商这样做，正是很好地把握了需求的这一特征。

在生活中并非所有物品之间的关系都像冰激凌和冻酸奶一样，有一些物品不仅不能相互替代而且是必须一块儿购买的。比如左脚鞋和右脚鞋，羽毛球和羽毛球拍，录音机和磁带等。试想，一个人，怎么会光买左脚鞋而不买右脚鞋呢。因此，左脚鞋和右脚鞋相互称为**互补品**。根据需求规律，一种物品的价格上升，将引起它的互补品的需求下降；反过来，一种物品的价格下降，将引起它的互补品的需求上升。让我们看一下羽毛球和羽毛球拍的例子：假设羽毛球的价格上升，虽然羽毛球拍的价格没变，但是打羽毛球的费用确实提高了，打羽毛球的人就会因此而减少。最终的结果是，即使羽毛球拍的价格不变，人们对羽毛球拍的需求也会减少。

针对互补品的特点，有的厂商往往采用这样一种价格策略：把一种商品的价格定得很低，以便把顾客吸引过来，然后把这种商品的互补品的价格抬高，把钱赚回来。例如，剃须刀架和剃须刀强烈互补，生产厂商把剃须刀架卖得非常便宜，以此来吸引住顾客。一旦顾客购买了剃须刀架，必然要频繁地购买剃须刀，这时顾客将发现剃须刀一点也不便宜，但已经别无选择了。

事实上，正因为替代品之间以及互补品之间存在着上面所说的互动关系，经济学家往往是以价格和需求的作用方向来区分替代品和互补品的。如果某一产品价格的上升导致另一产品需求的上升，就称它们是**互为替代品**；如果某一产品价格的上升导致另一产品需求的下降，则称它们是**互为互补品**。

预　期

经济学家在分析问题时，充分考虑到人们对未来的预期。他们认为，人们在作出决策时，不仅会着眼于现在，而且会预计未来可能发生的情况。具体来说，消费者对未来的预期会影响其现在对物品与劳务的需求。例如，如果你预期下个月会赚到更多的零花钱，你可能愿意用你现在的一些积蓄来买冰激凌。又例如，如果你预期商场的服装在季末会有大减价，你就不会愿意以今天的价格购买服装。

还有一个例子，2005 年前，经营移动电话业务的中国电信和中国联通两家企业为扩大市场，几度降低了移动电话（手机）的入网费和通话费，使得普通大众也有可能负担得起手机的开销。但即便如此，有的消费者依然不愿意马上购买手机。为什么呢？原因很简单，因为当时用手机通话是双向收费的，换言之，无论你是通话的主动一方还是被动一方，都必须支付通话费。而这种计费方式在不久的将来必定要转向单向收费，即只有通话的主动一方要交纳话费，这将令使用手机的负担大大降低。部分消费者正是预期很快就会出现计费方式的这种变化，这种预期影响了他们的购买决定，从而选择在未来而不是在目前购买手机。

偏　好

以上我们提到冰激凌的价格、收入与冰激凌相关的商品的价格以及预期都会影响你对冰激凌的需求。除此以外，还有一种被称为偏好或嗜好的因素会影响你的决定。比如说，最近你的朋友时兴吃草莓冰激凌，那么也许你也愿意多吃一点草莓冰激凌。又比如，最近电视上经常出现某品牌冰激凌的广告，那么你可能会受广告的影响，多买一些这个品牌的冰激凌。从更大的范围来看，随着时间的推移，建筑、家具、服装、发型和生活方式都在发生不停的变化，这实际上正是人们的偏好在不停变化的表现。人们偏好的改变总是不可避免地带来需求的改变。可是，对人们偏好的讨论势必跨进经济学的另一个范畴，即进入了行为经济学研究的领域。在大多数情况下，经济学家认为，他们无须过多解释人们的偏好，并且把研究偏好的问题更多地留给了别人。例如，有关广告效应的研究，就留给了心理学教授和市场营销专家。

以上几种因素是决定个人需求最重要的因素。但是，对于特定的物品而言，还会涉及许多其他因素。例如，对雨伞的需求要看降雨量，对雪橇的需求要看雪的厚度，对空调的需求要看气候，不一而足。很难想象，在沙漠地区的人们对雨伞会有很大的需求。同样，也不会出现雪橇在广东地区热销的场面。

主题四　供给的背后

【讨论热点提示】

假定所有中学都要求学生在早操时穿运动服，这对运动服的供给会带来什么影响？

国际纸张价格持续上升，请用供给规律说明一下这会对你造成什么影响？

请想象一下哪些因素的出现会导致石油供给的增加。

在前面我们考察了买者的行为，现在我们转向市场的另一方考察卖者的行为。我们打算用一个假想的事例来开始我们的讨论。

假设最近一个时期，一种从外地传入的珍珠奶茶开始风行本城的大街小巷，生意非常红火。现在，设想你与你的同学想利用放假时间勤工俭学，你们最后决定利用暑假在步行商业街摆一个售卖珍珠奶茶的摊位。

如果将你们的想法付诸实施，你们经营珍珠奶茶的行为实际上与生产并销售产品的一般企业已经没有多大区别。在这里，你们能否回答：你们经营珍珠奶茶的目的是什么呢？为了接触社会，体验生活？虽然不排除这样的想法，但是，既然是勤工俭学就不能否认，你们希望赚得尽可能多的钱。经济学家认为，企业的目标离不开追求利润最大化，就像消费者追求效用最大化一样。虽然从企业出现之日起到现在，企业和企业所处的环境总是不断地变化，但是企业追求利润的本质并没有大的改变。企业固然也会追求其他一些目标（比如社会影响力等），但无论如何利润目标是企业的首要目标，没有利润，企业最终是无法生存的，没有利润，企业其他的目标也无从谈起。

在会计上，你们经营珍珠奶茶的利润等于销售收入与产销成本之差。因此，为了达到利润最大化的目标，你们必然要调整生产和销售，努力使收入与成本的差额最大化。可以想象，选择合适的产量就是你们要面对的首要问题。所以接下来我们要研究一下，基于这样的思路，你们愿意提供多少珍珠奶茶，你们愿意提供的数量是否与珍珠奶茶的价格和它的成本等其他因素有关。

价　格

我们知道，珍珠奶茶的价格和销量的乘积等于你们的销售收入，所以你们愿意提供多少数量的珍珠奶茶首先要看珍珠奶茶的价格。当珍珠奶茶的价格较高时，销售珍珠奶茶的收入也就比较高。假定这时生产珍珠奶茶的成本不变，生产和出售珍珠奶茶是有利可图的，因此珍珠奶茶的供给量也大。在这时，你们的选择将是尽可能延长工作时间，购买更多制作珍珠奶茶的原料，增加人手，等等。相反，当珍珠奶茶价格低时，对你们的经营就不太有利了，你们将生产较少的珍珠奶茶。在价格更低时，你们将会发现出售珍珠奶茶的收入根本无法弥补经营的成本，为了避免亏损的扩大，你们会终止营业，结果你们对珍珠奶茶的供给减少为零。

我们注意到，珍珠奶茶价格的上涨，不仅鼓励了原有的珍珠奶茶的经营者们增加产量，而且会吸引新的经营者进入，表现为越来越多的人会加入到生产和销售珍珠奶茶的行列。例如在你们附近的一个小摊贩，本来是卖蛋筒冰激凌的，现在也开始卖珍珠奶茶。经济学家认为，在一个自由竞争的环境中，企业可以自由地进出大部分的行业，如果某个行业的行情特别好，基于追逐利润的动机，新的企业就要挤进这个行业。

然而，当如此多的人做珍珠奶茶的生意时，情况会怎么样呢？到了那时候，也许步行街上每隔五六米就会有一个与你们相似的摊位在叫卖珍珠奶茶。步行街上的人流量是一定的，你们与同行们为了争夺有限的顾客，不得不各出奇招，最常见的办法就是竞相降价。最后，整条街上的珍珠奶茶的价格将会降下来。与此同时，制作珍珠奶茶的原料价格却会由于你们与同行们争相采购而上涨。产品的价格下降了，投入品的价格上升了，换句话说，收入的减少和成本的增加同时发生了，经营珍珠奶茶的利润就会不可避免地减少。当珍珠奶茶的生意并不比其他生意更为有利可图时，新的经营者的加入就会停止，珍珠奶茶的供应就稳定下来。

珍珠奶茶的价格下跌时，整个变化过程刚好与上面相反。我们可以想象，如果经营珍珠奶茶的人太多，竞争过于激烈，珍珠奶茶的价格太低的话，经营珍珠奶茶的利润就非常微薄了。聪明的你也许会考虑改变经营方向，转向经营更为有利可图的食品，比如串烧食物。类似的，会有一些人像你们一样退出珍珠奶茶的生意，结果珍珠奶茶的供给渐渐减少。与此同时，总还是有人要喝珍珠奶茶的，随着供应者的不断减少，珍珠奶茶又出现了供不应求的局面，珍珠奶茶的价格从很低恢复到较为合理的水平。这时，不再有经营珍珠奶茶的人退出，珍珠奶茶的供给重新稳定了下来。

投入品价格

另一个影响珍珠奶茶供给量的因素是投入品的价格。为了制作珍珠奶茶，你们会用到牛奶、果汁、香料等材料，还会用到电冰箱、搅拌机等设备。在珍珠奶茶售价不变的情况下，当这些投入品中的一种或几种价格上升时，经营珍珠奶茶就不太有利，你们提供的珍珠奶茶就会比较少。如果它们的价格大幅度上升，你们就会干脆撤掉你们的摊位，根本不提供珍珠奶茶。因此，一种物品的供给量与生产这种物品所用的投入品的价格是呈反方向变化的。

我们注意到，各种投入品实际上构成了经营珍珠奶茶的成本，在投入品的价格改变后，经营珍珠奶茶的成本也就相应地发生变化，经营者们便据此调整对珍珠奶茶的供给。

一般来说，企业的生产成本可以分为两类。一些成本不随着生产的产量变动而变动，我们称之为**固定成本**。而另一些成本随着企业改变产量而变动，我们称之为**可变成本**。固定成本和可变成本之和就是企业的**总成本**。以你们经营珍珠奶茶为例，你们为获得摊位所

支付的租金，就是一种固定成本。因为无论你们供应多少珍珠奶茶，所支付的租金都是相同的，不管你们一天卖 100 杯还是 200 杯珍珠奶茶，它都是一个固定的数目。至于果汁的成本，它和租金不一样，它是一种可变成本。果汁的成本之所以是可变的，是因为你们生产的珍珠奶茶越多，你们需要购买的果汁就越多，它的数量和产量密切相关。

值得注意的是，对许多企业来说，固定成本和可变成本的划分取决于所考虑的时间。例如，考虑一下生产微波炉的企业格兰仕。在只有几个月的时期里，格兰仕不能调整车间的数量和规模。它可以生产更多的微波炉的唯一方法是，在已有的车间中使用更多的人手。因此，厂房和设备的成本在短期中是固定成本。与此相反，在一年或更长的时期中，格兰仕可以扩大车间的规模，建立新的车间、购买生产线。因此，厂房和设备的成本在长期中是可变成本。

把企业的总成本除以它生产的产量，我们就得到生产一单位产品的成本，我们称之为**平均成本**。每个企业都有一个客观存在的有效规模，这个有效规模实际上是一个适宜的产量，在这个产量上企业的平均成本最小。例如，格兰仕的现代化生产装配线要求大量的工人，每人专门从事某种工作。如果格兰仕只生产少量微波炉，它就不能利用这种方法，而且平均成本较高。在这时，增加微波炉的产量可以带来平均成本下降的好处，我们把这种好处叫做**规模经济**。再以上面的珍珠奶茶生意为例，假定有效规模是一天 100 杯珍珠奶茶，那么，我们可以肯定地说，只有在产量是 100 杯时，平均成本是最低的，如果生产大于或小于这一数量，平均成本就会增加。

技　术

把各种投入变为珍珠奶茶的技术也是供给量的另一个决定因素。一般来说，在生产中运用新的技术往往可以起到节约生产要素的作用，这最终将减少经营者的成本，从而使经营者增加产品的供给。人类自工业革命以来的历史有很多例子可以证明这一点，例如，织布机的发明降低了织布所需的劳动量，减少了生产布的成本，布的供应大量地增长。同样的道理，新的、更经济的服装材料的研制成功，会令服装的产量扩大。让我们再来看一个身边的例子：广东地处沿海，是一个名副其实的海洋大省，然而在过去，由于渔业技术的落后，即便是在广州也很难吃上新鲜的海产品。近十年来，随着远洋捕捞技术的发展，特别是海水养殖技术的突破，这一状况才有了大的改变，海产品的供应较从前大大丰富了。

预　期

你们现在供给的珍珠奶茶数量还取决于你们对未来的预期。我们在前面曾经解释过，消费者的预期如何将对需求产生影响。同样，生产者对未来的预期也会影响到他们提供产品的数量。例如，如果你们预期明天珍珠奶茶的价格会上升，你们就会把现在生产珍珠奶茶的一些原料储存起来，并且减少今天供应的珍珠奶茶，以便在明天卖个好价钱。在生活中也不乏类似的例子：假设你的父亲手上持有一些绩优股的股票，并且他预计在未来该股票的价格将会上升，那么他就不大可能在目前出售他的股票，而更有可能留待以后出售。

还有一个例子，在广东，花卉种植业素来比较发达，其中顺德的陈村镇更是蜚声海内外的花卉之乡。对于那些种植花卉的专业户来说，一年到头，以春节期间的生意最好，因为人们有在春节买金橘和年花的传统。于是在每年春节前的两三个月里，花农们往往想尽一切办法，力求使自己所种的花卉能保证在春节期间开放，以便到时推出市场，卖个好价钱。如果我们用经济学的眼光来分析这个例子就会发现，由于花农预期春节期间的行情会比现在好，所以他选择在那时出售他的产品，而他的这一选择，必然会造成现时花卉供给的减少和未来花卉供给的增加。

主题五　为什么丰产不丰收

【讨论热点提示】

经济学家发现，在经济不景气期间，人们在餐馆吃饭的支出比在家吃的食物的支出减少得多。收入弹性的概念是否有助于解释这一现象？

啤酒的需求弹性大还是水的需求弹性大？为什么？

古玩的供给弹性大还是音乐唱片的供给弹性大？为什么？

需求弹性

我们已经知道，消费者的需求会随着商品价格的变化而变化：当某种商品的价格上升时，消费者会减少对它的购买；相反，当某种商品的价格下降时，消费者会增加对它的购买。人们在很早以前已经发现了这个规律，并不知不觉地在生活中加以运用，平常所见的降价促销、薄利多销就是最好的例子。但是，降价促销是不是总能灵验呢？降价促销最终一定能使生产者的收益增加吗？让我们来看一下下面的两个例子。

1999 年曾是荔枝创纪录的丰收年，广东全省的荔枝产量达到 64 万吨，大约是 1998 年产量的 2 倍。荔枝多了，价格自然要下跌，由前些年的每千克二三十元跌到每千克四五元，最低的时候甚至是每千克三元多。除去成本，果农已经没有多少利润。但即便是这样低的价格，仍然有大量的荔枝无法销售出去。在一些地方，由于没有买主，大量的荔枝在树上熟透了，掉到地上烂掉。荔枝产量的增加并没有带来果农收入的增加，农业生产上的好消息成了农民的坏消息。同样是降低价格，1988 年和 1996 年长虹彩电的两次降价策略却获得了极大的成功，长虹彩电的销售量和市场占有率大幅度上升，并由此增强了长虹在行业中的竞争力。

是什么造成了农作物丰产不丰收？为什么同样是降价，在彩电的销售上有效而对荔枝的销售却帮助不大呢？这些问题都涉及经济学中所说的商品需求的价格弹性。

弹性，本来是物理学中的一个概念，在生活中我们往往用它来表示事物在外力作用下的反应能力或反应程度。一块石头，人们说它没有弹性或者说它弹性很小，因为即使把它打碎，也很难把它捏得变形。一条橡皮筋，人们说它弹性很大，因为很容易就能把它拉长扭曲。同样的道理，所谓商品需求的**价格弹性**，就是指商品的需求对价格变动的反应能力，包括当商品的价格下降时需求量随之增加的程度，还有当商品的价格上升时需求量减少的程度。不同的商品对价格的反应能力不一样，它们的价格弹性也就不同。价格下降时需求量不能增长多少的商品，我们认为它的需求缺乏价格弹性；价格下降时需求量大量增加的商品，我们认为它的需求富有价格弹性。正因为在不同的商品身上，需求的价格弹性有差异，所以降价促销的策略对有些商品有效而对另一些商品则不灵了。

影响需求弹性的因素

那么，什么因素决定一种物品的需求是富有价格弹性还是缺乏价格弹性呢?

在荔枝与彩电的例子中，荔枝是一种普通食品。我们每个人在食品上的开销一般来说是比较固定的，通常占我们收入的一个固定的比例。想想看，一方面，我们不可能因为食品的价格变便宜了，就把全部的收入用来购买食品；另一方面，当然我们也不可能因为荔枝的价格便宜了，就把原来买肉买菜的钱花在荔枝上，用荔枝来充饥。所以，荔枝价格的下跌对需求的刺激作用不是很大，荔枝需求的价格弹性是比较低的。而另一方面，在当时我国的经济水平条件下，彩电尚不是一种生活必需品，对某些低收入的家庭来说更是一种奢侈品，对于这样的商品，人们在决定购买时都相当慎重，价格的一点点变化都有可能对购买决定产生影响。因此，一般来说，奢侈品的需求弹性比较大，在消费预算中占比例较大的商品，其需求弹性也较大，所以彩电价格下降引起需求量的明显增加也就不足为奇了。

某种商品价格需求弹性的大小，还和这种商品是否具有许多相近的替代品密切相关。乘坐出租车的需求弹性比较大，当乘坐出租车的价格上升时，人们对出租车的消费就会大幅度地减少。道理很简单：除了出租车以外，人们可以选择乘坐公共汽车、骑自行车和搭乘地铁等，这些交通工具都可以替代出租车。所以，当乘出租车的价格上升时，人们可以很容易地转向其他交通工具，对出租车的消费自然就减少了。与此相反，自来水是一种几乎没有相近替代品的东西，当自来水的价格上升时，人们很难找到别的替代品，自来水的需求弹性就很小。

需求弹性还取决于我们所划出的市场界线。涵盖种类范围小的市场需求弹性往往大于涵盖种类范围大的市场，因为范围小的市场上的物品更容易找到较为相近的替代品。例如，食物是一个广泛的范畴，由于没有另一个大类的物品能作为食物的替代品，食品这整个大类的需求就相当缺乏弹性。冰激凌是一个较狭义的范畴，它的需求较富有弹性是因为它很容易用其他甜食来代替。巧克力冰激凌是一个非常狭义的范畴，它的需求就更富有弹性，因为其他口味的冰激凌几乎可以完全替代巧克力冰激凌。

时间可以令很多事情发生变化。随着时间的推移，物品的需求会更富有弹性。我们知道，在短时间内，人们的生活方式总是相对固定的，不容易改变。假定现在汽油的价格上升了，在最初的几个月中人们对汽油的消费方式没有大的变化，汽油的需求量只是略有减少。但是，随着时间变长，人们就会因应汽油价格上升而去购买更省油的汽车，或者转向使用公共交通工具。其结果是，在几年之内，汽油的需求量会大幅度减少。再如，冬装在秋末冬初的需求弹性偏小，因为这时正是人们普遍需要增添新的冬装的时候，人们自然对价格变化的反应不太敏感。但是，到了冬季的后期，情况就会发生变化，冬装的需求弹性越来越大。这就解释了为什么像皮衣等冬装的大减价总是出现在冬季的后期。联系前面的例子，随着生活水平的提高，彩电就会逐渐由生活中的奢侈品变为必需品。

降价管用吗

受需求价格弹性的影响，降价促销并不一定能给生产者带来实际的好处，销量的扩大有可能和收入的下降一起出现。这是为什么呢？不要忘记：总的收入是等于价格乘以销量。当价格与销量两者一个下降一个上升时，收入的变化是不确定的。回想一下我们刚才介绍的需求弹性的概念以及我们根据需求弹性划分的两类商品，这个问题便很容易解决了。当商品的需求富有弹性时，价格的下降引起销量较大幅度的增加，这个幅度大于价格下降的幅度，最终总的收入将得到提高。例如，商品价格从 3 元下降为 1 元引起需求数量从 50 增加到 200，总收益就会由 150 元上升到 200 元。当商品的需求缺乏弹性时，价格的下降引起销量较小幅度的增加，这个幅度小于价格下降的幅度，最终总的收入将会减少。例如，商品价格从 3 元下降为 1 元引起需求数量从 50 增加到 100，总收益就会由 150 元减少到 100 元。

假定你是一家动物园的负责人。你的下属告诉你，动物园的门票收入太少了，动物园因此而缺乏资金，建议你改变门票价格来增加总的收益。你准备怎么办呢？你是提高门票价格，还是降低门票价格？提高门票价格，可以增加从每个游客身上获取的门票收入，但也有可能造成游客的减少导致收入的下降；降低门票价格，固然会减少从每个游客身上获取的门票收入，但也有可能使游客增多最终令收入增加。经济学家说，回答取决于需求弹性。如果参观动物园的需求是缺乏弹性的，那么，提高门票价格不会带来游客的明显减少，此举会增加动物园的总收益。但是，如果需求是富有弹性的，那么，提高价格就会使参观人数减少，以致把提价的好处都抵消掉了，最后总收益没有增加反而减少。在这种情况下你应该降价，你将会看到：参观人数会增加，以至于总收益会得到可观增加。

收入弹性

以上我们讨论了需求对价格变动的反应程度——需求的价格弹性。前面已经提到，需求除了受价格影响以外，还受其他因素的影响。对大多数物品而言，当买者收入高时，买者对该物品的需求通常更多；当该物品替代品的价格高或该物品互补品的价格低时，买者对该物品的需求通常更多。所以，我们同样可以用弹性来衡量需求对这些决定因素变动的反应程度。

除了需求价格弹性之外，经济学家还运用了其他弹性，其中最重要的是需求的收入弹性。需求的**收入弹性**是用来衡量消费者收入变动时需求量如何变动的。在生活中我们会发现，不同的商品需求量对收入变动的反应是不一样的。大多数的商品需求量会随着消费者收入的提高而增加，随着收入的降低而减少，我们把这些商品叫做**正常物品**。正常物品需求量与收入呈同方向的变化。也有少数商品，当消费者的收入提高了，它的需求量反而减少了，我们把这些商品叫做**低档物品**（或叫劣品）。前面已经举过的公共汽车就是一个例子。在人们的收入提高了以后，会更多地选择乘坐地铁和出租车，相对减少乘用公共汽车。很明显，低档物品的需求量与收入按反方向变动。如果我们继续深入研究就会发现，即使在正常物品中，需求收入弹性的差别也很大。也就是说，虽然需求量和收入同方向变动，但是不同的商品对收入的反应程度会不同。回想一下我们前面介绍过的必需品和奢侈品，像食物和衣服这类必需品往往收入弹性小，表现为当消费者的收入降低时，会减少对食物和衣服消费，但幅度不会太大，因为消费者无论收入多低也还是要购买一定量的这类商品。相反，像珠宝这类奢侈品往往收入弹性大，随着消费者收入的减少，对珠宝的需求会大大降低。因为消费者感到，如果他们的收入太低，他们就可以根本不购买这类物品。

供给弹性

前面我们用弹性来衡量买方对市场条件变动的反应，我们完全可以把弹性的应用进一步推广，用它来研究卖方的情况。回忆一下供给的决定因素，什么因素最重要？我们注意到，当一种商品的价格上升时，该商品的卖者会增加供给量。很自然，我们可以用供给价格弹性来衡量供给量对价格变动的反应程度。如果供给量对价格变动的反应很小，可以说这种商品的供给缺乏弹性；相反，如果供给量对价格的反应很敏感，可以说这种商品的供给富有弹性。

不少商品的供给是富有弹性的。在这里举一个例子：众所周知，广州的餐饮业全国闻名，素有“食在广州”的美誉。不知从什么时候开始，有个别的酒楼出于创新，向食客们提供用驴肉做的菜式，结果大受欢迎，生意因此而红火，驴肉菜也卖出了一个好的价格。没过多久，其他大大小小的酒楼食肆就纷纷效仿，打出烹驴肉的招牌，有的酒楼老板更在自家门前绑上一头活驴以招揽食客。一时间，全城兴起了一股吃驴肉的热潮。对这个例子，我们在赞叹酒楼老板们的生意触觉灵敏之余，不难发现驴肉的供给非常富有弹性。

当然，也有一些物品，它的供给价格弹性很小。名画《蒙娜丽莎》的供给就完全没有弹性，因为达·芬奇早已作古，无论今天《蒙娜丽莎》的身价多高，也不可能再有一幅同样的作品。

主题六　价格：物以稀为贵

【讨论热点提示】

请解释一下持续的阴雨天气如何影响菜市场中的蔬菜价格。

为什么汽油价格的上升会导致汽车价格的下降?

为什么在旅游旺季通常会出现机票价格、酒店房价的上涨?

有一句“雷人”的话是这么说的：早在爱因斯坦之前，经济学家就知道尘世之物都有四个维度，那就是长度、宽度、高度和价格。我们注意到，市场中的每样东西，包括商品和劳务都具有价格，即便不同的人的劳动也具有价格——工资率。我们甚至可以说，只要存在某种物品的市场，只要某种物品有供给和需求，这种物品就有价格。在生活中，有关价格的新闻经常在报纸上看到：一枚错版的邮票，我国“文革”期间发行的《全国山河一片红》，身价一翻再翻；中央电视台黄金时间短短几十秒的广告时段，竟然拍卖出让人咋舌的天价；凡·高的一幅《向日葵》创造了世界拍卖史上最高的拍卖价。我们不禁要问，价格是怎么回事?“物以稀为贵”是亘古不变的真理吗?

均衡价格

在市场上，商品和劳务的价格经常发生变化，最为极端的例子莫过于股票的价格，在交易时间里，股票的行情几乎每秒钟都在变化，让人目不暇接。虽然如此，我们还是发现，对于某种特定的商品，市场总会自动地找到一个价格，在这个价格下，买者愿意而且能够购买的数量正好与卖者愿意而且能够出售的数量相等。简而言之，就是在这个价格下，供给与需求达到平衡。经济学家把这个价格称为**均衡价格**，同时把均衡价格下的交易数量叫做均衡数量。

为了说明市场是如何自发地把价格推向均衡，我们首先看一看，当某种商品的价格高于均衡价格时会出现什么情况。可以想象，由于价格过高，这种商品会供过于求，卖者无法找到足够的买者。按现行价格卖者不能卖出他们想卖的所有商品，这时竞争就会在卖方之间产生，卖方就会降低报价以鼓励人们购买他们提供的产品。例如，当珍珠奶茶市场存在供过于求时，你会发现，你的冰箱装着越来越多的想卖而卖不出去的珍珠奶茶，你本能的反应是降低珍珠奶茶的价格。在商品价格下降的过程中，价格同时影响供给和需求的数量：一方面买方增加了需求量，另一方面卖方减少了供应量。这两种力量作用的结果是，供给和需求的缺口被弥补了，供给和需求达到平衡，这时价格也达到了较为稳定的状态。

同样的道理，当某种商品的价格低于均衡价格时，这种商品会供不应求，人们希望购买超过现有数量的产品，为此他们会竞价购买，产品的价格会一路上升。例如，当珍珠奶茶市场存在供不应求时，人们不得不排长队等候购买珍珠奶茶。面对这一情况，你会认为即使提高价格也不会失去太多的顾客，因此你会提高珍珠奶茶的售价。在价格上升的过程中，需求因为价格的上升而收缩，而供给却因为价格的上升而扩大，最后需求量等于供给量，价格的上升便停止了。

由此可以看到，在市场上，某种商品的价格过高或者过低都是暂时的，供过于求或者供不应求的现象也不会永远存在，市场会自发地调整商品的价格，使供给与需求达到平衡。一旦价格到达均衡价格，市场上所有的卖者和买者都得到满足，价格就不会再上升或者下降。这个道理可以用一个形象的例子来解释：我们把一粒黄豆放在一只碗里，黄豆停留在碗底，我们可以把它看作处于稳定均衡的状态。如果人们把黄豆从碗底拨开，在经过一段来回摆动后，重力会帮助黄豆回到原来的位置。同样，如果价格因为某种原因偏离了均衡的位置，市场这只“无形的手”会自动地让它恢复均衡。

均衡价格的改变

假定现在珍珠奶茶的价格处于均衡的状态，珍珠奶茶的供给和需求恰好相等，既没有出现供不应求，也没有出现供过于求的情况，那么，珍珠奶茶的价格会不会永远停留在这个水平呢？答案是不会的。回想一下，前面我们讨论过影响供给和需求的种种因素，在它们当中有价格因素，也有价格以外的因素。所以，即使价格没有改变，一旦其他因素发生变化，也会影响供给或需求（或者同时影响供给和需求），使得均衡的状态产生变化。

让我们先来考虑需求的改变。举例来说，假设人们的偏好发生了微妙的变化，一种新饮品的出现使得人们不再像从前那样爱喝珍珠奶茶，珍珠奶茶热开始降温。这种情形如何影响珍珠奶茶市场呢？人们嗜好的改变影响到他们对珍珠奶茶的需求，而这一改变并没有直接影响珍珠奶茶的供给。比起从前，人们减少了对珍珠奶茶的消费，对珍珠奶茶的需求下降了，就会出现在原来的价格上，珍珠奶茶供过于求的局面，于是原来的价格不再是均衡价格了。可是我们无须担心，市场总是会自动恢复均衡的，我们将会看到珍珠奶茶的经营者们为了挽救他们的生意，纷纷降低价格。价格的下降鼓励人们多喝珍珠奶茶，同时也会降低摊主们提供珍珠奶茶的热情，两方面的作用使供求的矛盾在缩小，一直到供给量等于需求量时价格稳定下来。

我们再来看看供给的改变。假设某种香料是生产珍珠奶茶所必不可少的，现在这种香料的价格大幅度上升了，那么会出现怎样的情况呢？香料价格的上涨对珍珠奶茶的需求是没有直接影响的，它影响的是供给，它导致经营珍珠奶茶的成本增加。于是在原来的均衡价格下，生产者们愿意提供的珍珠奶茶减少了，而消费者对珍珠奶茶的需求没有改变，供不应求的局面就出现了。为了能一尝珍珠奶茶的滋味，消费者们愿意付出更高的价钱。珍珠奶茶的价格在上升，这不仅刺激生产者增加供应量，而且使得一部分人放弃购买珍珠奶茶，两方面的作用使供给和需求的缺口渐渐缩小，以致最后消失，价格又重新恢复到均衡。

现在我们可以得出一个结论：需求或者供给方面的原因会改变商品的供求格局，导致原来的均衡价格和均衡数量被打破。但是，市场总可以通过价格的调整，使得供给和需求重新相等，这时我们就从原来的均衡过渡到一个新的均衡。

至于新的均衡价格与旧的均衡价格相差有多远，这就要作具体分析了。近来，人们越来越热衷于购买和收藏旧物品，这当中有怀旧的情结，也有投资的动机。姑且不论人们的初衷是什么，旧物品的身价见涨却是不争的事实。普通的 1 角钱信封，用过了却值 5 角钱；写过日记或是记过账的笔记本，竟要价 8 元；一座旧式台钟，索价 400 元……要是换了数年前，这些东西都是不值钱的。如何看待这种价格现象？这当中的奥妙，用经济学的眼光来分析其实并不难理解。人们对旧物品需求的上升，很自然会推动旧物品价格上涨。联系我们前面谈过的弹性的概念，我们发现，如果是供给的价格弹性大的商品，它的供给量会因为价格的上涨迅速增大，这就抵消了价格上升的势头。相反，如果是供给的价格弹性小的商品，它的供给量不能增加多少，那么由于供求缺口很大，价格就会不断上升。我们所讨论的旧物品正是属于供给的价格弹性很小的商品，尽管价格再高，过去的东西保留至今，数量总是有限的，所以旧物品价格的持续上升就成为了必然，这也再一次印证了“物以稀为贵”的道理。

“看不见的手”

商品的均衡价格，是由市场上的供给与需求共同决定的。市场中的买者和卖者，看似各自利益不同，但是通过他们相互交易的行为，合理的价格得以产生，最终买者与卖者利益得到最大限度的满足。曾经有经济学家认为，市场如同计算机，价格无异于方程的解，人们可以利用计算机仿照市场，根据商品供求的情况计算出价格来。但是迄今为止，我们仍然不能在计算机上建立一个高度仿真的虚拟市场，更未能建立一个与这种人工计算相应的指令系统。市场仍然是不可代替的。在今天，即使最严密、最复杂的经济学分析技术，也无法像市场本身那样简单、便捷、直接地求解出均衡价格来。市场价格是在交易过程中形成的，并不需要额外的程序，生产者和消费者也不需要等待来自第三方的指令，他们直接对交易作出决定，并对自己的决定负责。市场能对供求的任何微小的变动作出及时和快速的反应，这些优点是连现代计算机也望尘莫及的。

市场上的供求关系决定商品价格的过程，反过来，价格的变动调整需求和供给的过程。例如，近年来人们生活好转，对粮食的需求较为稳定，而对水果的需求增长迅速，所以种水果比种粮食更有利可图，这就吸引许多农民从种粮食转为种水果。在种水果的人当中，如果种西瓜的人太多，种荔枝的人太少，荔枝的价格就会上涨，而西瓜的价格就要下跌，果农就会认为种荔枝更划得来，不种西瓜改种荔枝，这样西瓜和荔枝的种植比例就得到调整。同时，无论什么水果，淡季的价格总比旺季的价格要高，这就鼓励了果农发展淡季种植技术，如开发早熟和晚熟品种等，这样一来，既增加了淡季供应，又降低了淡季水果价格。

所以，价格把商品稀缺或者过剩的信息传递给生产者，同时鼓励生产者把资源投入到稀缺产品的生产当中，最后整个社会，包括生产者和消费者都因此而获得好处。现代经济学的开山祖师亚当·斯密把价格的这一强大功能比作“看不见的手”，他在他的著作中写到："每个人都在力图运用他的资本，来使其生产的产品得到最大的价值……他追求的仅仅是他个人的安乐，仅仅是他个人的利益。但是，在他这样时，有一只看不见的手引导他去促进一种目标……由于追求他自己的利益，他往往促进了社会利益，其效果比他真正想促进社会利益时所能产生的效果还要大。"这不能不说是价格机制的精妙之处了。

主题七　一家企业的成长

【讨论热点提示】

通过比较独资企业、合伙企业和公司，解释一下公司有哪些特点。

合伙企业在哪些方面比独资企业优越？

公司在哪些方面比合伙企业优越？

简单来讲，市场上有两类经济主体人，一类是消费者，另一类是生产者。通常，消费者指个人，生产者则指企业。个人和企业在两类市场上相互交易，进行着最基本的经济活动。在生产要素市场上，企业以金钱交换个人的劳动等生产要素；在产品市场上，个人以金钱交换企业的产品。对于个人，我们在前面的需求理论中曾经介绍过，现在我们将转入对企业的考察。

企业的由来

你有没有想过为什么会有企业呢？历史上，在企业形成的过程中，部分最初的企业主是一种被叫做“包买商人”的人。他们原来是以商人的身份出现的，通过贱买贵卖赚取利润。渐渐地，这些商人逐步涉足生产领域，扮演了包买商人的角色。他们向家庭手工劳动者提供原料，让家庭手工劳动者按照他们的要求生产一定数量的产品，而他们则买断这些产品，然后拿到市场上销售。到后来，包买商人干脆开设手工工场，雇用原来那些家庭手工劳动者，于是，包买商人成为了最初的企业主，他所开设的手工工场就成了企业的雏形。

我们可以看到，包买商人是通过契约与家庭手工劳动者联系的。在契约当中，明确了各自的责任和相应的报酬。包买商人凭借契约把劳动力和其他生产要素组合起来，实施生产。那么，为什么后来的生产不继续采用这种形式，而是选择了企业这种形式呢？

道理很简单：一是采用企业的形式集中生产可以发挥集约化的优势，充分利用分工和协作的好处；而另外一个更重要的原因是，采用企业的形式生产可以减少契约成本。大家知道，为签订契约所进行的谈判实际上是一个讨价还价的过程，在这个过程当中，会耗费大量的时间、金钱以及精力。而且，即便在契约签订以后，监督契约的实施同样要花费成本。这种成本，就是经济学家所说的交易成本。如果换了把生产放在企业中进行，情况就会大大改善，只要和雇用工人签订一个合同，就避免了一个一个任务谈判，一项一项生产落实，这就极大地节省了契约成本。正是由于这样的原因，我们今天看到的是企业，而不再是包买商人。

提起企业，也许你马上会想到可口可乐公司、微软公司和波音公司等。不错，这些都是全世界著名的大企业，每年都会入选美国《幸福》杂志公布的全球企业 500 强。然而，大企业毕竟是少数，更多的是小企业，规模比起上面这些大企业要小得多。比如，你家对面的“士多”，虽然只有老板和老板娘两名员工，称得上名副其实的“夫妻店”，但从经济学的意义上讲，它也是一家企业。不同的企业不仅规模不同，而且经营的业务也有很大差异，有的生产航天飞机，有的供应火腿香肠，有的为你介绍工作，有的为你找寻失物。除此以外，不同的企业寿命也各有长短，几乎每天都有新的企业诞生，也有企业因为种种原因结束经营。北京的同仁堂，经历了数百年仍然屹立不倒；相反，有的企业开张仅仅一个月就破产关门了。正是由于企业呈现出如此的多样性，人们对企业才有了各种划分方式。在这里，我们把企业按照组织形式分成独资企业、合伙企业和公司。

下面，我们将用一家企业由小到大的历史来介绍这三类企业的特点。

独资企业

我们假设有一个叫小斌的年轻人，他在计算机方面有着特殊的才能。受比尔·盖茨的故事启发，他决定倾其所有，开办一个专门生产计算机软件的企业。在办好一系列的开业手续后，小斌拥有了一家独资企业。所谓的**独资企业**，就是指由一人独自拥有和经营的厂商。所以，在这家企业中，小斌既是老板（出资人），又是经理（经营者），他负责提供企业所需的资本，并且负责解决经营上的问题，例如要雇用多少人、要借多少钱等。

独资企业与出资者的关系非常紧密，在法律上甚至可以看作同为一体。举个例子：一个月后，小斌企业的收入在付出所有成本费用之后，剩下来的钱，不管数额是多少，都是小斌的利润。他可以随便使用这些钱，没有人禁止他从企业的户头取出钱请朋友们吃顿饭。然而，如果企业亏损的话，亏损也要由小斌承担。如果企业连续亏损无法偿还欠债时，小斌甚至要变卖私人财产来偿还债项。在法律上，债主们可以要求深挖他的个人资产，例如家庭的住房、个人的存折以及其他。

在小斌的企业逐步走上正轨以后，企业生产的软件产品适应市场的需求，获得了理想的成效。在生意红火的同时，小斌却发现企业对资金的需求比过去任何时候都迫切。为什么呢？因为企业要在产品销售后才能得到现款，而在这之前就要支付工资和水电费等。此外，开发新产品需要时间，在一段时间里，企业把钱投进去却不能马上得到回报。在这时，小斌对企业的初始投资加上企业的赢利已经不能满足企业经营和发展的需要了。小斌首先想到的也许是向银行贷款，但是他马上会发现这很困难，他的企业才刚起步，规模如此小，以致银行会因为风险过大的缘故拒绝向他贷款。

有一个办法可以为小斌的企业筹措资金，那就是吸收合伙人，把独资企业变成合伙企业。

合伙企业

所谓**合伙企业**，是指由两人或两人以上共同拥有和经营的厂商。一般来说，把独资经

营加以扩展，增加投资者的数目，便成为最简单的合伙经营。在我们的例子当中，小斌找到一位朋友，这位朋友几年炒股下来有了相当的财力，在详细了解了小斌的企业后，表示愿意共同经营。于是，小斌和他的朋友签订一份协议，小斌的朋友向企业投资 20 万元，同时分摊企业 1/3 的利润和亏损，另外的 2/3 则由小斌承担。

在实行合伙经营以后，小斌的企业被注入了新的活力，继续扩大和发展。合伙人的加入使企业的财力远远比独资经营时雄厚，这令企业摆脱了资金短缺的困境。同时，合伙经营又集合了合伙人的才智和经验，合伙人可以按照个人的专长发挥不同的作用，企业的经营水平得到了提高。例如，小斌继续负责软件的开发，他的朋友则提供管理上的意见。在合伙企业里，合伙人除了分担工作以外，如果合伙企业出现亏损，企业的负债也会由合伙人共同分担，所以现在小斌的投资风险比起从前独资经营时大大降低了。

但是，合伙经营并不是没有缺陷的。如果合伙企业经营不善，生意失败，合伙人就要变卖私人财产来偿还债务，这和在独资经营时是一样的。不同的是，假如有一合伙人不能偿还债务，这笔债项就会落到其他有能力还债的合伙人身上。在我们的例子中，假设企业遭遇危机失败了，那么对于企业的负债，小斌负责 2/3，他的朋友承担 1/3。但如果小斌在动用了他全部个人财产（像个人存折、家庭住房）后，还是无法偿还他所负担的负债，那么另一合伙人，即小斌的朋友就有责任赔偿余下的全部债务，这意味着他有可能要卖掉他的小汽车。

由于合伙企业是合伙人共同经营的，任何提议都要得到大部分合伙人同意才可以实行，所以很容易因为意见的分歧而造成决策的延误，企业的运作也会因此出现问题。例如，小斌认为企业应开发游戏软件，而他的朋友则认为应研制办公用的财务软件，为此他们花很长时间展开激烈的争论，最后企业决定搞游戏软件，但这时市场已经被其他企业所占领，小斌的企业失去了原来的机会。

公　司

小斌的企业继续发展，企业再次处于矛盾的境况：企业越是成功，扩展得越快，就越是缺乏资本。小斌的朋友新加入的资本并不能存留多久，它很快地转变为新的大型计算机和办公用品，以及用来偿付最迫切的债务。尽管两个合伙人也同意把利润再投入到企业中去，但这仍远远不能满足企业对资金的需求。为了寻求资金，其中一个办法就是接纳新的合伙人。但是通过这种办法筹集的资金依然很有限，而且合伙制的缺点注定了它是不适用于大企业的。因此，小斌认为，最理想的筹集大量资本的措施是组成一家公司，而不是更大的合伙制企业。

在组建的公司中，小斌和他的合伙人提供的是企业原有的经营资产，例如办公室、计算机、商标和专利等，他们因此而获得新成立的公司 50% 的股份，公司其余 50% 的股份由其他人用现金购得。公司的股东们可以出售或保持公司的股份，股东甚至可以把股份赠与其他人或让其他人继承，不管股份转手多少次，公司的存在是不受影响的。

公司是从事工商活动的一种方便的形式。因为公司在法律上是一个独立的实体，公司可以用自己的名义签订合约，在法律上接受诉讼和提出诉讼。与此同时，公司的资产、负债不直接属于股东而属于公司。这意味着小斌不能随意拿公司的钱请朋友吃饭或者是给自已买小车，这还意味着小斌不用再担心他个人的财产会受到损害。在最坏的情况下，譬如公司破产，小斌最大的损失是原先付出的对公司的投资，除此以外，他不负有更多的责任，不会在一夜之间没有了房子和存款。

公司的股东们通过股东会表达他们的要求，维护他们的利益。因为股东是公司的所有者，所以，有关公司的重大决策都要得到股东会的批准才能实施。在股东会中，股东所拥有的选票与他的出资比例是相对应的。比如，小斌和他的朋友持有公司50％的股份，所以他们两个人就拥有股东会中50％的选票。一般来说，由于股东的人数众多，股东们不能为公司的每一个决策举行会议，他们就推选出若干名董事组成董事会，以便在股东年会的休会期间代表他们。

在公司里头，所有权与经营权分家。通常，董事会任命总经理来行使公司的经营权，进行公司的日常经营管理。总经理一般由专门的管理人才出任，他们是公司中真正的实权人物。至于公司的所有者——股东，他们不干预公司日常的事务，他们关心的是公司年底的分红以及股票价格的高低。

所有权与经营权的分家，往往会带来利益冲突的后果，因为掌握经营权的经理们可能给予自已或者亲友丰厚的奖金和公费开支。例如，经理们会装修豪华办公室，给自已购买小汽车。为了避免类似情况的出现，股东们采取了多种办法监督和激励管理人员。其中的一种办法是，给予经理人员一定数目的公司股票，使得经理人员在决策时能更多地考虑股东的利益。

这就是一家企业从小到大的发展过程，小斌的企业在三个不同阶段的特点，代表着三种不同的企业类型。事实上，在历史发展的不同时期，这三种不同的企业类型都曾作为当时的主流企业出现。在目前，公司作为现代企业的形式而存在。

主题八　市场失灵

【讨论热点提示】

有人认为，消防灭火器的消费具有外部性，你是否赞同？请解释一下你的理由。

哪些情况会引起垄断？请分别举例说明。

有人说：张学友垄断了一种稀缺资源——他本人，他是唯一一个可以举行张学友演唱会的人。你同意这种说法吗？

前面我们说过，市场是组织经济活动的一种好办法，“看不见的手”通常会使市场有效地配置资源。但是，任何事物，包括市场，都不可能完美无缺。不错，市场做了许多好事，但市场并不能做好每一件事，“看不见的手”有时会失效，有时甚至会引导经济走上错误的道路。经济学家把这些错误归结为**市场失灵**，即市场本身不能有效发挥作用。

外部性：来自邻家的练琴声

市场失灵的一个可能原因是外部性。在我们的社会中，众所周知，能源和钢铁业往往会污染空气和水道；伐木业会破坏森林，造成土壤侵蚀，淤塞河流和小溪；制造业的发展产生了不易处理的化学物质，带来了噪声和酸雨。当你驾驶汽车的时候，你的汽车排放的尾气污染了空气，大多数的排放物将被其他人呼吸到；而且由于汽车的进入，街道更加拥挤，其他车的速度就要减慢。以上这些例子的相同之处在于，某个主体的行为影响了其他主体的福利，用一句形象的话来说就是来自邻家的练琴声。这就是我们所说的外部性。

在没有法规约束的情况下，一家企业在生产的过程中，把硫黄气味强烈的烟释放到空气中去，当地居民的财产受到损害，人们患上疾病，这时外部性的问题就产生了。问题的根源在哪里？因为市场这只“看不见的手”并没有阻止工厂排放硫黄，企业不需要为它所排放的硫黄支付任何费用。另外，回忆一下企业和个人在生产要素市场和商品市场上所做的交易，我们就会发现：硫黄是一种外在的东西，它不在这些交易当中，它并不是企业要购买的生产要素，也不是个人要购买的商品。换句话说，并没有一个针对这种硫黄排放物的市场。经济学家据此认为，当生产的副作用没有被包括在市场内时，或者说，当经济活动溢出市场以外的时候，人们就要面对外部性的问题了。

某个主体的行为对其他主体的影响并不总是坏的，外部性也不总是坏的。当人们保养他们自己门前的花草树木时，就为附近的人提供了新鲜的空气和美的视觉感受。一个人修葺自家的草坪，就会防止了蒲公英的种子从自家的花园飘到别人家的花园。复印机的发明，使得世界上的秘书和抄写人告别了辛苦又令人讨厌的工作。一个受过良好教育的人会使与他交往的人在交往的过程中受益良多。除了这些，经济学家还常常爱举种苹果与养蜜蜂的例子：农民种植的苹果树越多，附近的蜜蜂能够采集并用于酿造蜂蜜的花粉就越多。同样，蜜蜂越多，授粉就越充分，苹果的收成就会越好。很显然，种苹果和养蜜蜂都具有外部性，但这种外部性在果农和养蜂人之间是互惠互利的。

在某些时候，主体的行为带给其他主体的好处远远超过了其自身所获得的收益，这将导致另外一种结果。例如，在今天的广州西关，还有一些具有传统建筑风格的“西关大屋”，修复这些建筑具有好的外部性，因为只要到过那里的人都会享受到这些建筑的美丽，并感受到它们所见证的历史。可是，这些建筑的所有者却得不到修复的全部收益，因此他们可能会选择拆毁这些建筑，重新建房。

在现实中，解决外部性的问题并不难，有很多种办法可以达到这个目的。有时外部性问题可以用道德规范和社会约束来解决。例如，为什么大部分的人不乱扔垃圾？因为道德规范告诉我们，要考虑到我们的行动如何影响其他人，正所谓“己所不欲，勿施于人”。再来考虑我们前面提到的种苹果与养蜜蜂的例子。虽然我们可以看到果农和养蜂人是互惠互利的，但是果农在决定种多少苹果树时，并没有考虑到他与养蜂人的相互影响；养蜂人也一样，结果果农种的苹果太少，而养蜂人养的蜜蜂也太少。对此有两个解决办法：一个办法是养蜂人购买苹果园，或者果农购买蜜蜂，最后都是变成在一家企业内进行这两种经营，而且这家企业可以选择最优的苹果树和蜜蜂的数量；另一个办法是，在果农和养蜂人之间签订一个合约，合约可以规定苹果树的数量、蜜蜂的数量，这就同样决定了苹果树和蜜蜂的正确数量，使双方的状况都变得比原来要好。

还有一些外部性问题要由政府来解决。例如，针对汽车尾气的污染问题，政府往往通过规定汽车的排放废气标准来解决，有的国家还对燃油征税，以减少人们开车的数量。对于历史建筑的修复问题，政府的反应是管制拆毁历史建筑物的行为，并部分或全部提供修复这些建筑物的费用。对于发明的外部性问题，政府建立了专利制度，使发明者可以在一定时期内垄断自己的发明，从而获取利益。另外，建筑工地的噪声使周围的居民受到干扰，政府通过噪声管制条例来解决这个问题。

垄断：市场中的巨无霸

市场失灵的另一个可能原因是垄断。如果你有一台个人电子计算机，几乎可以肯定地说，这台电子计算机一定使用了美国微软公司所出售的视窗操作系统。当微软公司在许多年前第一次设计视窗软件时，它申请并得到了政策给予的版权。版权给予微软公司单独生产和销售视窗操作系统的权利。

如果你对当时的新闻犹有记忆的话，你会记得，在1998年的时候，微软公司正遭遇创立以来的最大危机。1998年5月，美国司法部以及20个州的司法部长联合起诉微软公司，指控微软公司把互联网浏览器与视窗软件捆绑销售的做法，认为微软公司的这一做法非法妨碍竞争，其目的是保护并扩大自己对软件的垄断地位。

那么，到底什么是垄断呢？**垄断**是指个别主体对市场的把持和独占，通常指少数大企业为获取高额利润而对商品生产销售和价格进行操纵控制的行为。我们在前面曾经介绍过垄断市场。经济学家说，在垄断市场上的那个唯一的卖者就是垄断企业。例如，微软公司是视窗软件的唯一提供者，同时视窗软件也没有相近的替代品，所以微软公司就处在了垄断地位。

垄断企业之所以可以保持垄断地位，是因为其他企业不能进入市场并与之竞争，因此在垄断市场上经常存在着令其他企业难以进入的障碍。譬如，进入视窗软件市场的障碍来自于政府给予微软公司的版权。同样，当一个小说家写完一本书时，他也可以有这本书的版权。版权是一种政府的保证，它保证没有一个人在没有得到作者同意时就能印刷并出售这本著作。版权使这个小说家成为他的小说销售的一个垄断者。

垄断市场的另一种进入障碍是，垄断企业拥有一种关键的资源。例如，假设镇里的每个人都需要水，但只有一口井，而且从其他地方不可能得到水，那么，井的所有者就垄断了水。

有一些市场，天然地具有走向垄断的特性。在这些市场中，一家企业提供产品的成本，要比两家或更多企业共同提供产品的成本低。供水就是一个例子：为了向镇上居民供水，企业必须铺设遍及全镇的水管网。如果两家或更多的企业在提供这种服务中竞争，每家企业都必须支付铺设水管网的固定成本。因此，如果一家企业为整个市场服务，水的平均成本是最低的。

垄断企业的一个重要特点，就是它可以作为产品价格的制定者。这一点，与竞争市场中的企业是很不一样的。在竞争市场中，企业的数量很多，每个企业的产量都只占市场总额的很小部分，所以可以认为单个企业产量的变动不会影响产品的市场供应量，也不会影响产品的市场价格。一句话，这时企业是市场价格的接受者。而垄断企业呢，它是某种产品的唯一生产者。于是，垄断企业的产量就是这种商品的市场供给量。也正因为这样，垄断企业可以通过调整产量来制定价格。

考虑一下微软公司和它的产品视窗软件。我们可以想象，现在微软公司多生产一张视窗软件是怎样一个情形，只不过把它的程序复制到另一张磁盘上而已，这所引起的额外成本只有几美元。但是，微软公司却对它的每件产品收取将近 100 美元的费用。显然，如果有别的企业在提供视窗软件上与微软公司竞争的话，视窗软件的价格一定会低于这个数目。然而，为什么微软公司不把一张视窗软件的价格定为 1000 美元或 2000 美元呢？不要忘了，微软公司的产量就是视窗软件的市场供给量。如果微软公司的价格定得太高了，人们购买的数量就会很少。人们会少买电子计算机，或者转向用其他的操作程序。

我们知道，在竞争市场中，如果一个行业有着超乎寻常的利润，那么在“看不见的手”的指引下，新的企业会加入，行业的利润迟早会恢复到正常的水平。但是，由于进入障碍的存在，这个过程在垄断市场中将不会出现，垄断企业通常可以凭借它们的垄断地位获取高额的垄断利润。

公众一般认为，与竞争市场的情况相比，垄断的超额利润是不合理的利润，所以，世界各国的政府采取了种种措施对垄断实施限制。一种办法是，政府可以动用法律禁止企业之间的合并，以防止企业的合并降低市场的竞争性。例如，当微软公司在 1994 年宣布它将收购另一家软件公司——图文公司时，就引起了美国司法部的关注。图文公司拥有一种重要的个人财务软件“快肯”的版权。美国司法部在几个月的调查之后决定，微软公司与图文公司的合并使过大的市场势力集中在一家企业中，因此禁止它们的合并。

政府在阻止合并的同时，还会动用法律分解公司。例如，美国政府在 1984 年就曾把大型通信公司美国电话电报公司（AT&T），分为 8 家较小的公司。同样，围绕美国司法部和微软公司的官司，也有人提出，应该把微软公司分拆成若干家公司。

政府解决垄断问题的另一个办法是管制垄断企业的行为。在西方，这种办法主要针对像自来水公司和电力公司这样的垄断企业。管制垄断企业的行为主要是管制它们的价格，不允许它们收取任何过高价格。有的经济学家认为，在管制垄断企业的时候，应该遵循一条原则：垄断企业不应该赚得高于竞争企业所赚取的社会平均利润。

第二聊天室

金融与贸易

【版主的话】

多年以前，当我们的祖先还在过着男耕女织、自给自足生活的时候，是无所谓什么贸易、金融和保险的，这类字眼就像改革开放初期人们对网络、电子商务、“伊妹儿”的认识一样。可是，人们在为生存奋斗的过程中发现互通能够提高彼此的生活水平，于是斧子与大米、毛皮与小麦的交换出现了，这就是贸易。在贸易的过程中，人们又发现使用金、银等价值高又便携的商品作为交换的中介能够使贸易大为便利，于是，货币诞生了。生活确实是越来越好了。可是，人们又发现在生产或者生活中，总有资金富余或者资金缺乏的时候，如果资金缺乏者能够从资金富余者那里融通资金，渡过难关或者开展生产，而在资金盈余的时候偿还借款并付出一定的报酬，那样对双方都有好处。于是，资金的借贷活动发生了，并且随着这类活动的越来越频繁，资金借贷的中介——钱庄，也就是银行的前身悄然萌芽，金融这个字眼开始被赋予独特的意义。此外，在最早开始的大宗越洋贸易中，由于运输周期长、风险大，个人很难承受货物一旦毁损、被盗而形成的风险，于是商人们达成某种协议，集体承担协议成员个人的可能损失，保险的雏形由此而来。而今，经济的发展已经使得贸易、金融与保险的意义大为丰富与深刻了，金融与贸易更堪称现代市场经济中的两块较能保持恒温的“热土”。读者们可以在我们的第二聊天室里了解到经济生活中这些重要领域的基本知识，从而对现实社会有一个更为清晰的认识。

主题一　金融市场面面观

【讨论热点提示】

出于对金融工具偿还性、流动性、风险性和收益性的考虑，你会选择持有哪些种类的金融资产？

你是否持有股票？如果是的话，你是基于什么考虑而持有这些股票呢？

对于国库券和企业债券，你认为两者在哪些方面存在差异？

金融市场是经济生活中与商品市场、劳务市场和技术市场并列的一种市场。这个市场是进行资金融通的场所，在这里实现借贷资金的集中和配置，并由资金供给与资金需求的对比形成该市场的价格——利率。

金融市场包括通过各类金融机构及个人所实现的货币资金借贷活动，其中有对各种货币进行的交易，也有对各种有价证券进行的交易。现代的金融交易既有具体的交易场所，如在某一金融机构的建筑物内进行，也有无形的交易场所，即通过现代通信设施建立起来的网络进行。

金融交易的方式，在人类历史的不同发展阶段是不一样的。很久以前，货币资金借贷主要是以民间借贷的方式进行，有范围小、数额少、利率高、交易不规范和众多小金融市场并存的特点。随着金融制度的发展，特别是后来银行系统的发展，金融交易主要通过银行进行，表现为通过银行集中实现着全社会主要部分的借贷活动。在市场经济高度发达时期，金融交易相当大的部分是以证券交易的方式进行。目前一些经济发达国家以证券交易方式实现的金融交易，已在金融交易中占着越来越大的份额，人们称之为资金融通的证券化趋势。

金融市场里有什么

市场必须具备交易的对象、交易的主体、交易的工具及交易的价格这四个要素，金融市场也是如此。

金融市场的交易对象是货币资金。无论是银行的存贷款还是证券市场中的证券买卖，最终目的都是货币资金转移，或贷者向借者的转移，或贷者向贷者的转移，或借者向借者的转移。与商品市场上商品的买卖不同之处在于，金融交易大多只是表现为货币资金使用权的转移，而商品交易则表现为商品所有权和使用权的同时转移。

就发达的市场经济来考察，金融市场上的交易主体包括任何参与交易的个人、企业、各级政府和金融机构。若按是否专门从事金融活动划分，可以分为不专门从事金融活动的主体与专门从事金融活动的主体两大类。不专门从事金融活动的主体主要由个人、企业和政府部门构成，他们不以金融交易为业，参与交易是为了自身在资金供求方面的需要。在他们之间发生的金融交易，是直接金融，即资金从盈余部门向赤字部门的直接转移。直接金融借助于直接金融工具的买卖完成。专门从事金融活动的主体则主要由以金融活动为业的机构或个人组成，包括各类银行、保险公司、财务公司、经纪人等。通过他们实现的金融交易，称为间接金融，即资金从盈余部门向赤字部门的转移是通过这些机构或个人的媒介作用才得以实现的。由作为金融媒介的机构发行的金融工具称为间接金融工具。

金融市场的交易价格是利率。各种金融市场均有自己的利率，如贴现市场利率、国库券利率、银行同业拆借利率等，但不同的利率之间有密切联系。通过市场机制作用，所有利率在一般情况下，呈同方向变化的趋势。

金融市场种种

金融市场是一个大系统，包罗许多具体的、相互独立但又有紧密关联的市场，可以用不同的划分标准进行分类。最常见的是把金融市场划分为货币市场和资本市场。这是以金融交易的期限作为标准来划分的。**货币市场**是交易期限在 1 年以内的短期金融交易市场，其功能在于满足交易者的资金流动性需求，包括短期存贷市场、银行同业拆借市场、贴现市场、短期债券市场以及大额存单等短期融资工具市场。**资本市场**是交易期限在 1 年以上的长期金融市场，主要满足工商企业的中长期投资需求和政府弥补财政赤字的资金需要，包括长期存贷市场和证券市场。证券市场又可分为债券市场和股票市场。

此外，可按照金融交易的交割期限，把金融市场划分为现货市场与期货市场。在**现货市场**上，一般在成交后的 1～3 日内立即付款交割；在**期货市场**上，交割则是在成交后合约所规定的日期如几周、几月之后进行。较多采用期货形式的，主要是证券、外汇、黄金等市场。自 20 世纪 70 年代以来，金融期货交易的形式越来越多样化。还可以按金融交易的地理区域范围，把金融市场划分为国内金融市场和国际金融市场。

在金融市场这个大系统中，还有外汇、黄金和保险等几个重要的市场。

外汇市场是进行外汇买卖的金融市场。在这个市场上，既有本国货币与外国货币之间的买卖，也有不同的外国货币之间的买卖。大多数的外汇市场是没有固定交易场所的无形市场，外汇交易通过电话、电传等方式进行。目前，世界各大金融中心的外汇市场通过现代化的电子通信技术，连接成一个统一的外汇交易网络，外汇市场实际上已成为横跨全球的世界性市场。

黄金市场是买卖黄金的交易场所。在黄金市场交易中，有各国货币当局调节黄金储备的交易，有个人为了保值进行的交易，有为取得工业用黄金的交易，也有很大数量的投机交易。就交易目的而言，黄金市场既是一种金融市场，又是一种商品市场。但由于黄金曾经被广泛用作货币材料，并至今在某种程度上仍保留世界货币的功能，同时由于黄金市场上的主要交易商是大银行，因此，自然地被列入金融市场范畴之内。目前国际上有 40 多个黄金市场，其中进行国际性集中交易的有伦敦、苏黎世、纽约、芝加哥和香港地区等。伦敦黄金市场最有影响，它的报价是世界黄金行市的“晴雨表”。

金融工具和金融资产

金融工具是在信用活动中产生，能够证明金融交易金额、期限、价格的书面文件。它对于债权、债务双方所应承担的义务与享有的权利均有法律约束意义。

金融工具一般具有以下几个基本特征：

(1) 偿还性。金融工具一般都载明偿还期限，债务人到期必须履行付款义务。如一张标明3个月后支付的汇票，偿还期是3个月。但对当事人来说，更有现实意义的是从持有金融工具日起到该金融工具到期日止所经历的时间。

(2) 流动性。金融工具可以在金融市场上转让流通，并具有转换为现金的能力。现金本身就是流动性非常强的金融工具。除此之外，变现的期限短、成本低的金融工具流动性强；反之，则流动性差。发行者信誉的高低对金融工具的流动性有重要意义，如国家发行的债券，信誉卓著的大公司签发的商业票据等流动性就很高。

(3) 风险性。它是指购买金融工具的本金有否遭受损失的风险。风险有**信用风险**和**市场风险**两种。前者指债务人不履行合约，不按期归还本金的风险。这类风险与债务人的信誉、经营状况有关，也与金融工具种类有关。例如，股票中的优先股比普通股风险低，一旦股份公司破产清理，优先股股东比普通股股东有优先要求补偿的权利。后者指由于金融工具市场价格下跌所带来的风险。某些金融工具，如股票、债券的市价是经常变化的。例如，据美国银行估算，由于美国次贷危机诱发的金融风潮，使全球股市在下跌中自2007年10月至2008年2月共损失37.7万亿美元。

(4) 收益性。金融工具作为代表债权或所有权的凭证，能为持有者带来收益。一般情况下，期限短、流动性强、风险小的金融工具收益率相对较低，而期限长、流动性差、风险较大的金融工具收益率相对较高。

按不同的划分标准，金融工具可分为以下几种类型：

按付款期限的长短划分，可分为短期金融工具、长期金融工具和不定期金融工具。长短期之分是以1年为界，不定期金融工具则是指没有注明偿付债务具体日期的信用凭证。

按金融工具的性质不同，可分为债券凭证（如债券）和所有权凭证（如股票）。

按发行者的性质不同，可分为**直接金融工具**和**间接金融工具**。前者指非金融机构发行的、用于直接金融活动的信用工具，如政府债券、公司股票、商业票据、抵押契约等；后者指由银行或其他金融机构发行或签发的、用于间接金融活动的信用凭证，如银行券、金融债券、银行票据、可转让大额定期存单等。

金融工具的称谓是从金融市场交易的角度来讲的，如果从金融工具的持有者角度来看，这些金融工具则是他们的资产。一个人的财富是以其实物资产与金融资产之和来度量的。当人们面对多种可能为自己所持有的实物资产和金融资产时，自然有个选择问题。在我国经济生活中，人们的经验至少有这样几点：如果通货膨胀比较严重，尽可能多存实物、少存钱；如果储蓄存款可以得到较多的利息，就多储蓄，手头只留必要的现金；如果各种债券既可靠，利率又高于银行储蓄存款利率，就会争购债券等。从这些行为我们可以发现，在一个发达的市场经济背景中，人们关心这样一些问题：资产的收入、交易的成本和风险。每个人对这些问题看重的程度不同，所以，就出现了千差万别的资产选择。

主题二　从古代钱庄到现代银行

【讨论热点提示】

我国现阶段金融体系还有哪些方面不够健全或不够完善？你在日常生活中是否感到由于金融部门的不够完善而带来的不便？

你觉得现阶段在我国，哪种金融机构的发展前景相对更大？为什么？

如果你是银行的经理，你对各种资产的偿还性、流动性、风险性和收益性的权衡是怎样的？

银行的起源

在古代的东方和西方，都曾先后有货币兑换和银钱业的发展。

在西欧，很早就有关于古代银钱业的记载，如公元前 2000 年的巴比伦寺庙、公元前 500 年的希腊寺庙就已有经营金银、发放贷款、收取利息的活动。公元前 400 年在雅典，公元前 200 年在罗马帝国，也有这类银钱业的活动。

中国关于古代高利贷的记载颇多，但关于银钱业的记载则较晚，较早的是南北朝时的寺庙典当业。有关这方面的大量记载始于唐朝，有经营典质业的质库，有保管钱财的柜房，有打制金钱饰物和经营金银买卖的金银铺。至于汇兑业务，不仅有商人经营，更主要的是由官府经营，此外还有专门放债收息的官府机构。经过宋、元、明、清，钱庄、银号、票号先后兴起，银钱业得到了长足发展。但由于农业社会的长期存续，中国古老的银钱业一直未能实现向现代银行业的转化。

所以，对于现代银行业的兴起，还得对西方进行考察。一般公认 1580 年成立的威尼斯银行是世界上最早的、真正意义上的银行。此后，相继出现的有米兰银行（1593 年）、阿姆斯特丹银行（1609 年）、汉堡银行（1619 年）、纽伦堡银行（1621 年）等。1694 年，在英国政府支持下由私人创办的英格兰银行是最早出现的股份制银行，至于各资本主义国家纷纷建立起规模巨大的股份银行，则是 18 世纪末到 19 世纪初之间。

在现代银行出现后的一个相当长的时期中，并没有专门发行银行券的银行，更没有中央银行。随着统一发行银行券的日显必要，银行林立、银行业务不断扩大、债权债务关系错综复杂，商业银行往往也会陷入资金调度不灵的窘境，客观上需要建立一个全国统一而有权威的、公正的中央银行。

通常谈及中央银行起源时，往往首先提到瑞典银行和英格兰银行。它们并不是成立之

初就是中央银行，实际上，真正最早全面发挥中央银行职能的却是英格兰银行。它作为世界上最早的股份制银行，在成立后的150年，即1844年，基本垄断了货币发行权，同时成了集中其他商业银行一部分存款准备金的银行；1854年，它成为英国银行业的票据交换中心；1872年，它开始对其他银行负起在困难时提供资金的责任，一个具有全国金融管理机构色彩的银行成型了。

在19世纪到第二次世界大战之后，各国纷纷建立本国的中央银行。目前，只有极少数的特殊地区、附属国尚无自己的中央银行。

我国现行的金融体系

我国现行的金融体系在经历了近代以来，特别是新中国成立后改革开放以来的演变之后，基本上比较完善了，目前已形成了以中央银行为核心，商业银行为主体，多种金融机构并存和分工协作的、多层次的金融体系。

1. 中央银行

中国人民银行是我国的中央银行，是国家的货币发行银行、银行的银行和政府的银行。它是国务院领导和管理金融事业的机关，在我国金融体系中处于核心位置。中国人民银行不对企业和个人办理信贷业务，在履行发钞、代理国库等中央银行业务的同时，还集中力量研究和制定全国金融的宏观政策，加强信贷资金管理。总行设在北京，主要职能是：制定金融方针、政策、法规和制度；编制国家信贷计划；管理货币流通、利率、金融市场等金融业务；代表政府从事有关的国际金融活动，确保金融体系安全、有效地运行。

2. 商业银行

商业银行是以经营工商业存贷款、办理结算等为主要业务，并以获取利润为目的的货币经营企业。按现有情况，我国整个商业银行体系由包括如下几个层次的银行组成：

(1) 大型全国性股份制商业银行。主要有中国工商银行股份有限公司（简称工商银行）、中国银行股份有限公司（中国银行）、中国农业银行股份有限公司（农业银行）、中国建设银行股份有限公司（建设银行）这四大商业银行。这四大股份制商业银行是我国金融体系中的龙头企业，都以货币信贷为基本经营对象，它们各自的业务网点遍布全国，在我国各省、市、自治区设分行，在地、市和县区设立分行、支行或办事处、分理处、储蓄所等各级机构网点。无论是从资本规模、市场份额还是从对经济生活的介入深度等各方面看，这几家银行在国内都处于遥遥领先的地位。从规模上看，交通银行股份有限公司（交通银行）、国家开发银行股份有限公司（国家开发银行）和中国邮政储蓄银行有限责任公司（邮政储蓄银行）也可跻身大型全国性股份制商业银行的行列。

(2) 普通全国性股份制商业银行。在我国现有商业银行体系中，有十多家规模、地位都较次于上述大型银行的全国性股份制商业银行，它们的经营网络一般也遍布全国。中信实业银行、光大银行、华夏银行等均属此列。若聊天室中有在广东工作生活的朋友，那么，你较熟悉的广东发展银行、深圳发展银行、招商银行亦在此列。这些企业在全国金融运行中也发挥着重要的骨干作用。

(3) 区域性股份制商业银行。这是一个银行家数最多的层次，现在全国有近百家区域性股份制商业银行。其中像北京银行、上海银行、南京银行、平安银行等，都是这个类别中人们较为熟悉的例子。在这些银行中，有的已把业务网点向全国铺开，但大多是以某一城市或地区为“根据地”。它们为促进全国，特别是某一地区的经济发展，因应当地金融活动的需求，发挥了重要的作用。

3. 政策性银行

政策性银行一般指那种由政府为主要出资人，非营利，专门为贯彻、配合政府社会经济政策意图，在特定的业务领域内从事政策性融资活动的金融机构。我国自 1993 年底开始着手组建政策性银行，目的是实现政策性金融和商业性金融分离，以解决商业银行一身兼二任的问题。现在运行中的政策性银行有：

(1) 中国农业发展银行。它于 1994 年组建，主要职责是按照国家的法律、法规和方针、政策，以国家信用为基础，筹集资金，承担国家规定的农业政策性金融业务，代理财政支农资金的拨付及监督使用，承担国家粮棉油储备和农副产品合同收购、农业开发等业务中的政策性贷款，为农业和农村经济发展服务。

(2) 中国进出口银行。它于 1994 年组建，主要职责是贯彻执行国家产业政策、外经贸政策、金融政策，为扩大我国机电产品、成套设备和高新技术产品进出口，推动有比较优势的企业开展对外承包工程和境外投资，促进对外关系发展和国际经贸合作，提供政策性金融支持。

4. 投资银行

投资银行主要是指从事证券发行、承销、交易、企业重组、风险投资、项目融资等业务的非银行金融机构。我国的投资银行大致可以分为三种类型：

(1) 信托投资公司。目前我国从事信托投资类业务的金融机构有中国中信集团公司、中国新技术创业投资公司以及许多由地方办的信托投资公司。

(2) 证券公司。现在我国共拥有 100 多家证券公司和 2600 多家证券交易营业部。

(3) 投资管理公司、财务顾问公司和资产管理公司。它们以在企业并购、项目融资和金融创新方面所具有的灵活性，在我国投资银行领域发挥着重要作用。

其他非银行金融机构：有各类不同性质的保险公司，如中国人民保险公司、太平洋保险公司、中国平安保险公司以及国内外开设的其他保险公司等，还包括金融租赁公司、汽车金融公司、货币经纪公司等。

5. 外资银行及外资金融机构

随着对外开放，我国开始引进外资（包括港澳地区资本）金融机构工作。**外商投资银行**是指外国资本独立或合作在中国投资建立的银行或银行分支机构，也包括外国资本与中国资本合作开办的银行。外商投资银行是中国境内具有独立资产的法人经济实体，受中国法律制约和保护。经批准，中外合资银行可经营本、外币的放款、投资、票据贴现、进出口贸易结算和押汇等业务。

西方国家金融体系

西方国家的金融体系，主要是由中央银行、商业银行、专业银行和其他金融机构所组成，中央银行是金融体系的核心，商业银行是金融体系的主体。

经过以上的介绍可以看出，我国的金融体系经过改革开放以来的不断完善，已越来越

接近世界通行的金融体系的构成。从职能上看，中央银行和商业银行在东西方的分别不大，而需要另外介绍的是西方金融体系中各种类型的专业银行和非银行金融机构。

1. 形形色色的专业银行

（1）**投资银行**。它是专门经营长期投资业务的金融机构。从事这类业务的金融机构，在美国和欧洲大陆叫做投资银行，在英国称为商人银行，在日本则指证券公司。它主要为工商企业代办发行与包销证券，办理中、长期贷款，经营外币买卖，办理存款业务和其他有关的金融服务业务。投资银行与商业银行的不同之处在于：在存款方面，投资银行不接受储蓄和活期存款，只接受定期存款；在贷款方面，投资银行侧重于长期贷款。

（2）**储蓄银行**。它是为鼓励国民储蓄，积聚长期资金而设立的。储蓄存款的特点是：存户多，金额比较零星分散，期限较长；不论活期、定期，主要是以现金形式存入的原始存款。由于储蓄存款比较稳定，银行主要用之于长期信贷。

（3）**开发银行**。它是一种专门为经济开发提供投资性贷款的银行，可分为国际性、区域性和本国性。

2. 林林总总的非银行金融机构

（1）**信用合作社**。西方国家的银行业务对象主要是大工商企业，小生产者很难从银行获得信用支持，因此，小生产者只能通过信用合作社或其他信用组织来解决资金周转的困难。信用合作社的资金来源主要是成员交纳的股金和存款，必要时也可得到政府有关金融机构的一定支持。

（2）**保险公司**。它是指通过销售保险合约、提供风险保障的公司。保险公司通常分为人寿保险和财产保险两大种类。

（3）**储蓄贷款协会**。它的资金来源主要是协会成员的股金。美国的储蓄贷款协会和英国房屋互助协会的性质相似。其发行股票有两种形式：一种是有固定期限的，一种是采取契约储蓄形式的。协会筹集会员的股金以抵押放款的方式贷给会员建房或购房，不以营利为目的，股东实际上是以消费者身份出现的。

（4）**养老基金组织**。它通常由政府或私人企业为其雇员所办，并由私人雇主经营。它通过雇主或雇员交纳退休基金，然后将积累的基金投资于政府公债、公司债券或股票，或用于不动产抵押放款等。雇员退休后可享受一次付清的退休金或按月支付的养老金。

（5）**投资公司**。它是通过发行股票形式，将小投资者的资金聚集起来用于购买其他金融资产，主要用于购买公司债券，也可用于购买短期金融资产。

（6）**财务公司**。它是专门办理各种耐用品的租买或者分期付款的销货业务的公司，主要通过短期和长期借款来筹集资金。短期资金是通过银行贷款和卖出公开市场票据来筹集，长期筹资主要靠推销公司债券。财务公司的资金运用主要是消费信贷和企业信贷。

主题三　风险应对话保险

【讨论热点提示】

当你遇到意外事故时，你有否想过你原来可以通过保险减少损失？你会给自己购买什么样的保险产品组合？

你认为在中国，目前最有潜力的保险市场何在？

你是否认为公民的保险意识有待提高？你在这方面有何切身体会？

保险小辞典

风险：是指损失的不确定性，即“意外打击”、“飞来横祸”。

风险防范：指经济活动主体对风险进行识别、分析，并在此基础上有效地处置风险，避免、防止、排除或减少风险，以最低成本实现最大安全保障的风险管理方法和手段。

保险：是以集中起来的保险费建立保险基金，用于对被保险人因自然灾害或意外事故造成的经济损失给予补偿，或对人身伤亡和丧失工作能力给予物质保障的一种制度。

意外事故：保险单上经常写有“意外伤害”或“意外损失”。“意外事故”究竟有何含义？它的基本概念是指这些保单所保障的事故不是保单持有人故意造成的，不具有必然性；而故意开着你的车撞墙不是保险范围内的“意外事故”。如果你从一高层建筑上往下跳，你肯定会受伤，这也不能被视为“意外事故”，你将无权向保险公司求偿。

代理人：代表保险公司销售保单并提供有关服务的人员。在许多国家，代理人只能代表一家或数家有限的保险公司，经纪人则有更多的自由。代理人通常通过亲戚朋友赢得客户，并倾向于对其进行个人了解。

一般原则：保险业已有数百年发展的历史。在此过程中，逐步形成并依国家的法令确立了若干原则，包括补偿原则、分摊原则、近因原则、最大诚信原则。这些是目前保险业实务的基石。

追根溯源看保险

最早出现的保险是海上保险。大约在公元前2000年，在地中海从事海上贸易的商人往往自发地结成船队一起漂洋过海，到异国他乡做生意。许多载货船只在海上航行中遭遇

风暴袭击或触礁沉没。航海是一种很大的冒险，遇到了这样的灾害，商人往往会倾家荡产；同行而贸易未遭灾受损的商人虽然这次得以幸免，但将来也可能遭遇同样的灾害。当时在地中海航海商人之间有一个共同遵循的原则："一人为众，众为一人。"于是商人们便自发地组织起来，签订一种契约。契约规定，凡是在契约上签字的商人，在航海中遇到事故，所受损失由全体签约人共同分摊。这一共同海损分摊原则可以说是海上保险的萌芽。

希腊大哲学家亚里士多德（公元前384年至公元前322年）曾将当时的大规模商业分为三类：造船、运输和放款。海上贸易的发达，带来了船舶抵押借款和货物抵押制度。这种借款，在公元前800年至公元前700年起已经很流行，而且从古希腊到罗马至中古时代一直盛行不衰。这种借款是海上保险的雏形。

意大利可以说是现代保险的发源地。11世纪末，十字军东征以后，意大利商人控制了东方和西欧的中介贸易。在经济繁荣的意大利北部城市商人之间，已经出现有类似现代形式的海上保险。这些商人和高利贷者将他们的贸易、汇兑票据与保险的习惯做法带到他们所到之处，保险在西欧各地的商人中间流行开来。例如，在佛兰德尔羊毛贸易中心——布鲁日，商人在1310年成立了保险商会，订立了海运运输保险的费率。

资本主义的发展促进了保险立法。15—16世纪新航线的开辟，使欧洲商人的贸易范围空前扩大，海上保险得到了迅速发展，随之有关保险的纠纷也相应增多，这就要求国家制定法令加以管理。西班牙、法国、意大利、英国及北欧的一些城市都相继制定了适用的法令。特别是安特卫普，1563年通过自己的法令。该法令分为两部分：一是航海法令，二是海上保险及保单格式。海上保险法令主要是防止欺诈赌博，并规定了保险应按照安特卫普交易所的习惯做法。这一做法及安特卫普交易所的习惯后为欧洲各地所采用。

继海上保险之后，其他各种保险随着生产、贸易的发展和经济关系的复杂化而不断出现和发展起来，如火灾保险、责任保险、保证保险、人身保险等。自然灾害还只是灾害的一大类，现代人类社会还面临着人为灾害。这种"新兴"的灾害，是人类行为与自然现象相互影响而形成的。只要自然界和人类社会存在，就必然会有不确定性存在，因此，保险得以产生的前提是永远存在的。

你有保险意识吗

1. 为自己买一份放心——人身意外保险

事故是受伤和死亡的主要原因。想象一下，作为一位丈夫和父亲，如果你出了事故，你的家庭和工作会受到什么样的影响呢？当你躺在医院里，家中的账单由谁来支付？孩子的教育费用由谁来负担？如果是终身残疾，你的家庭还支撑得下去吗？如果是最悲惨的事情发生，你是否留下足够的丧葬费？当然，某些人寿保险可能在发生事故时从经济上向你提供帮助。但这些人寿保险单只能与具体的财务上的需要挂钩，比如只能够支付分期付款的按揭。如果意外不幸降临，手头上需要现金帮你渡过难关时，人身意外险这个险种往往可以帮助你。

如果投保人在事故中受伤或死亡，人身意外险按照保单上的投保额进行补偿。人身意外险不补偿治病支出的医疗费。人身意外险目前大都是24小时昼夜保险。也就是说，不论事故发生在何时，不论是工作时间还是闲暇时间都要予以补偿，补偿根据受伤情况来定。

人身意外险对什么样的情况不予赔偿呢？不同的承保人对此问题的回答可能是不同的。从某种意义上看，你得到的就是你付出的。一些承保人的费率可能比其他承保人的费率要低，同时在保险单条款中列出的不保事故也多。不保事故常常包括：与战争有关的事故，飞行员飞行时受伤，因参加危险体育活动而反复受伤。另外，自己故意造成的受伤也不予赔偿。作为一条规则，人身意外险不为与事故有关的生病、怀孕或吸毒等提供赔偿。

很多情况下，你可以与承保人协商人身意外险的承保范围，只要双方达成协议，一些通常不保的风险也可能被承保人接受，但是，你得支付较高的保费。人身意外险是一种经济的保护形式。可是很多人会想："事故哪会那么巧就落在我的头上。"可是就如墨菲定律所说的那样，坏事偏偏就发生了。大量事实证明这种"与风险自动绝缘"的想法是错误的。

2. *温馨而安全的家——家庭财产保险*

你会想到用什么法子来保护你的家庭财产呢？除了在大门上安装质量好的锁，除了把贵重的物品藏在你能想到的任何隐蔽的地方，你会想到保险吗？付出一定的保费，将自己贵重的或者是心爱的东西投保，不失为一种好法子。但是，在与保险公司签订协议之前，要花些时间好好查看你都有什么东西。家庭财产保险在承包内容上的差别是很大的。

家庭财产保险只负责那些搬家时可以被带走的东西，包括家具、装饰品、各种家庭用具、食物和酒类、电器、衣物、个人用品及贵重首饰、现钞等（现钞的索赔是有限额的）。家庭财产险不包括船只或汽车，这些财产通常需要另外安排保险。

注意，有两种形式的赔偿：赔偿或重置新物品。如果你按赔偿的要求进行投保，你将得到损坏修理费用的赔款；如果东西被偷走或毁坏，你将得到重置物的赔款（要减去原物的折旧）。

你是否知道你个人财产的价值是多少？如果不清楚，一定得弄清楚，因为你投保的保额是否是足额这一点对你是很重要的。这是你的家庭财产需要索赔的数额，也是承保人赔付的最高限额。即使你的财产被大火或爆炸全部摧毁，保险公司也只按投保额赔偿。家庭财产保险要求投保人按家庭财产的足额投保，如果未按足额投保，有些保单中规定将降低索赔金额。也就是说，对你未进行足额投保进行惩罚。所以，计算出适当的索赔金额就是投保人的责任了。

家庭财产保险单中应该包括哪些需要规避的风险呢？至少要包括居家的意外损失或损坏，还包括各种灾祸如火灾、盗窃、闪电、暴雨，以及地震造成的损失。

怎样向保险公司索赔？索赔的过程是怎样的呢？为什么有的索赔未获得赔偿？怎样才能使索赔顺利进行呢？

先来看看典型的索赔案例吧。以火灾保险为例进行分析：首先，你需要知道索赔时你应负责什么。买保单时，你本人及保险公司都不希望有索赔发生。但是一旦发生，记住：立刻通知保险公司，并且要有书面报告。这样既是为了保护自己，也是承保人的要求。承保人的愿望是诚实地、公正地、快捷地完成理赔，因为事关他们的声誉。其次，你应站在保护自己的立场上，在火灾发生前和发生后尽可能去预防和减少损失，以免自己或别人要对损失负责。

如果是较小的索赔案例，保险公司可以派出自己内部人员去处理。如果是大的案例或是有疑问的案例，保险公司会派出专业损失调查人员去了解事故的原因。专业损失调查人

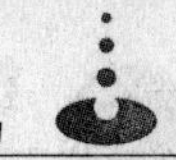

员叫理算师（理算师的行业在我国还有待发展）。理算师要向承保人建议应赔偿的合理数额，与索赔方进行细节讨论，达成原则上的协议。

保险应该被看作是一种赔偿协议。从经济角度看，承保人在你受到损失后尽快使你恢复到未受损失的状态，你不应该从不幸中获取什么利润。当然也可能有例外，如果在保险合约中具体说明“恢复到新的状态”，或者你投的就是特殊险种。

你索赔的金额以及你最初的保险价值都是重要的因素。损失或损害了的投保物的保额与投保物的全部价值是等同的呢，还是小于投保物的总价值？如果是小于，你将遇到一个问题：你的承保人有权根据不足额保险的程度按比例减少赔付款。这种做法叫均摊。举个例子吧，你把你的商店投保 50 万元，可实际上商店值 100 万元，你受到火灾损失为 25 万元。按照均摊的做法，赔付款应为 25 万元的一半，因为你只为商店的一半价值投了保。

主题四　钱也有价格吗

【讨论热点提示】

当你有稳定的收入，手头也有足够的钱购买某件商品（比如房子、汽车）时，你会选择分期付款和消费贷款吗？为什么？

1999年，中国人民银行开始实施对利息征税，事实上是降低了利率，你认为这种做法的政策目标是什么？

一国经济处于低谷的时候，利率是倾向于升高还是降低呢？为什么？

钱也有价格吗？大家不禁要感到奇怪了，钱不是用来表示价格的吗？我们为了得到某种商品，必须付出一定的钱作为交换的代价，可是为了得到一定数量的钱，我们得付出什么样的代价呢？钱怎么会有价格呢？如果有的话，它的价格是什么？要弄懂以上问题，还得先了解什么是信用。

信　用

信用是人们在经济活动中发生的一种借贷行为，它最初起因于赊账交易。“村酒可赊常痛饮。”据《史记》记载，汉高祖刘邦早年当泗水亭长时，好酒，常到酒店喝得酩酊大醉，只打个欠条就扬长而去，过段日子再付酒钱。刘邦的这种买酒方式，就是赊购。在这里，酒的出售和价格的实现，在时间上是分离的。又如有些客商到遥远的地方做生意，预先要借些本钱，待商品出手赚得大钱再归还贷款。这种以偿还为条件的商品赊购或钱的借贷，一般不能空口无凭。通常，提供信用的人（债权人）要求借款者（债务人）提出一定的证券或契约，写明归还的日期和数额，以此作为保证。发展到现代，信用发生的原因越来越多，企业家为投资而向银行贷款，居民为买房买车而借助银行信用分期付款，国家为弥补财政赤字发行国库券，不一而足。

透视利息与利率

当提供的信用涉及钱的转借的时候，就出现了代价的问题。这里，我们提及的钱只是借贷货币，而它的代价我们并不陌生，就是利息率。我们习惯将货币与商品对立，付出货币是为了得到商品，要得到商品必须付出一定的货币，可是，与商品一样，货币也是价值

与使用价值的统一体，其所有权和使用权可以分离。借贷货币，也就是借贷货币的使用权，那么，一定期限内借入一定数量的货币（本金）是要付出代价（利息）的。

关于**利息**的实质，几个世纪以来，各个经济学流派的许多经济学家都有不同的解释。古典经济学家配第提出的利息报酬论认为，利息是因暂时放弃货币的使用权而获得的报酬。萨伊的资本生产力论认为，资本具有生产力，利息是资本生产力的产物。西尼尔的节欲论认为，利息应该作为资本家节欲行为的报酬，因为资本由储蓄形成，增加储蓄就要减少目前消费，资本家忍受额外牺牲而得到利息作为报酬。凯恩斯的流动偏好论则认为，利息是在一个特定时期内，人们放弃货币周转灵活性的报酬。流动偏好是一种普遍的心理现象，即人们总是愿意持有流动性强的现金财产形式。

种种理论，争论不休。但是，它们只是分别说明了作为借贷资本的报酬——利息的来源是什么，而在一定时期内把钱的使用权让给别人（比如把钱存进银行）是有报酬的这一点已很清楚了。

对于同样期限、同样数量的货币付出的利息也有高有低，说明货币的价格也是有贵有贱。标志货币价格贵贱的正是利息率。应当指出，利息不是一个反映价格水平的概念，它的大小不仅取决于借款数量的多少和借款期限的长短，而且取决于利息率的高低和计算利息的方法。利息率才是货币资本的价格。

利率大家庭

利息率是一定时期内利息额与借贷本金的比率，通常用年利率、月利率和日利率表示，也称年息、月息和日息。利率的种类很多，从不同的角度划分，主要有以下几种类型：

1. 市场利率和公定利率

市场利率是在金融市场上由借贷双方通过竞争而形成的利率。市场利率随着借贷资金供求状况的变化而上浮或下降。**公定利率**是由一国政府通过中央银行制定的利率。由银行公会确定的各会员银行必须执行的利率也是公定利率的一种形式。例如，香港银行公会就定期调整并公布各种存贷款利率，会员银行必须执行。

2. 固定利率和浮动利率

固定利率是在整个借贷期间固定不变，不随借贷资金供求状况的变化而波动的利率。**浮动利率**是指在借贷期间，随市场利率的变化定期调整的利率。调整期限和作为调整依据的市场利率类型由借贷双方在签订借贷协议时商定。例如，欧洲货币市场上的浮动利率一般以伦敦银行同业拆放利率为基础，半年调整一次。

3. 名义利率和实际利率

在纸币流通条件下，纸币代表的价值量随纸币发行量的变化而变化。当纸币发行量超过市场货币必要量时，单位纸币实际代表的价值量下降，于是产生了纸币的名义价值和实际价值。**名义利率**就是按纸币的名义价值用名义货币表示的利率；名义利率减去通货膨胀率，即为**实际利率**。当通货膨胀率高于名义利率时，实际利率则表现为负数，称为负利率。

此外，根据银行存贷款业务的不同，有存款利率和贷款利率；根据借贷期限的长短，有短期利率和长期利率；根据不同的贷款种类和贷款对象，还可以实行差别利率和优惠利率，等等。

你会计算吗

你会计算利息吗？关于利息，最基本的计算分为单利和复利。

单利计息就是在计算利息额时，不论期限长短，只按本金计算利息，所生利息不再加入本金重复计算利息。它有一个很简单的公式：

$I=P\times R\times D$

其中，I代表利息额，P代表本金，R代表利息率，D代表时间。

举个例子，小张借款1000元，年息率为4%，单利计息，借款期限为两年，到期时小张除了还本，还应支付利息：

$I=P\times R\times D=1000\times 4\%\times 2=80$（元）

复利是相对于单利的。**复利计息**是指在计算利息时，要按一定期限（例如1年），将所生利息加入本金再计算利息，逐期滚算，俗称“利滚利”。它的计算公式为：

$S=P\times(1+R)^n$

$I=S-P$

其中，S表示本息之和，n代表期数，I、P、R与上式相同。

继续沿用上面的例子，其他条件都一样，只是把单利改为复利，则这笔借款的利息为：

$S=P\times(1+R)^n=1000\times(1+4\%)^2=1081.6$（元）

$I=S-P=1081.6-1000=81.6$（元）

用单利计算利息，手续简便，实际上减轻了借款者的利息负担。用复利计算利息，有利于提高资金的时间观念，有利于发挥利息的调节作用和提高资金的使用效率。

利率变动为哪般

既然已经知道利率是“钱”的价格，那么，根据价格随供求对比的变化而波动这一规律，就不难理解为什么“钱”的价格——利率也会不时地变动。**供求规律**指的是当供不应求时，价格上涨，当供过于求时，价格下跌。借贷货币也是存在供给和需求的。在某一时期内，有人希望借入货币进行投资，有人为保有货币余额而产生借出款需求，甚至有人为购买现在消费不起的商品而借款（比如按揭买房），以上构成了借贷资金需求。同一时期内，人们为了各种原因到银行进行储蓄，构成了借贷资金供给的一部分，另一部分则来源于货币当局（中央银行）增发的货币数量。借贷资金的供求循着市场规律而相互作用，决定出一个均衡的价格水平就是利率。不同时期供求会变化，所以均衡的利率不会在某一水平固定不变。于是，我们感到无形中有一只手在指挥利率的变动。

当然，影响利率的因素有很多。

例如，为刺激经济，人民银行在2008年连续4次宣布下调利率。从9月16日到11月27日，4次降息使活期存款年利率从0.72%降到了0.36%，一年定期存款利率从

3.60％跌到了2.52％，同期的贷款年利率从6.66％滑到了5.58％。这4次利率变动是由于国家经济政策对利率的影响。因为利率的变动对经济增长有很大的影响，在当代世界各国普遍推行国家干预经济的政策，利率成为国家对经济活动进行调节的一个重要工具。

通货膨胀率对利率的影响也不可小看。在现代纸币流通条件下，当纸币发行量超过实际需求量时，纸币贬值，它的贬值率就是通货膨胀率。一方面，在借贷活动中，贷出货币者得考虑将来收回贷款时借贷的本金是否会因为通货膨胀因素而贬值，在通货膨胀率较高的情况下，贷者就得提高利率来弥补纸币贬值的损失。另一方面，一个国家的政府又经常将利率作为抑制通货膨胀、稳定物价的手段。政府通过提高或降低利率影响货币资金的供求状况，从而达到调节经济的目的。

国际市场利率水平对国内利率的遥控力量越来越大。随着世界经济的发展，各国之间的经济联系日益密切，商品贸易、技术贸易、服务贸易的发展促进了资金在国际间的流动。国际市场利率对国内市场的影响就是通过资金在国际间的移动实现的。如果资金可以随意进出某一国，国内利率水平高于国际市场利率水平时，会引起资金流入国内，从而导致货币资本的供给增加，大过需求，使国内利率下降；如果国内利率水平低于国际利率水平，相反的结果就会出现。

此外，影响利率变化的因素还有银行经营成本、利率管理体制、传统习惯、法律规定、国际协议等。总之，影响利率波动的原因很多，往往又是多种因素交织在一起，对利率起综合作用。

主题五　钱钱交易

【讨论热点提示】

设想两个汇率自由浮动的国家，如果A国对B国的贸易赤字不断增加，那么，这可能导致A国货币对B国货币的汇率上升还是下降？为什么？

再假定两个汇率自由浮动的国家，如果A国相对于B国的利率上升，那么，A国货币对B国货币的汇率是上升还是下降？为什么？

以钱易钱

我们知道很久很久以前，人们进行物物交换，直到出现货币，才有了钱和物的交换。然而，随着国际贸易的发展和纸币的出现，有了钱和钱的交换，尤其是今天，当国际资本流动变得越来越频繁，钱钱交易成了国际间最大宗的交易。你可知道这是为什么？

设想在一个只有两个国家的世界，一个是中国，另一个是美国，后者的货币是美元。美国人用美元和中国人交换人民币。有三个原因使美国人想要人民币，并促使他们把美元拿到外汇市场上交换：想买中国的商品（对中国而言是出口，对美国而言是进口）；想在中国投资；想投机，即美国人认为人民币在将来对美元会升值，那么他们就会持有人民币，可以赚取升值后的资本增益。与此类似，也有三个原因使中国人想要美元，并向外汇市场供应人民币：想买美国商品，想在美国投资，想投机。问题是，中国人可以用1元人民币换取多少美元？或同样的，美国人可以用1美元换取多少人民币？在这里，汇率就是人民币和美元之间的相对价格。

在自由竞争的市场中，价格是由需求和供给决定的。对于这样一个两国的例子，我们可以从美元的供给与需求或人民币的供给与需求角度，来考察汇率的决定这一问题。这两方面是相等的：中国人向外汇市场供应的人民币数与美国人想要的人民币数相当，美国人供应的美元数与中国人想要的美元数相当。使中国人想要美元、美国人想要人民币的三个原因，也正是决定汇率的三个主要因素。第一个是进出口的供给和需求，第二个是国际投资引起的资金供求，第三个是国际投机引起的资金供求。

在现实世界中，上面说到的自由竞争并非处处存在。在资金流出流入一国的问题上，许多国家都作了限制，只不过程度不同而已。中国现在还是外汇管制的国家，现行的汇率制度是1994年建立的单一的、有管理的浮动汇率制度，实现了人民币经常项目有条件的可兑换。2005年，我国又开始实行参考一揽子货币进行调节、管理的浮动汇率制度。但是，随着改革开放步伐的迈开，随着加入WTO（世界贸易组织）后改革的进程，对外汇

的管制逐渐放松是长期趋势。只是，前面例子中所说的人民币和美元的自由兑换在现实中并不存在，因此，人民币还不是一种世界货币。

识读汇率标价

外汇汇率是指一个国家的货币折算成另一个国家的货币的比率、比价或价格。与前面所说的利率是获得货币资金的使用权的价格不同，**汇率**是以别国货币表示的获得一国货币所有权的价格。各国之间的货币应该都有比价，但是，根据世界上主要的结算货币，最重要的是对美元等几个少数国家货币的汇率。

汇率的标价方法有：直接标价法和间接标价法。

以 1 单位或 100 单位的外国货币作为标准，折算为一定数量的本国货币，叫做**直接标价法**，或者叫**应付标价法**。例如，在瑞士苏黎世外汇市场上的汇率，都采用直接标价法，即以瑞士法郎表示外国货币的价格。如 USD1＝CHF 1.0018，GBP1＝CHF 1.6665。（USD、GBP、CHF 分别是美元、英镑、瑞士法郎的缩写。）在直接标价法下，外国货币数额是一个不变的量，而本国货币的数量是一个可变的量，它随两国货币币值的变化而变动。如果一定数额的外国货币折算的本国货币数比以前增多了，说明本国货币的币值下跌，外汇汇率上升；反之，说明外汇汇率下跌，本国货币的币值上升。

用 1 单位或 100 单位的本国货币作为标准，折算为一定数量的外国货币，叫做**间接标价法**或者叫应收标价法。例如，在美国纽约外汇市场上的汇率，都是采用间接标价法，是以一定数额的美元折合成多少外国货币表示的。如 USD 1＝RMB 6.8260，USD1＝EUR 0.6645 等。（RMB、EUR 分别是人民币、欧元。）在间接标价法下，本国货币数额是个不变量，而外国货币数额是一个可变量，它随两国货币币值的变化而变动。如果一定数额的本国货币折算成的外国货币数额比以前增多了，说明本国货币的币值上升，外汇汇率下跌；反之，则说明本国货币的币值下跌，外汇汇率上升。

目前，世界上的绝大多数国家都采用直接标价法，只有英国和美国等少数国家采用间接标价法。

有时候，我们会看到 USD1＝EUR 0.6645/47 的标示方法，这是什么意思呢？要知道，外汇买卖一般集中在商业银行等金融机构，它们买卖外汇的目的是为了追求利润，方法就是贱买贵卖，赚取买卖差价。商业银行买进外币时所依据的汇率叫**买入汇率**，也就是买价；卖出外币时所依据的汇率叫**卖出汇率**，也就是卖价。由此可见，买入、卖出是从银行的立场出发的，而不是从居民的立场出发。那么，根据银行的利益，我们就可以分析出哪个是买入汇率，哪个是卖出汇率。

从上例可以看出，银行用 USD1＝EUR 0.6645 的价格买进，以 EUR 0.6647 的价格卖出，从中赚取 0.0002 欧元的差价。

将买入汇率与卖出汇率相加再除以 2，则为**中间汇率**。中间汇率适用于银行之间买卖外汇，对一般的顾客不适用。我们在报纸或电视上看到的国家外汇牌价一般就只列出中间汇率。

汇率制度

汇率制度大体可以分为两类：固定汇率制和浮动汇率制。

固定汇率，顾名思义，是指一种货币与另一种货币的比率维持在一定幅度内波动。第二次世界大战后建立起来的以美元为中心的资本主义世界的汇率制就是固定汇率制。当时许多资本主义国家参加国际货币基金组织，该组织规定其他国家货币与美元建立固定比价，并且只能在一定幅度内波动；超过规定的上限、下限，这个国家的中央银行就有义务进行干预，使汇率保持在规定的幅度内。

浮动汇率是外汇汇率不予固定，也无任何汇率波动幅度的上限、下限，而是由外汇市场供求关系决定，可自由浮动，官方在汇率出现过度波动时才干预市场。浮动汇率制则是在1971年和1973年美元连续两次贬值，固定汇率制难以维持之后，多数资本主义国家改行的一种制度。基本的情况是各国对汇价不加限制，听其随市场供求关系的变化而涨跌，各国中央银行只是根据需要，自由选择是否进行干预以及把汇价维持在什么样的水平上。在实际经济生活中，政府不进行任何有目的的干预是少见的。

介于以上两种汇率制度之间还有一种联合浮动汇率制度。1973年欧洲“共同市场”的6个成员国实行联合浮动，即成员国之间实行固定汇率，波动幅度不得超过规定的上限、下限；但是，对成员国之外的其他货币的汇率则实行自由浮动。1999年1月1日，欧洲货币联盟正式启动酝酿已久的欧元，实现了成员国相互间完全的固定汇率。

还有一些发展中国家由于自己经济实力的限制，无法保持本国货币稳定的汇率水平，只好采取一种钉住汇率制度，也就是把本国货币与本国主要贸易伙伴国的货币捆绑在一起，确定一个固定的比价，随着某一种或几种货币进行浮动。

汇率拨动国际收支

不论汇率的涨跌是由于外汇供求的变动，还是出于一国因某个经济目的而进行干预，它的涨跌都会拨动一国的对外收支。

1. 汇率拨动进出口

以中国和美国的贸易为例。先说出口吧，当美元上涨时，意味着中国的出口产品进入美国，用美元标价会更便宜，因此有助于增加销量；或者可以理解为出口所得的同等数额的美元数所能换到的人民币比以前增加了，在其他条件不变的情况下，出口的利润增加了。因此，美元上涨或者人民币的下跌是有利于中国商品出口的，是对出口的一种奖励。对于进口来说，美元如果上涨或者人民币下跌，进口所需的同等数额的美元需要更多的人民币来兑换，这就增加了进口的成本；如果其他条件不变，则进口利润减少，因此，美元的上涨或人民币的下跌对进口起了一种限制作用。我们把外汇汇率上升或本币汇率下跌对进出口的这种拨动叫做“奖出限入”作用。

2. 汇率指挥资本流动

前面提到过，出于投资或者投机的目的，资金在国际间大量地流动，尤其到了现在，出于投机目的的资本流动已大大超过了出于投资目的的资本流动。当外汇汇率上升或本币汇率下跌时，本国或外国资本特别是短期资本为了免受货币贬值的损失，纷纷流向国外；当外汇汇率下跌或本币升值时，情况则正好相反。

主题六　商海泛舟话贸易

【讨论热点提示】

如果你是一位地区（如珠江三角洲）批发商，主要经营家电产品，现有外省某企业开发了一种新型教育类电子产品，拟与你公司合作，你会在何种条件下接受哪种销售方式？

回想一下你心目中成功的连锁品牌，分析它们为什么会取得成功。

连锁革命

自从1859年美国纽约“大西洋与太平洋茶叶公司”第一家连锁店问世至今，它已经在连锁经营的道路上走过了漫长的历史。但是，作为新型的零售业经营形式的连锁经营，1990年才在中国出现，时间虽不长，却发展势头迅猛。按照中国连锁经营协会公布的消息，到2007年中，我国特许经营连锁体系已达2600多个，加盟连锁店也已增至约20万个。其中，单是7家最大的家电连锁店已开设1500多家门店。遍布各地的连锁店已成为人们生活中不可或缺的组成部分，在提高商品流通质量、改善人们消费环境等方面起到了积极的作用。

那么，什么是连锁店呢？我们经常在不同的地方看到店名相同、经营商品一致、价格统一，甚至店铺装修格调一样的商店，形成一个销售网络，是否就是连锁的意义呢？不完全是。

从完整的意义上来说，连锁店具有四个一致性：经营理念、CIS企业识别系统、商品组合服务和经营管理。

经营理念连锁就是经营方式、经营构想或经营依据一致。例如，整个连锁体系完全以消费者的立场来发展，为消费者提供舒适的环境、便捷的服务、衷心的关怀和流行的消费。德国最大，也是世界最大的仓储式零售集团麦德龙1996年10月在上海开设了第一家购物中心有限公司，其经营理念可归纳为“有限顾客”和“有限利润”，真可谓别具一格。麦德龙认为任何一个商家都应该设立自己的顾客群体，这样才能给商场定位，这叫“有限顾客”；同时，麦德龙永远只收取较低的利润，不加价，也不减价，使自己的商品保持较低的价格，这种“有限利润”方针不失为理智的商业行为。

CIS即企业识别系统的简称。识别是一种感知，对企业的视觉识别仅仅是表面部分，要包括活动识别和理念识别才构成一个完整的企业识别体系。今天，在中国的许多城市，只要一提起麦当劳，无论是3岁的孩子还是年迈的老人，对那个鲜黄的、巨大的“M”的标志和麦当劳大叔都不会觉得陌生。而 1999 年始于中国香港，后推行到内地的麦当劳“史努比”之风至今仍为人津津乐道。至于麦当劳承诺的快捷、洁净，甚至“绝不提供出炉 8 分钟后的汉堡”虽不一定为人人所知，但却为每个人所享用。由这些视觉识别、活动识别、理念识别一起构成了麦当劳的整体形象。

商品组合服务连锁是指连锁的商店都是以当地消费者需求为最佳商品组合，并不断更新，对消费者提供一致的服务。沃尔玛是世界第一大零售连锁企业，该企业在深圳开设第一家沃尔玛购物广场和山姆会员商店时，猪扒、牛扒在肉食商品中占的比例较大，不大适合中国人的口味。因此它们很快削减了上述肉食的份额，增加了羊肉、兔肉、鸡肉、生猛海鲜等食品，随时注意迎合顾客的消费需求。

经营管理连锁是指在经营战术、策略上采取集中管理，统一规划，总部对各分店授权，由分店执行。经营管理连锁的这层意义与消费者的距离稍远。大家会惊诧于沃尔玛在全球拥有约 7800 家连锁店，但是别忘了这 7800 家沃尔玛在经营管理上是由位于美国阿肯色州的本顿维尔市的总部统领的。每一家沃尔玛在进货、销货、存货方面都遵照一定的操作方式，而它们的人员流动、资金流动、物资流动更是与总部在连锁店当地、所在区域甚至全球的发展战略密切相关。

正是因为连锁店的上述特点，使得这种商业组织形式容易形成大规模、低成本、高销售能力和高组织化程度的竞争优势。

我来帮你卖产品

假设美国的微软公司研制了一种全新的产品，打算打入中国市场，可是，要如何将它的产品推向市场呢？微软公司决定在中国寻找合作者，它找到了 3 家公司。A 公司说：“噢，这是一种新产品，经营风险挺大，我公司可以尝试代销，只收取一定的手续费，看看市场的反应如何。”B 公司说：“好，我可以与你公司合作，但是我要买断本地区的经营权进行独家销售，你公司不得向本地区其他销售商供货。”C 公司则答道：“我可以与你公司签订代理协议，为你销售该产品，并保证不再销售其他同类具有竞争性的商品，价格也按协议的限价浮动，希望能够建立长期稳定的合作关系。”

A、B、C 公司根据各自的利益和风险偏好程度愿意采纳的经营方式分别是代销、经销和代理。从它们不同的回答中，我们也已大致知道这三种经销方式的区别何在了，关键是各自的权利和风险分担不同。

代销制是代销商受制造商的委托销售其产品的一种分销方式，既可以采用加价方式，也可以采用收取手续费方式。在代销过程中，商品的所有权没有发生转移，经营风险由制造商来承担。代销一般适用于新产品上市、商品批量小、经营风险大的商品销售。销售商虽然化解了眼前风险，但同时也埋下了隐性风险，可能是经营能力退化，管理机制老化，抵抗市场风险能力弱化。对于制造商，代销制则比较不利，因为资金被商家无偿占用，商家还可能随意加价，人为造成产品滞销，或者因为代销不会给代销商足够的经营压力而不能引起其足够重视，进行积极促销。但是，为了新产品在面对同类产品的激烈竞争下能率先进入市场，制造商必须接受这种分销方式。

经销制是指经销商在一特定区域范围内对某一产品行使独家销售行为。也就是说，经

销商对其所经营的商品通过一次性买断所有权，制造商不得再向同一区域内其他销售商供货，否则便是违约。对制造商来说，实行经销可以使制造商在交货的同时拿到货款，有利于生产资金周转，而且，如果与大的、效益好的、有名气的零售商合作可以借助其品牌效应。对经销商来说，由于给制造商提供了资金周转的便利，制造商就可以提供更优惠的价格作为回报，从而有利于销售。打入中国的深圳沃尔玛、上海麦德龙、北京万客隆就是采用这种形式的，无怪乎价格低廉。但是，经销是买断经营，那么市场风险就完全转移到经销商一方，经销商的风险是代销、经销和代理三种方式中最大的。所以，经销商必须具备一定规模、管理水平较高、市场预测能力较强。

代理制指的是代理商与制造商签订代理合同，取得其产品在指定区域的销售权，并保证不再销售其他同类具有竞争性的商品。制造商规定产品的最高限价，代理商只能在限价内向下浮动而不能随意超过。这种方式在国际上十分通行。在日本和美国的社会商品销售总额中，80%以上是通过代理商和经纪人进行的。其实，按占用资金与否、对商品拥有所有权与否和承担市场风险与否，代理可以分为代理权代理和佣金代理。从这个意义上来说，前者接近经销制，而后者接近代销制。

这三种经营方式在我国的采用程度怎样呢？目前看来，代销制很多，经销制不太多，代理制一般。就发展趋势而言，代销制趋于减少，经销制将成为主流，代理制则逐渐上升。

主题七　零售业百态

【讨论热点提示】

如果你想加入零售业，试想在你所居住的地方你会选择何种零售业态，在什么位置。给出你的理由。

连锁的经营方式与超级市场的零售业态的结合是一个发展趋势，你所认识的成功典范有哪些？它们是如何取得成功的？

我国零售业正处于一个变革的时代，豪华百货商店、专卖店、超级市场、连锁商店、购物中心及步行商业街似乎一夜之间充斥了各大中城市。家庭主妇可以在自家楼下的便利店买回突然用完的酱油，相约一起出游的年轻人可以到超级市场选购需要的食品、饮料、纸巾、纸杯等；周末夫妇俩可以带着孩子逛商场，各取所需，然后到商场的美食街来一顿风味小吃，再到娱乐城和孩子一起开心开心；当然，如果你觉得更青睐那些价位富有层次、装潢千姿百态、种类繁多的专卖店，你不妨去逛逛步行商业街；此外，网上购物早已在新新一族之中悄然兴起。

的确，零售业与人们的生活须臾不离、息息相关。改革开放以来，我国零售业在经营业态、经营方式、经营主体和销售形式等方面都发生了很大的变化，尤其进入 20 世纪 90 年代之后，零售业成了经济的一个热点。十几年的时间，超级市场、仓储式商场、专卖店和便利店不断涌现，大大快于国外零售业发展、细分所要的五六十年时间。改革开放前公有零售业一统天下的局面已打破，从社会消费品零售总额看，非公有制部分已占零售总额的大半以上。零售业已出现了公司化、连锁化、规模化的趋势，这与国外零售业历史的发展过程是一致的。1992 年我国政府决定将零售业向国外开放，引进外资参与零售业的竞争。我国零售业发生了面目全非的“大变脸”。1998 年，当时的国内贸易部门出台了《关于零售业态的分类规范意见（试行）》，首次对我国零售业态进行了规范，划分出百货店、超级市场、大型综合超市、便利店、仓储式商场、专业店、专卖店、购物中心八个类型。下面将重点介绍百货店（百货商店）、超级市场和专卖店这三种零售业态。

1. 百货店（大中型商厦）——路在何方

世界上最早的百货店是 1852 年在法国巴黎诞生的，店名叫“本·马修”。它较之其他的传统店铺有四点革新：①商品明码标价；②敞开陈列商品；③价格低廉；④在一个卖场里分设许多独立的商品部，便于实行统分集合的管理，也便于各商品部进行专业的组货，达到百货齐全，品类繁多，使消费者各得其所。中国最早的百货店是 1926 年出现在上海

的永安公司，之后10年是中国百货公司的雏形期，可以说，中国的百货店是在发达国家的这一零售业态进入成熟期后导入的。业态出现的时间上的差距，实际上是经济实力的差距。1937—1949年，中国处于战争时期，战争抑制了零售业的发展。新中国成立后，计划经济中的零售业只起一种被动的分配职能，百货店这一业态无法得到长足的发展。其真正的发展是在改革开放之后，工业和零售业从统购统销的桎梏中解脱出来，中国出现了几大排浪式的消费热潮。虽然晚于发达国家整整60年，但零售业的第一次革命毕竟来到了中国。

进入20世纪90年代，百货店的发展极为迅速，在跃上顶峰之后，似乎很快走了下坡路。从90年代初期开始，全国各大中城市大建商厦，一时间，高档气派的玻璃幕墙照得人眼花缭乱，琳琅满目的商品诱得人心潮澎湃。在人们的感觉中，大型商厦可能就是都市化的最大标志。然而，伴随着商厦的纷纷崛起，经济效益却大幅度下滑。1996年5月1日，半年前还闻名京城的信特商业中心正式宣布停业，在寸土寸金的西单沉寂了，这是新中国成立以来发生的第一起大商场因经营问题而倒闭的事件。人们没顾得上惊讶太久，北京的卡玛商业、亚视商城、万惠双安等多家大商场又步其后尘，全国其他城市的情形也颇为类似。统计资料表明，1996年1～11月，全国212家大型零售商场中119家销售收入净额负增长，占54.7%；160家利润负增长，占75.5%；28家净亏损，占13.2%。

为什么会出现这种情况呢？难道说中国不适合百货店（大中型商厦）的零售业态吗？在晚于西方国家60年才发展起来的这种零售业态，这么快就没落下去了吗？究其原因，大致有以下几个方面：①数量过多。大城市大商场数量太多，而且不具有专业特色魅力，经营雷同。如果按千人拥有的百货店营业面积算，北京将达500平方米（包括在建商场），高于西方10～20倍。②居民消费结构、购买方式发生变化，消费理性化。随着经济的发展，生活水平的提高，消费者除了食品、耐用消费品之外，用于住房、教育、医疗、养老、旅游及投资方面的支出均大有提高，增速超过上述物品。随着可选择性的加大，居民增加了对就近购买和服务便利的要求。商品经济向市场经济的纵深发展，使消费者进入理性化，从而更谨慎地消费。③内外竞争加剧了百货店的萧条。现在，零售业竞争日趋多层次、多元化，对大中型商场形成了强大的冲击。20世纪90年代起，国外对华进行零售业投资，因其实力雄厚、管理先进而颇具威胁。④宏观经济的紧缩政策。1994年中国经济过热，当年通货膨胀率高达24%以上。国家为扭转这种情况，采取一系列紧缩政策，在一定程度上抑制了消费。以我国1997年末开始出现并持续两年多的负通货膨胀率为表征的内需不足，也限制了居民在大中型商场进行消费。

2. 超级市场——前景光明

中国超级市场的发展可谓几起几落，在20世纪90年代，伴随着连锁方式进入中国的零售业，超级市场这一业态才得以全面发展。我国超市的发展是率先在经济发达的沿海地区导入的。从发展现状看，我国超市发展不平衡，主要集中在北京、上海和广州三大城市。

超市的优越性主要体现在：①便利。由于超市大多邻近居民区，经营商品又主要是人们日常生活必需品，故为居民生活提供了极大的便利。②廉价。超市大批量进货和自选自助的开架售货方式，降低了成本和流通费用，从而可以降低商品价格以吸引顾客。③快捷。商品大多采用分门别类的陈列方法，消费者可以很快找到目标商品，便于一次性采购门类不同的各种商品，而且，一次性的出门集中付款方式极大地节约了时间。

以上特点，加上连锁制在超市的导入和地方政府的推进与指导，使得超市这种零售业态在个别大城市发展迅速而强劲，用 10 多年的时间便走完了其他国家超市发展近 70 年的路程。1997 年春节前夕，上海第一次出现了连锁超市副食品销售大于传统零售商业的局面。

从经验来看，超市的发展与连锁经营的联姻是必然的。超市廉价的、大量销售的特点，是与其他零售业态竞争能够取胜的有力武器。而要做到大批量进货仅靠大型化是远远不够的，必须依靠多店铺的销售网络，没有多店铺的销售网络是无法实现低成本的批量进货的。另外，从这种业态要求的在资源共享基础上的低成本营运来看，一套营运机构只为一家店铺服务，成本很高，若同时为多家店铺服务，就可以做到低营运成本。超市的连锁化可采取两种方式进行：①正规连锁。即许多类似的店铺，在一个主导企业的统一管理下，进行共同经营的零售企业集团。②自愿连锁。即经营同类商品的中小型超市，在保持各自独立的基础上自愿结合的一种联合组织。

超市在我国的发展前景是光明的，但是也必须看到，我国超市发展还存在不少问题，亟待改进：①超市主体过多，规模不够。零售业发达的国家一般是少数大公司占有大部分市场，我国超市主体过多，网点少，规模小，表面上好像有利于市场的繁荣，实际上带来无序竞争和缺乏效率。②布局仓促，不够合理。③现代化的配送中心尚未形成。超市突破单店经营，可以靠网点布局贴近消费者，但是，要获取规模效益，进货的集中配送很重要。配送中心对超市起货物集散的作用，还通过自己的分类、包装等使价值增加。我国超市目前所谓的配送中心规模小，技术设备落后。④功能不完善。一些大超市的商品品种虽说大体齐全，但大部分都存在薄弱环节，如鲜货食品、便民生活服务（书报销售、冲扩胶卷、代寄邮件、公用电话服务等）。⑤居高不下的失窃率。

3. 专卖店——品牌意识的产物

专卖店指专门经营某一类，甚至某一种商品的商店。从皮尔·卡丹（Pierre Cardin）在北京开设第一家专卖店起，至今已有越来越多的世界名牌进入中国，它们大多分布在北京、上海、广州、深圳等 20 多个大中城市，商品种类多以服装为主。如大家熟识的班尼路（Baleno）、真维斯（Jeans West）、苹果（Apple）、掂（Theme）等。国内的一些著名品牌也开设了专卖，如鄂尔多斯、李宁等。渐渐地，经营范围拓展到烟酒饮料、食品、通信器材、音响、空调、计算机等领域，并且除了在商业街设点外，专卖店还进军大商场，以“店中店”的形式吸引众多消费者。专卖店的出现，从形式到内容都让消费者感到新奇。它购物环境好、装修新颖、别具特色，没有通常定义的柜台。其实，专卖店就是抓住了无论是普通市民还是先富起来的人，都渴望了解现代化的生活方式、追求高质量、享用名牌的意识逐渐强烈的这一心理，成功地跻身于市场中，独树一帜。

品牌是专卖店的生命，专卖店必须以品牌为依托，而且必须确定自己的品牌发展战略。专卖店的服务突出“人”的特征。一个是服务的人——营业员对自己所售商品具有丰富的专业知识，除了要了解商品的性能，还要掌握其原料特性、工艺流程、使用及保养要领等，而且为了服务好顾客，对素质的培养和要求也是必需的；另一个是被服务的人——专卖店经常用顾客制度来稳定顾客群，它是专卖店对自己特定顾客群的一整套服务体系和利益保护体系，包括会员制度、商店与顾客信息沟通的方式、对顾客的追加利益等。在运

作上，专卖店要注意店址的选择，一般落脚于繁华商业区、商店街或百货店、购物中心内，店面与店堂布置要别具一格，商品经营在“专”字上下工夫，突出优势，以俏销商品带动其他商品的销售，紧跟市场，预测消费发展动向，跟上时尚的变化，如此即可立于不败之地。

主题八　莫让合同变空文

【讨论热点提示】

你曾签订过哪些种类的经济合同？你是否认识到自己的权益所在以及利用合同保护自己的权益？

对于任何一项合同，都可能存在违约风险。试想你会在合同订立前、订立中和订立后采取哪些措施减少风险和降低损失。

什么是合同？大家对合同并不陌生——不就是协议吗——你们会说。可是，具有法律效力的合同是怎样的呢？在《中华人民共和国经济合同法》（以下简称《合同法》）中，**经济合同**是指法人之间为实现一定的经济目的，明确权利和义务关系的协议。当事人双方就经济合同的主要条款经过协商一致，经济合同就成立。我国经济合同的主体即当事人主要是法人，其次是个体经营户和农民（主要是专业户）。所谓法人，是相对于自然人的，是依照一定法定程序成立的具有一定的组织机构，有独立支配的财产或独立的预算，能够以自己的名义进行经济活动，享受经济权利和承担经济义务，具有法定的权利能力和行为能力的组织。经济合同的形式一般有两种：一种是书面形式，另一种是口头形式。可是口头形式难以保证合同的严肃性和稳定性，发生争议后很难有据可查，所以经济合同以书面形式为宜。《合同法》规定："经济合同，除即时清结外，应当采用书面形式。"

如何签合同

经济合同的条款规定了签订合同当事人的具体权利义务。每个合同的条款多少，决定于当事人的经济目的和具体要求。有的合同可能需要十项条款，有的可能只有七项条款。但是有些条款是任何经济合同都不能缺少的，否则合同就无法成立或无法履行。《合同法》规定，每个经济合同都得具备的条款有：

（1）经济合同标的。标的就是合同双方所指的对象，比如购销合同中的标的是某种产品，货物运输合同的标的是一定的劳务。没有标的，经济合同就无法成立。

（2）数量和质量。在合同中明确规定数量和质量，是保证正确履行合同的重要条件；否则，往往会引起合同纠纷。

（3）价款和酬金。在合同中没有价款或酬金，当事人就无法实现其经济利益，无法达到签订合同的目的。

这三项条款是促使当事人正确履行合同的保证。不然的话，就会造成合同无法履行或不适当履行。

违约责任这一点很必要，它可以督促当事人双方按约履行合同，防止当事人一方恣意违约；一旦一方违约，就可以根据这一条款追究违约方的责任，减少另一方的经济损失。明确了合同的必要条款，不意味着就能正确签订经济合同。经济合同纠纷的发生，往往是由于合同当事人不懂经济合同法规，不能正确签订合同而引起的。因此，依法正确签订经济合同，保证合同的履行，是防止合同纠纷发生的一个重要措施。为了正确签订经济合同，当事人在签合同之前必须重视三点：

（1）必须遵守签订经济合同的原则。《合同法》规定："订立经济合同，必须遵守国家的法律，必须符合国家政策和计划的要求。"违反国家的法律、政策和计划的要求而随意签订的合同是违法合同，没有法律约束力。造成危害后果的，还要追究当事人的法律责任。有的人为了自己挣钱，不管标的是否合法，国家禁止买卖的东西，他照样与人签订购销合同；而买方也把眼睛盯在钱上，或是不问卖方的货物是否合法，或是明知故犯。

（2）要了解对方是否具备法人资格，是否有经营范围，合同签订人有无权代表单位签订合同。如果没有经验或不够警惕，往往会为投机分子和不法分子打开方便之门。

（3）要弄清对方是否有履行合同的能力。有的当事人轻信对方，草率地签订合同，以致被一些转手渔利者、皮包商、诈骗分子钻了空子，货款被人骗去，后悔莫及。

在弄清了上述几个问题后，还必须根据《合同法》的规定，在合同中写明经济合同的主要条款。在规定合同的主要条款时，要注意如下问题：

（1）标的应当明确、具体、肯定。

（2）明确规定标的的数量、质量。标的的数量，有计划的按计划确定，无计划的由双方协商；计量方法和计量单位，按国家或主管部门的规定执行；没有规定的，按双方商定的执行。对于地方性和习惯性的计量单位要作出明确解释。标的的质量，国家和主管部门有规定的按规定执行，没有规定的由双方协商签订。产品的质量、标准要具体规定，如按国家标准、部颁标准、地方标准、企业标准或协商标准，还得明确指出哪年哪月颁布的标准。对协商标准，要在合同中附上具体验收标准或提交实样。

（3）明确规定价款和酬金。此外，还要明确规定付款方式。

（4）具体规定合同的履行期限、地点和方式。履行期限不能有"尽可能完成"、"一年内完成"之类的措辞；履行地点尽可能具体，不能笼统地规定"送到对方指定的地点"、"在某省某区交货"；交付方式要说明是代办托运还是直接送货或自行提货；代办托运的还要规定运输方法。

（5）规定违约责任。写明责任的范围是按法律的规定还是按约定的办理。

（6）规定合同的担保方式。合同的条款规定得越详细、越具体，越有利于当事人双方正确履行。有的人以为合同中的一些条款已成惯例，不言自明，这是危险的想法。

毁约的后果

200×年5月21日，山西省A公司与陕西省B公司订立化肥购销合同，合同规定：A公司向B公司提供化肥300吨，每吨单价360元，共计货款108000元；交货分三次，从

200×年×月起到 8 月交完；收货后付一半货款，其余货款于 200×年 12 月底付清。合同签订后，A 公司于 6～8 月共交货 150 吨，少交货 150 吨；B 公司应付货款 54000 元，已付 20000 元，尚欠 34000 元。A 公司于 12 月后多次催交货款无果，遂起诉至西安市某区人民法院，要求 B 公司归还欠款并支付违约金。B 公司承认拖欠货款属实，但反诉 A 公司延迟交货，少交货违约在先，要求 A 公司支付违约金并赔偿经济损失。

某区人民法院判决如下：A 公司少交货 150 吨，价值 54000 元，按 15％科处违约金 8100 元，并处赔偿金 7800 元，共计 15900 元。B 公司拖欠货款 34000 元，每日按银行同期利息的 50％处罚滞纳金 8700 元。两相折抵后，B 公司应付 A 公司货款 26800 元。宣判后，A 公司不服，提出上诉。

A 公司在上诉中认为科处 15％的违约金已足以补偿 B 公司的经济损失，不应再处以赔偿金。其次，B 公司在延期付款期间，化肥已经物价部门提价，每吨单价从 360 元提至 480 元，要求按提价后的价格计付货款。B 公司辩称合同价格是议价，不受提价影响，并不同意付滞纳金。

西安市中级人民法院经审理认为：原审法院认定事实清楚，但适用法律欠妥。双方当事人在履行合同中，A 公司负有迟交货、少交货的违约责任，B 公司负有延期付款的违约责任，这是与原审法院认识一致的。但是原审法院虽然正确地对 A 公司按 15％科处违约金 8100 元，但同时又不适当地责令 A 公司再赔偿 B 公司经济损失 7800 元，两项合计 15900 元，而 B 公司经济损失额仅为 7800 元。根据我国的有关立法精神，违约金既有制裁性，又具有补偿性。前者指不管有无损失，只要违约，违约者均应付违约金；后者指违约已经给对方造成经济损失，科处违约金不足以弥补经济损失时才处赔偿金，以弥补违约金不足部分。此案科处的违约金已超过经济损失额，不应再处以赔偿金。关于 B 公司支付滞纳金问题，原审法院没有按新规定的每日 30％计付滞纳金，故应据此予以更正。B 公司不同意支付滞纳金的理由不成立。

最终，A、B 公司达成调解协议：A 公司同意支付违约金及杂费 8460 元，B 公司同意按原价计银行同期利息支付拖欠的货款、杂费和滞纳金 44800 元，相抵后由 B 公司实付 A 公司 36340 元。

本案双方都有违约情况，因此中级人民法院科处供方支付延期交货、少交货的违约金和运杂费，需方支付延期付款的滞纳金、杂费和按提价后的价格支付拖欠的货款。这里值得注意的是，中级人民法院正确处理了违约金、赔偿金、滞纳金和后法取代前法必须执行后法的问题。

那么，违反经济合同除了可能应承担以上的责任之外，还有可能承担哪些责任呢？我国《合同法》规定，违反经济合同的，应当承担以下几种责任：①违约金。②赔偿金。③按约履行。即在违约方付了违约金后如果对方仍然要求继续履行合同，而违约方又有实际履约能力的，应当按合同规定继续履约。④行政责任或刑事责任。即对于失职、渎职或其他违法行为造成重大事故或严重损失的，对于订立假经济合同或倒卖经济合同，或利用经济合同买空卖空，非法转让，行贿受贿，以及其他危害国家利益和社会公共利益的违法行为的直接责任人员，要追究行政责任或刑事责任。

当然，如同追究任何一种违法责任都需要一定条件一样，追究违反经济合同的责任，也需要具备一定条件：①不履行合同的行为要有违法性。②要有损害事实，即由于

违约方不履行合同而损害了对方的经济利益。③行为人要有过错。如果不履行合同的行为不是出于行为人的过错，而是出于不可抗力造成的，如地震、台风、水灾、旱灾等，则行为人可以免除承担不履行经济合同的责任。④不履行合同的行为与损害事实之间存在因果关系。

主题九　为什么国际贸易会发生

【讨论热点提示】

大卫·李嘉图的比较优势理论奠定了国际贸易理论的基础，你能否想到，在当今的国际贸易中存在什么贸易现象是不能用比较优势理论解释的？

思考一下，对于哪些行业或商品即便存在国与国之间的成本及价格的差异，也是不能通过贸易获得交换利益的？

在当代经济中，国与国之间的联系空前紧密，国际贸易似乎是天经地义。但是，你可曾想过，是什么力量指挥着商人们不辞辛劳地将商品从一个国度运到遥远的另一个国度呢？也许你会说："为了赚钱呗。"话是不错，可是，为什么一国生产的商品到另一国能卖出去并能赚取利润呢？

简单地说，各国参与国际贸易的基本原因有两个，它们使得各国能够从贸易中获益。原因之一，进行贸易的各个国家是千差万别的。不同的国家就像不同的人一样，当它们各自从事自己擅长的事情时，效率就格外高，彼此能够取长补短。原因之二，国家之间通过贸易能达到生产的规模效益。也就是说，一国的资源有限，如果只专注于少数几种产品的生产，就能进行大规模的生产，这时候的生产效率比每一种产品都生产时要高得多了。这也就是经济学家说的规模经济。

玫瑰花和计算机

1996年的情人节，与美国新罕布什尔州的初选日期2月20日相隔不到一周。这一天，候选人帕特力克·布坎南打算为他的妻子买一打玫瑰。玫瑰花给了他一些想法，他在一次竞选演讲上谴责了美国日益增长的鲜花进口量，把美国自己的鲜花种植者挤出了市场。确实，美国的冬季玫瑰有一部分是从南美进口的，而且这个份额越来越大。

可是，这真的就是一件坏事吗？

玫瑰的故事为解释为什么国家贸易有利可图提供了很好的例子。在2月供应新鲜的玫瑰可是不容易啊，这些花要生长在温室里，在能源、资本、人力以及其他稀缺资源投入方面花费很大，而这些资源也可以用在其他商品的生产上。为了生产冬季玫瑰，美国不得不减少其他某种商品的生产，比如说计算机。所以，生产一定数量玫瑰的代价就是生产玫瑰的资源能用来生产计算机的数量。假如美国为情人节种植1000万枝玫瑰，这些资源如果

用来生产计算机，则可以生产 10 万台。也就是说，在美国生产 1000 万枝玫瑰的代价是 10 万台计算机。当然，这 1000 万枝玫瑰也可以在南美种植，可是，所付出的代价就比美国的要低。为什么呢？一是在南美生产 2 月玫瑰要更容易，因为南美 2 月是夏季而非冬季；二是相对于美国工人来说，南美工人在生产复杂产品如计算机时的效率要低一些。也就是说，在南美生产 1000 万枝玫瑰的资源可能只能用来生产 5 万台计算机甚至更少。

这种差异给美国和南美提供了一个互利性重新组合的可能。美国不妨停止种冬季玫瑰，把这些资源转而用来生产计算机；与此同时，让南美计算机工业中的资源转而生产玫瑰。那么，美国和南美加总的玫瑰和计算机数量就比各自都生产两种产品时要多。

取长补短话外贸

为什么国际贸易会发生呢？几百年来，经济学家们经过不懈研究和一代一代的积累才得到比较具有说服力的贸易理论。

几百年前，英国有一位经济学家亚当·斯密提出了国际贸易的绝对成本理论。简单地说，**绝对成本理论**就是“以己所长，换己所需”。根据这个理论，一个国家所需要的物品不必依靠自己样样都生产的办法来满足，而是充分发挥自己的特长，生产自己最擅长生产的物品去与别国交换自己所不擅长生产的物品，这样花费最少而获利最多。所谓最擅长生产某种物品，即生产者生产这种物品所需要的投入量最少，该生产者在生产这种物品中具有绝对优势。如果各国都这样做的话，便可以通过各自的专业化生产，实现国际分工，在世界范围内提高生产效率，增加世界财富。

可是，亚当·斯密的理论中出现了一个问题：那些劳动生产率较低、拿不出生产成本比其他国家绝对要低的商品来参加国际交换的国家，它们是不参加国际分工、闭关自守，还是听任外国产品单方面地自由进口呢？

亚当·斯密没有解决的问题，得到了比他晚了半个世纪的另一个英国经济学家大卫·李嘉图的回答。大卫·李嘉图认为，各国参加国际交换的商品不必是在国际上占绝对生产优势的商品，各国只要把其国内生产具有优势的商品参加国际交换，同样可以得到交换利益。

举例说明，假定英国和葡萄牙两个国家都能生产毛呢和葡萄酒，而生产 1 单位的毛呢，英国需要 100 个劳动日，葡萄牙需要 90 个劳动日；生产 1 单位的葡萄酒，英国需要 120 个劳动日，葡萄牙需要 80 个劳动日。见下表：

表　两国生产毛呢和葡萄酒的机会成本

（单位：劳动日）

国　名	1 单位毛呢	1 单位葡萄酒
英　国	100	120
葡萄牙	90	80

从这一情况看，英国一无所长，按亚当·斯密的理论，英国只能成为葡萄牙毛呢和葡萄酒的进口国，根本没有向葡萄牙出口的可能。但按照大卫·李嘉图的理论，英国可以参

加交换。英国在两种产品上虽然都处于生产劣势，但比较起来，生产毛呢的劣势小于生产葡萄酒，也就是说，英国生产的毛呢具有比较优势。换一个角度来看，我们可以不比较所需要的投入，而比较机会成本。

某种东西的机会成本是为了得到它而放弃的东西。比方说，如果一位优秀的脑外科医生查找资料的速度比任何图书管理员都快，那么他当一名图书管理员的机会成本就比没有其他技能的图书管理员要高得多了，他放弃的是当脑外科医生的声望和收入。在我们的例子中，假定各国的劳动力投入是有限的，那么，英国为了多生产 1 单位毛呢而必须放弃 5/6（100/120）单位葡萄酒，但是葡萄牙为了多生产 1 单位毛呢则必须放弃 9/8（90/80）单位的葡萄酒，可见，葡萄牙生产毛呢的机会成本更大。现在我们明白了，生产一种物品机会成本较少的生产者在生产这种物品中有比较优势。那么，似乎可以看到，英国生产毛呢而葡萄牙生产葡萄酒并进行国际交换对两国都有好处。它们的交换利益究竟是多少呢？

在交换前，按上面所列两国各自生产的情况，生产 2 单位的毛呢与生产 2 单位的葡萄酒，两国共需 390 个劳动日。在按比较优势分工后，由英国生产 2 单位的毛呢，葡萄牙生产 2 单位的葡萄酒，两国则一共只需要 360 个劳动日，比不分工前节省了 30 个劳动日。分工后，从英国方面考虑，当以 100 个劳动日生产的 1 单位毛呢换取葡萄牙 80 个劳动日生产的 1 单位葡萄酒时，这些葡萄酒在英国是需要 120 个劳动日才能生产出来的。因此，如果能这样交换，英国能节省 20 个劳动日。从葡萄牙方面考虑，当以 80 个劳动日生产的 1 单位葡萄酒换取英国 100 个劳动日生产的 l 单位毛呢时，这些毛呢是葡萄牙需要 90 个劳动日才能生产出来的。因此，葡萄牙也从交换中节省了 10 个劳动日。

现在我们惊讶地看到，英国和葡萄牙双方以本国内具有生产优势的商品进行交换，双方仍可以从中获得交换利益。为什么会这样呢？大卫·李嘉图解释说，国内通行的价值规律在国际贸易中不能发挥作用。因为由于种种因素的影响，使得资本和劳动力不能在国际间自由流动。如果资本和劳动力可以在国际间自由流动的话，那么葡萄酒和毛呢都将在葡萄牙进行生产。因而在现在的情况下，只有通过自由贸易这个办法，来解决资本和劳动力不能自由移动的问题。

再后来，英国的一位经济学家约翰·斯图亚特·穆勒对大卫·李嘉图的理论进行了补充，论述了按什么样的比例才能交换的问题。因为在国际交换中，不可能将所有的交换利益都归一方占有，否则贸易不会进行。约翰·斯图亚特·穆勒认为，一个国家同另一个国家商品交换的利益分配，是以双方国家对交换产品需求关系决定的。

因此我们看到，比较成本理论揭示了国际间可以普遍进行商品交换的原理，任何一个国家都可以参加国际交换并得到交换利益。这一理论成为国际自由贸易理论的基础，至今仍然发挥着它的作用。虽然后继的经济学家们又发展了许多贸易理论，既有自由理论，又有保护理论对国际贸易的许多现象作了解释，但是，不可否认，是大卫·李嘉图的比较成本理论奠定了基石。

还记得我们的玫瑰花和计算机的例子吗？在那个例子中，南美拥有生产玫瑰的比较优势，而美国拥有生产计算机的比较优势。因为美国生产 1000 万枝 2 月玫瑰的机会成本是 10 万台计算机的代价，而南美生产 1000 万枝玫瑰的机会成本只有 5 万台计算机的代价。所以，如果南美为美国市场生产玫瑰，而美国同时也为南美市场生产计算机，国际贸易这块“馅饼”就会做大，而两地的生活水平都会提高。我们因此可以领悟到比较优势和国际

贸易的基本原理。以上只是一种关于可能性的陈述，并非确实地发生。在现实世界中，并没有这样一个权力机构来决定哪个国家该生产玫瑰，哪个国家该生产计算机，也没有谁会向两地的消费者分派玫瑰和计算机。事实上，国际生产和贸易是由受供求调节的市场决定的。

主题十　跨出国门做生意

【讨论热点提示】

某国 C 公司在 10 月 4 日向国外 D 公司发实盘："D 公司，报××牌牙膏大号纸箱装 1200 打，每打 8 英镑，CIF 马赛港，12 月装船，不可撤销即期信用证，10 月 12 日前电复有效。"D 公司于 10 月 10 日回电："接受发盘，在订立合同后立即装船。"C 公司于 10 月 13 日复电："抱歉我货已另行售出。"国外 D 公司指责 C 公司违约，双方发生纠纷。请问：合同是否成立？并给出理由。如果 C 公司违约，应承担的违约责任是什么？

20××年 7 月 26 日，某国 A 公司向另一国家 B 公司出售一批农产品，代号 Z216。A 公司发盘如下："报 Z216 共 200 吨，即期装船，不可撤销即期信用证付款，每吨 850 美元，CIF 鹿特丹港，8 月 3 日前电复有效。"受盘人 B 公司于 7 月 31 日回电如下："接受你方 7 月 26 日发盘……除通常的装运单据外，要求提供产地证、植物检疫证明书。"A 公司 8 月 3 日复电如下："收到你方 7 月 31 日电，抱歉由于世界市场价格变化，收到你方接受电报以前，我货已另行售出。"结果，B 公司指责 A 公司违约，双方就合同是否成立问题发生争论，最后 A 公司认输。

这种例子在对外贸易实务中确曾发生过。通过这样的例子，我们不禁发生疑问：在国际货物贸易中，交易订立的条件包括哪些？交易的程序怎样？如何判定交易订立？信用证付款又是怎么回事呢？

交易的条件

在进行国际贸易谈判中，交易磋商的内容为交易条件，只有当主要的交易条件具备，交易才能订立。主要的交易条件包括如下方面：

品名即商品的名称。在国际贸易买卖合同中，明确商品的名称是必不可少的。因为交易的双方由于地理距离洽谈交易和签订合同时不一定能看到具体的商品，只能对拟交易商品进行必要的描述来确定交易的标准。

品质即商品内在质量和外观形态的综合。内在质量包括气味、成分、性质、组织结构等；外观形态包括颜色、光泽、款式、花样、造型等，是对商品的具体描述。

数量即交易商品的多少，是交收的依据。

包装即商品外表的保护装置。其作用一是对商品的保护，注明有防雨、防压、防震、

防倒置等，以方便运输、装卸、储存；二是代表商品的价值，注明商品的名称、商标、产地、使用说明，以便直观确认商品。

价格即商品的单价。

装运即交货。国际贸易主要是象征性交货，装运地点即交货地点，装运期即交货期。

支付即付款。包括支付工具、付款时间、支付方式等。

交易程序

交易的一般程序包括四个环节：询盘、发盘、还盘、接受。

询盘也叫询价，是买方或者卖方因有交易意图而向对方提出的关于交易条件的询问，是对市场的一种试探，并非指望对方作出回答并签订合同。询盘的对象可以是一个，也可以是多个。询盘与发盘的区别是交易条件不全，比如："小麦现货可供，请递盘。"在询盘中经常使用的语言是"请电告"、"请报价"、"请发盘"等。当然，询盘也有比较复杂的，如"小麦每公吨 CIF 鹿特丹 500 美元即期装船，我方最后确认"，但仍然是交易条件不全，不能算发实盘。

发盘也叫递盘，是买方或卖方向对方提出一定的交易条件，并愿意按照这些条件达成交易的一种明确表示。一项有效的发盘称为发实盘，它必须明确表示成交的意图。即发盘人必须在发盘中表示，一旦受盘人接受了发盘，发盘人将按其发盘条件履行义务；如果不履行，则构成违约，应承担后果。一项实盘必须表明成交的具体条件，并且这些条件是明确的、完整的和无保留的。发盘必须向特定的人发出，也就是说，发盘人应指明能够明确表示接受的受盘人，如果没有特定受盘人，发盘只能视作询盘。发盘只有传达到受盘人才开始生效。在实际业务中，发实盘一般都具体规定有效期，如"发盘有效期至×月×日"、"发盘限 10 日复"等。

还盘指受盘人对发盘内容不完全同意，而向发盘人提出修改或变更的意思表示。它意味着还盘人愿意在发盘人作出某些条件修改后成交。发盘人则可根据能否接受该项还盘表示接受或拒绝接受，或由于还盘使原发盘失效，将还盘看作是对方的一项新的发盘；如果原发盘人不同意，可再度还盘。

接受指受盘人在发盘有效期内作出的无条件同意发盘全部内容的肯定意思表示。如果受盘人在接受的同时对发盘的内容加以扩充、更改或限制，则若更改的内容为主要条件时，便不是接受；如果内容是些附带的条件，如要求产地证、要求卖方缴纳出关手续费等，没有更改主要条件，可视为有效接受。在篇首的例子中，由于 B 公司要求变更的并非主要交易条件，应视为有效接受，所以 A 公司存在违约行为。

交易订立

在以上交易程序中，最主要的环节只有发盘和接受，它们是构成交易订立的实质性条件。

发盘，在法律中叫"要约"，是指一方当事人提出的订立货物买卖合同的完整建议，实盘一旦发出，在法律上对发盘人有约束力。如果发盘人不按其所发实盘内容去做并履行法律义务，将负违约责任，承担法律后果。

接受，在法律中叫“承诺”，是指被要约人提出的声明或作出其他表示同意要约的全部内容的建议。承诺一旦发出，在法律上对受盘人也具有约束力，不能随意更改。

因此，对于一项交易，一方的实盘经另一方接受，交易即告成立，并立即具有法律意义，双方必须依法履行并承担法律义务。

开具信用证

信用证是银行开具的用以保证买方（或进口方）有支付能力的凭证，是国际贸易中最普遍使用的支付方式。它是银行根据进口商的申请，保证在出口商按规定的条件提供各种货物运输单据后，以自己的信用保证履行付款的一种书面凭证。

信用证为什么会广受欢迎呢？在国际贸易中，由于买者和卖者是不同国家的人，不可能一手交钱一手交货，卖者担心先发货收不到钱，买者则担心先付钱而收不到货，这就影响了买卖的成交。为了适应国际贸易发展的需要，保障买卖双方的利益，使得卖方一交货就能收到钱，买方一付钱就能拿到货，于是就产生了双方信得过的、信誉卓著和资金雄厚的、能作为中间人起担保作用的第三者——银行保证付款的信用证。

一张小小的信用证牵涉到六种人员和机构：第一，**开证申请人**，即向银行申请开立信用证的人；第二，**开证银行**，即接受开证申请人的委托，开立信用证并承担付款责任的银行；第三，**通知银行**，即接受开证银行的委托，把信用证转交给收益人的银行；第四，**收益人**，即接受信用证所标明的款项的人；第五，**议付银行**，即愿意买入收益人签发的附有货运单据的商业汇票的银行；第六，**付款银行**，即向议付银行付款的银行。上面说到的四种银行中，通知银行是开证银行的分行或有业务往来的银行，付款银行也是开证银行的分行或有业务往来的银行。

回到开篇的例子上，如果交易订立的话，按照某国A公司的要求，另一国家B公司得提供信用证。B公司首先向另一国家本地银行申请开立信用证，交纳押金，支付费用。另一国家银行根据开证申请人的申请，向B公司开出并寄送信用证，委托A公司所在地的某国银行通知A公司。某国银行经核对信用证无误后，把信用证交给A公司。A公司确认信用证与贸易合同相符合，按信用证规定装运货物，取回货运单据，然后凭信用证签发商业汇票，附上货运单据交给某国银行。某国银行按信用证条件审核各种单据无误后，根据汇票金额扣除利息和费用，向A公司支付货款。某国银行向开证的另一国家银行或指定的付款银行寄送汇票和货运单据，要求它履行付款承诺。另一国家银行或指定的付款银行经核对货运单据无误后，向某国银行付款，然后向B公司提示商业汇票，要求B公司支付货款。B公司支付了货款就可以取回货运单据，向船运公司提示货运单据便能提取货物。

从这个例子中，我们可以看到，如果A公司不交付货运单据是无法获得货款的，如果B公司不交付货款也是无法拿到货运单据的，买卖双方原来担心的问题得到了解决。这关键在于银行的角色。当银行介入之后，买卖双方一方出钱一方出货，变成了卖方出售货运单据给银行获取货款而买方向银行支付货款购买货运单据两笔买卖，原来买方可能提不到货和卖方可能拿不到钱的风险就被化解了。

第三聊天室

为投资指点迷津

【版主的话】

众所周知，这个世界虽然“钱不是万能的”，但“没有钱就万万不能”也有其特定的道理。再说，咱老百姓辛苦一辈子才攒下那么几个小钱，没理由不动动脑筋思考思考该怎么去“珍重”它。该存银行还是去炒股、买珠宝，还真不是那么简单的一回事。其实，这是一门学问，用经济学的术语来讲叫投资学。我们用不着研究那些要用高等数学才能解开的投资学难题，咱们可以用简单便捷一点的方式，看看该怎么管钱、使钱，看看有些什么办法让钱生钱，在这些过程中该遵守些什么规则。

这里，我们为大家准备了以下简单而重要的“菜式”，欢迎大家一尝为快，发表高见，让这里有声有色、热闹非凡！第一道大菜系叫“寻求理想的回报”，包含什么是投资、谁在投资以及投资的类别；第二道大菜系叫“缤纷的投资领域”，有“精彩方寸”、“恒久金银”、“万千广厦”等特色小菜，还有关于股票与债券的主菜；第三道大菜系是专门讲股票的，相信大家对此都会很有兴趣，我们还特别为大家列示出买卖股票的步骤以及生动的案例；第四五道大菜分别是债券与期货；最后呈上的是“不要把鸡蛋放在一个篮子里”，告诫大家一些注意事项，不要为钱冲昏头脑，并在此介绍了投资基金这道菜色的滋味。

本聊天室欢迎大家对如何管理财富，使财富更快、更安全增值畅所欲言。

主题一　寻求理想的回报

【讨论热点提示】

你所进行过的、可以确定为投资的行为有什么？不同主体的投资目的是什么？

直接投资、间接投资、金融投资、实物投资分别是什么？

什么是投资

很多人都集过邮，见到自己喜欢的邮票，人们往往会把它保留下来（可能是购买也可能通过交换）。大部分人只是把集邮当作自己的一种业余爱好，“集”少成多，乐趣无穷。其实，邮票也是可以进行投资的，尤其是一些发行数量有限的珍邮，往往价值不菲。如当今世上仅存一枚的“洋红 1 分”邮票，是英属圭亚那在 1856 年发行的，面值仅 1 分。这枚洋红底色、帆船图案的邮票印制粗糙、貌不惊人。1873 年一个名叫沃恩的 13 岁英国少年从一堆旧信上发现该枚邮票后，用它和一位集邮者交换了许多五颜六色的邮票。谁曾想到，在确认这枚难看的邮票是珍邮后，其价格扶摇直上，到 1980 年 4 月其身价已高达 93.5 万美元。“洋红 1 分”创下的纪录在它售出 7 年后被“麦吉尔夫人”以 110 万美元打破，而“麦吉尔夫人”邮票的面值也仅仅是 2 美分。在这两个例子中，那些以天价购买珍邮的人的行为就是一种投资，因为他们相信这些珍邮还会升值。请你想一想，那位 13 岁少年的行为是投资吗？

虽说邮票有增值的可能，但集邮不见得就是投资，像上文中的那位少年的行为就不是一种投资，因为他没有投入资金就获得了那枚“洋红 1 分”，而邮票的投资应该是为了将来该邮票能升值而采取的购买行为。

通过邮票的例子我们想告诉大家的是，投资的目的是明确的，那就是要获利，也就是要获得理想的回报。

在社会物质产品日益丰富的今天，人们的需求比以前大大提高了，日常生活的开支也大大增加了，除了油盐酱醋、一日三餐外，要供子女读书，要购房买车，还要存钱养老……普通老百姓如果仅靠每月的薪水来负担这所有的一切是很困难的。如何能使“钱生钱”是投资的主要目的，用经济学的语言来讲，就是要获得经济收益。谈到这里，我们可以给投资下一个一般性的定义：**投资**是为了得到理想的回报而付出资金或其他资源的行为。

谁在投资

投资于邮票的主体是普通大众，是个体。投资的主体除了个体外，还有银行、非银行金融机构、企业及政府。

政府在经济方面的主要职能之一是保证经济平稳增长、物价稳定和充分就业，政府的公共投资行为自然也要服从这一目标职能。政府的投资可以在宏观总量上调节社会投资总量，引导社会投资流向，为企业、个人等其他投资者创造良好的投资环境，为人们的生活提供良好的公共设施。一国中央政府的投资多是全国性的重大基础设施，如我国的跨省高速公路、青藏铁路、南水北调工程等。中央政府的投资规模巨大，其投资行为举足轻重，影响深远。各地方政府则主要投资于地方性基础设施、城市市政设施、公用设施及地方性的社会文化设施。需要说明的是，公共投资与私人部门投资有明显区别，政府投资的收益很难像个人投资那样通过拥有资产的增多而直接感受到。如政府整治河流的公共工程，它所能带来的直接和间接经济效益的多少，是很难用一个简单的指标（如利润）来准确衡量的。

企业是社会的经济细胞，是市场经济条件下最主要的投资主体。企业根据市场情况和自身特点确定投资方向、投资规模，以获得最佳经济效益，在市场经济大潮中站稳脚跟并不断发展壮大。一家企业的资金可用于多个方面：产品、技术、材料、工艺等的研究、开发，实现核心技术的提升，扩大产品生产规模，以及上缴国家税款、发放员工工资及企业内部的福利性支出，后者包括修建职工宿舍、食堂、康乐室、图书馆等。企业的资金还会用于对其他企业的投资以及购买股票、债券等金融资产。

企业要进行投资，首先要拥有资金。但钱从哪里来呢？有两个渠道：一个是使用企业自己的钱，即企业内部资金，这是企业通过生产经营获得利润积累下来的资金。完全使用自有资金投资，在现实中几乎找不到这样的企业。企业资金的另一个来源就是通过外部渠道获得资金，如向银行机构申请贷款、在证券市场上筹集资金，还有政府的贷款或拨款。

大多数企业的投资活动都是与其所从事的某项特定经济活动相联系的。汽车厂的投资是为了制造汽车，牛奶公司的投资是为了生产牛奶。他们通过出售汽车、牛奶而获取投资收益。但也有一种专门靠“投资”来谋取收益的经济活动组织，他们往往被称为机构投资者。机构投资者是指用自有资金或者从分散的公众手中筹集的资金，专门在金融市场从事证券投资的法人机构，主要有保险公司、养老基金和投资基金、证券公司、银行等。

机构投资者总体可分为银行和非银行金融机构。银行在整个社会经济中的地位至关重要，它与政府、企业、个人密切相连。银行吸收个人存款，然后通过发放贷款、认购债券、购买股票等形式，把资金让渡给企业以及政府等投资主体进行项目建设，这就是银行的投资行为。我们可以看出，银行进行投资的资金并非是它自有的，而是企业或居民的储蓄。我们很容易理解居民的储蓄行为：钱放在银行里很安全，还可以收取利息。那么，企业为何又去借款又去存款呢？为什么不把钱全部锁在企业的保险箱里呢？这是因为国家有关部门规定：企业的库存现钞由开户银行根据企业的实际需要核定限额，一般以 3～5 天的零星开支额为限，并且企业不得坐支现金。所谓坐支现金，是直接从现钞收入中进行支付交易款的行为。企业的现钞收入要在当天工作结束后送存开户银行。

非银行金融机构包括信托投资公司、保险公司、证券机构、财务公司及投资基金。信托投资公司是代人理财的公司；证券机构是从事证券业务的机构，包括证券公司、证券交易所和登记结算公司；财务公司多是为某一集团服务的，它不能从集团之外吸收存款，也不得对非集团内的企业或个人从事贷款业务；保险公司的主营业务是保险，但在保险资金的运用中，如何投资是非常重要的，甚至关系到保险公司的生存；投资基金是一种利益共享、风险共担的集合投资方式，是通过基金募集者发行基金单位，集中投资者的资金，由基金托管人托管，由基金管理人管理和运用资金，从事股票、债券等金融工具投资的投资方式。随着金融工具的不断创新和投资风险的不断加大，个人投资者对投资基金的依赖性逐渐增加。

个人投资，又称为大众投资、家庭投资。中华民族是一个注重勤俭节约的民族，改革开放前人们的投资观念还很不强，总是习惯把钱藏在家中的墙角或压在箱底，大大降低了资金的使用效率。随着储蓄观念的改变，人们越来越感觉到在银行存款的安全性，纷纷将钱存入银行，而在利息方面的收益更加促使老百姓减少自己手中持有的现金，银行储蓄存款节节上升。如今，个人投资方兴未艾，越来越多的老百姓意识到了投资理财的重要性。一方面，现代生活方式需要全新的理财观念，为了生活得更加舒适，人们对掌握投资理财知识的渴望比以前任何时候都更为迫切；另一方面，银行储蓄过高也存在诸多负面影响，如何使储蓄转化为投资，强化大众投资意识是非常重要的一环。

与政府、企业动辄使用上亿元、上百万元资金相比，家庭或个人拥有的资金在数额上普遍偏小，投资能力较弱，其投资行为受多种因素影响。当然，由于每个人的经济状况、教育程度、对待风险的态度不尽相同，他们的投资目标、投资方向、投资比例等也不会完全一样。个人应根据市场环境变化、结合自身情况制订投资计划，适时调整投资行为，从而使个人资产实现不断增值。

投资类别

在生活中，我们会接触到许多与“投资”二字相关的词，如“金融投资”、“固定资产投资”、“间接投资”等，让我们根据不同的投资分类，了解一下它们的具体含义。

1. 直接投资和间接投资

投资于实物资产是直接投资，如开办工厂、商店，企业购买生产设备，以及我们前面提到的由政府兴建的三峡工程。此外，我们还能经常从报纸杂志上看见“国际直接投资(FDI)”这个名词，它是跨越国界的直接投资行为。随着改革开放的深入，来我国投资设厂的外企越来越多，许多国际知名企业也纷纷来我国从事直接投资活动，如摩托罗拉、大众汽车、本田摩托等。间接投资的对象是金融资产，如股票、债券、期货等我们称之为有价证券的东西。

2. 金融投资与实物投资

在直接投资与间接投资的概念中，我们已经提到了金融资产和实物资产。需要注意的是，银行储蓄也被认为是金融投资的一种，因为存单是能够获得收益的，故金融投资是对股票、债券、期货、存单等有价证券的购买行为。

实物投资包括稀有资产投资、固定资产投资、流动资产投资。稀有资产包括珠宝、古董、字画、邮票、贵金属和其他艺术品；固定资产是能在较长时间为生产或生活服务的物质资料，如厂房、机器、铁路、学校、医院等；流动资产投资是为满足生产经营中周转需要的投资，如支付员工工资、购买原材料等。

3. 短期投资与长期投资

投资周期在一年以下为短期投资，一年以上为长期投资。有人或许会问：那买股票是属于短期投资还是长期投资呢？我们知道，股东是不能退股的，从这个意义上讲，由于股票无偿还期，所以它属于长期投资，但股票可以在二级市场上卖出，这又是一种短期投资。一般而言，短期投资的流动性好，相应地收益率较低，风险也较小；长期投资的收益率高，但回收期长，发生意外事件的可能性也较大，也就是俗话说的“夜长梦多”。

主题二　缤纷的投资领域

【讨论热点提示】

请根据你个人的经验，谈一谈你对各种投资方式的认识及比较各种投资方式的不同。
债券有没有投资价值？如果有，体现在何处？

可供个人选择的投资方式很多，除了我们在本部分中将要谈到的邮票、金银、房地产、股票、债券及期货之外，个人还可以选择字画、古董、钱币、珠宝、开办工厂等投资方式。随着社会经济的发展，一些新的投资手段和领域在不断涌现。不管是何种投资方式，人们总是希望用较小的投入换回更大的收益。要说明的是，本部分主要介绍一些个人较易进行的投资方式，并且对股票、债券、期货这三种投资手段进行展开介绍。

精彩方寸

邮票从发行至今160多年以来，是世界上面积最小、分布最广的艺术品。小小的方寸之间，包罗万象。在它给人们带来美的享受的同时，作为一种投资品，邮票具有很好的保值、增值功能，深受人们的青睐。

邮票有纪念邮票与特种邮票之分。在我国，J字头纪念邮票以人物或事件为主，政治色彩较浓；T字头特种邮票题材广泛，并具有典型意义，政治成分少。邮票还可分为单枚邮票、多枚套票、大套票。单枚邮票是1枚一套的邮票，多枚邮票是2～6枚一套的邮票，7枚以上一套的邮票叫大套票。套票枚数多，售价也不低，故难以集齐，增值也较快。

投资邮票要熟悉邮市行情，如邮票的发行量、种类、市价等。初集邮者可以先购买邮票目录，了解邮票的发行量、存世量、国家牌价等情况，然后根据邮市涨跌决定是否买进或卖出。日积月累、经验丰富之后，再尝试投资于价格昂贵的高档邮票、稀少邮票。因为珍邮投资除了需要更多的资金外，还要求有很高的鉴别能力，一旦买到赝品，就会亏损惨重。然而，珍邮的风险虽大，收益确实可观。除了要慎重抉择外，还要注意邮票的保管。邮票的存放应尽量避免高温、潮湿，否则，价格极容易受影响。

恒久金银

不管是何年代，黄金珠宝一直闪烁着迷人的光芒。作为财富的象征，它强烈地吸引着人们。

黄金是世界普遍接受的财富。它价值高、易流通，由于柔软，可以加工为便于携带的金块、金锭、金条、金币及各种首饰。黄金的纯度叫做黄金的成色，一般以百分比或千分比表示，如99.99%。还可用K表示。用K表示时，黄金的成色分为24K，1分为1K。足金就是24K，也称纯金。不足24K的黄金含有铜、银等成分，一般有22K、18K、14K、12K。

计算K金纯度的方法是：纯度＝K数×4.166%

如24K金纯度为：24×4.166%＝99.98%；

18K金纯度为：18×4.166%＝74.99%。

黄金白银通常是不分家的，白银也一度成为世界上流通广泛的交换货币。相对于黄金和白银，现在越来越多的人喜欢白金。白金的化学成分是铂，故白金又被称为铂金。黄金、白银、白金三者的共同点在于，它们都不能给投资者带来经常性收益，也就是说，它们只有在价格上升时转让出售，投资者才能获益。但是，黄金、白银、白金历经时间的考验，稀有而珍贵，属于稳健型的投资品，仍是诸多投资者投资时的注重对象。

万千广厦

唐代大诗人杜甫在他的诗中写道："安得广厦千万间，大庇天下寒士俱欢颜。"现在，人们不再仅仅为挡风遮雨而买房，房地产也已经成为投资理财的途径之一，和黄金、股票一起被视为投资三大热门。当今世界富豪大都离不开房地产投资，有的就是靠房地产起家，凭着一砖一瓦敲开了财富的大门。

也许我们中的大部分人没有太多考虑过房地产投资，就让我们来看一个投资者是工薪阶层人士的例子。对于投资房地产，他以前连想也没想过，还是"新媳妇上轿——头一回"呢。在一位房地产朋友的极力怂恿下，他东拼西凑付了第一期款5万元，以每平方米2300元的价格买下了一条繁华小街上一个近30平方米的小铺面。由于市政府要开发这条小街，其价格日日看涨，3年之后，每平方米涨到了4500元。以每平方米4450元的价格出售后，这位投资者获收入133500元，获利约6万元。如果仅凭当年他的存款5万元，这笔钱放在银行是无论如何也不可能变成13万元的。这位投资者后来又把赚得的这笔钱再投进了房地产，使资产连年翻番达50万元。这样的收入对一个工薪阶层来讲，不投资是连想都不敢想的。

对绝大多数老百姓来讲，要买房置地，面临的第一大问题就是资金短缺，即使首期付款只要求支付20%，也足以使众多投资者"望楼却步"。如果不能像上例中那位投资者一样向亲朋好友借到资金，又该怎么办呢？找银行。为解决这一问题，也为了更好地促进房地产业的发展，银行推出了买房贷款，用行话来讲叫做"按揭"。它起源于中国香港、澳门等地。银行为投资买房者提供优惠贷款，条件是买房者以所买房屋作抵押，在还清银行贷款之后，投资者就完全拥有房屋的所有权。例如"六成按揭"，意思是说银行可以提供相当于所购房地产价格总额60%的贷款。这样对银行和投资者都有好处，可谓两全其美。

当然，一个健康的经济不应让房地产因过度的炒作而形成巨大的泡沫。而且，投资房地产除了要理性投资、要明白一些行话的含义外，还要熟悉国家及地方政府的政策，具备

一定的建筑学和判断地产升值潜力等方面的知识。在房地产投资中，会涉及许多法律手续，如签订合同、办理产权等，有时还会发生产权争执、宅基地纠纷等。具备应有的法律知识是房地产投资所要求的，这样才能更好地维护自身利益，保证投资的成功。

股票的起源

1611年，郁金香花卉的种子被荷兰人发现。有谁会想到，它竟会是股票的始祖！

郁金香的种子被发现以后，关注的荷兰人越来越多，整个民族竟掀起了抢购热潮。上至王公贵族，下至普通老百姓，人人以拥有郁金香为荣，人们对郁金香的迷恋达到如痴如醉的程度。郁金香花种的价格不断上升，竟高至1万美元一枚。在1653年，一名外国水手在阿姆斯特丹的交易所偷吃了一枚郁金香种子，人们哄然大怒，但也因此猛然意识到：小小的郁金香种子真该那么值钱吗？郁金香种子的价格一路狂泻，长达42年之久的神话终于结束了。

据此，人们公认郁金香花种是现代股票的始祖。现代股票的炒作及股票市场的种种特性都或多或少保留了先祖的遗传。

股票市场是经济运行的晴雨表，它的波动起伏反映了一国的经济运行状况。股票市场的核心是股票交易所。世界上著名的股票交易所有139家，资格最老的就在荷兰的阿姆斯特丹，问世于17世纪初期。而成立于1792年的纽约证券交易所是目前世界上最大的股票交易所，它坐落于美国著名的金融区华尔街11号。1773年宣告成立的伦敦证券交易所不仅在伦敦有交易场地和机构，在英国其他城市，如格拉斯哥、利物浦、曼彻斯特、伯明翰等地也有交易场地。历史虽短、发展却快的东京证券交易所是仅次于纽约证券交易所的世界第二大股票市场，它成立于1878年，前身是东京证券交易株式会社。我国现有两家证券交易所，第一家证券交易所于1990年在上海问世，次年深圳证券交易所开张营业。新中国股市与世界股市的第一次接触是在1986年。美国纽约证券交易所董事长约翰·凡尔霖访问中国时，邓小平与他亲切会面，并说："我们也要建立有中国特色的股票市场。"在这位董事长回国时，时任中国人民银行行长陈慕华送给他一份特别的礼物——一张上海飞乐音响公司面额50元的股票，这是新中国第一次发行的真正意义上的股票。作为回报，1998年春天，纽约证券交易所的总裁理查德·格拉索来到上海，把一尊象征股市利好的微型雕塑"牛"，赠给了上海证券交易所总裁屠光绍。

股票市场犹如一个神秘的宝藏幽谷，吸引着千千万万的人去探宝、去圆梦……

债券种种

债券多是保守型投资者的首选，它不像股票那样可以获大利，但承担的风险小、收入稳定。一家既发行股票又发行债券的公司面临破产时，持有该公司债券的投资者有权最先索还本息，而持股者则不能。股东的利益与公司的经营好坏息息相关，而债权人的利益则不受太大影响。债券与储蓄相比收益率更高，对于想获得高于银行储蓄利率但又不愿意冒太大风险的投资者而言，债券无疑是一种理想的选择。

债券是什么呢？**债券**是政府、企业或银行等机构为筹集资金向社会借款出具的、承担还本付息义务的一种凭证。购买债券的人是债权人，发行债券者是债务人。

一个国家的中央政府和地方政府都可以发行债券。中央政府发行的债券称为国库券，国库券由于是以国家信誉为担保，往往被称为“金边债券”。一国中央政府发行债券多是为了弥补财政赤字，或是为国家大型工程筹措资金。地方政府发行的债券是地方债券、市政债券。市政债券也有较高的偿还能力，且利率稍高于中央债券。

企业发行的债券被称为企业债券或公司债券。政府债券的发行有政府信誉为投资者提供保障，而企业因为经营不善出现亏损、破产时，在资不抵债的情况下，尽管债权人有优先受偿权，资金仍然有可能收不回来。因此，国家往往对发行债券的企业资格作出限定。

金融债券是银行等金融机构为筹集资金而发行的债券。

此外，还有外国债券和欧洲债券。外国债券是一国的政府或企业到另一国发行以发行地所在国货币为面值货币的债券。例如，在美国发行的以美元标价的外国债券称为“扬基债券”，而在日本发行的以日元标价的外国债券则称为“武士债券”。欧洲债券则是指在某货币发行国以外，以该国货币为面值发行的债券。例如，在伦敦金融市场上发行的以美元为面值的债券称为“欧洲美元债券”。

杠杆期货

期货的历史已相当久远，尽管我们也许从未涉足其间。

19 世纪初期，美国的芝加哥成为谷物集散地。每到收获季节，从中西部运抵芝加哥的谷物堆积市场，供给远大于需求，农场主竞相压低价格之后仍然不能全部售出，于是就把大量的粮食丢弃在密歇根湖中；而到了春夏之际或年景不好时，谷物奇缺、价格飞涨、经济萧条。在这种情况下，一种新的交易方式——期货产生了。

1848 年，82 位商人在芝加哥成立了全球第一家期货交易所，为买卖双方提供相互见面、交换商品的正式地点，这就是芝加哥期货交易所（CBOT）。这样，一些运输商在秋季从农场主手中购进玉米后运往芝加哥，同玉米加工商等买主签订来年春季交货的合约，并确定玉米的售价。

在期货交易中，买卖双方交易的是一纸统一的标准合约，这张标准合约就是期货合约。买下一宗期货合约，就等于同意在将来某一指定期限、指定地点，接收某等级和数量的某种商品，并按约定价格付清款项；卖出一宗期货合约，就等于答应了在将来某一指定期限、指定地点，交出某等级和数量的某种商品，并按约定价格收取货款。在期货合约中，商品的等级、数量、交货期、交货地点都有统一的规定，只有商品的价格是由买卖双方洽商的。由此，期货合约被认为是标准化合约。

期货最初产生是为了防范风险，发展到利用期货进行投资时，就不是为了转移风险了。与期货交易不同，期货投资并不实现实物的交割。期货投资的风险很大，但一旦预测正确，利润也是相当令人心动的，原因就在于期货的保证金制度。进行期货投资只需要交纳少许保证金，这样就可以操作相当于保证金 10 倍，甚至更多的资金，这就是期货的杠杆作用。

主题三　股票 ABC

【讨论热点提示】

请依据不同的分类方法，说出股票的种类。买卖股票的步骤有哪些？

什么是股票的永久性与可转让性？两者是否矛盾？

提到股票市场，就不得不提到股票市场鼎鼎有名的投资家巴菲特——当今世界首富。助他获得巨大财富的不是别的，就是股票。这是一位出生于美国西部小城的传奇人物，他很小时就开始关注股票行情，并尝试性地买了 3 只股，微小赢利时就匆忙抛掉了。后来不久，股票涨了七八倍，令他追悔莫及。由此，他逐渐萌发了长期持有股票的念头。股票何以如此奇妙？我们简单地说，如果你有 2000 元人民币，全部买入股票，每股价格为 10 元，那你就可以拥有 200 股。假设这只股票表现很好，在一个月后每股价格变成 20 元，卖出股票后，你手中拥有的人民币就变成 4000 元，是一个月前的两倍！股票的学问当然不这么简单，要想成为一位股市高手，我们至少应懂一些股票的基础知识。

股票的含义及特点

股票，是股份公司发给股东证明其所持股份的所有权凭证。股份有限公司的资本划分为股份，股份采用股票的形式，每一股的金额相同。股票所有者即为该公司的股东。

股票有哪些特点呢？

（1）永久性。债券持有人是债权人，在债券到期时有要求债务人，即债券发行者还本付息的权利；而股票则没有一个到期日，股东无权向公司要求退股。

（2）可转让性。股票虽然没有到期日，但股东要想收回资金，可以转让持有的股票。转让是按市场价格卖出股票。如果高价卖出，转让时可以获得大于买入价的收益；如果低价出售，则会蒙受损失。

（3）收益性。一方面来自股份公司定期给股东的股息与红利，另一方面来自因股票买卖差价而获得的收益。前一种收益的获得取决于公司的赢利大小和股利分配政策，后一种收益取决于股市行情的变化。

（4）风险性。股票价格可能会上升，但也有可能会下降，这种不确定性给股东带来了风险。

股票的种类

按有无记名为标准，股票可分为记名股和不记名股。**记名股**是在股票票面上记载股东姓名或名称，并将其记入公司股东名册的股票。记名股除了股票上所记载的股东外，其他人不能行使其股权。记名股的转让需要经过过户等严格的法律程序与手续，才能更改为新股东的姓名或名称。《中华人民共和国公司法》（以下简称《公司法》）规定，向发起人、国家授权投资的机构、法人发行的股票，应是记名股。**不记名股**是在股票票面上不记载股东姓名或名称的股票，持有不记名股的人即为股东。不记名股的转让十分自由方便，无须办理过户手续，只要将股票交给受让人就可发生转让效力，实现股权移交。

按票面有无金额为标准，股票可分为面值股票和无面值股票。**面值股票**是在股票的票面上记载每股金额的股票。持有这种股票的股东，对公司享有的权利和承担的义务大小，依其所持有的股票票面金额占公司发行在外股票总面值的比例而定。无面值股票是指股票票面上不记载每股金额的股票。**无面值股票**仅表示每一股在公司全部股票中所占有的比例，即每股金额占公司全部资产的比例。无面值股票的价值随公司财产价值的增减而变化。目前，我国的《公司法》不承认无面值股票。

按股东享受权利和承担义务的大小，股票可分为普通股和优先股。**普通股**是股份公司发行的具有管理权的、股利不固定的股票。普通股是股份公司发行的基本的股份，是世界上股票发行中最普通的一种形式，也是股市中最主要的买卖对象。**优先股**是相对于普通股而言的股票。它的优先体现在两方面：一是有优先分配股利的权利。这是优先股的主要特征。优先股通常有固定股利，并且必须在支付普通股利之前予以支付。二是对资产的优先要求权。在企业破产清算时，出售资产的所得在清偿债务后，优先支付给拥有优先股的股东，其次才是普通股股东。

按投资主体的不同，股票可分为国家股、法人股、个人股等。**国家股**是有权代表国家投资的部门或机构以国有资产向公司投入而形成的股份；**法人股**是法人单位依法以其可支配的财产向公司投入而形成的股份，法人单位包括企业法人和具有法人资格的事业单位和社会团体；**个人股**是社会个人或公司内部职工以个人合法财产投资公司而形成的股份。

按发行对象和上市地区的不同，股票可分为 A 股、B 股、H 股、N 股等。**A 股**的正式名称是人民币普通股票，它是由我国境内的公司发行，供境内机构、组织或个人（不含港澳台投资者），以人民币认购和交易的股票。A 股只供我国内地个人和法人买卖，外资股东不得购买和交易。1984 年 10 月，上海飞乐音响股份有限公司向社会公开发行 50 万元不可退还的真正意义上的股票，正式拉开了我国股票市场的帷幕。**B 股**的正式名称是人民币特种股票，它是以人民币标明面值，以外币认购和买卖，在沪深两交易所上市的股票。我国第一只 B 股是在 1992 年 1 月由上海申真空发行的。B 股、**N 股**、**S 股**、**H 股**都是以人民币标明面值，以外币认购和交易的股票。H 股在香港上市，N 股在纽约上市，在新加坡上市的称为 S 股。1993 年 6 月，青岛啤酒股份有限公司在香港招股上市，成为中国内地首家在香港上市的公司，中国有了第一只 H 股。1994 年 8 月，山东华能发电股份有限公司完成股票在全球公开发行，在纽约股票交易所上市，成为我国第一只 N 股。1997 年 6 月，天津中新药业集团在新加坡上市，标志着我国第一只 S 股的诞生。

买卖股票的步骤

开户买卖股票首先要在证券登记公司开立账户，一个是股东账户，一个是现金账户。

（1）选择证券公司。只有证券公司才能进入证券交易所进行买卖，因此投资者要委托某一家证券公司或经纪人代理股票交易事项。选择合适的证券公司或经纪人需要考虑多种因素，主要有该证券公司的信誉程度、公司实力、是否具有交易资格、服务及收费水平等。

（2）委托买卖。这是交易的主要阶段，投资者通过经纪人进行证券买卖。有三个方面的注意事项：①委托的内容要全面。委托的内容包括委托人姓名、股东代码、日期、账号、委托形式、买进还是卖出，股票名称、数量、价格，委托种类、交割方式等。②选择合适的委托形式。委托有多种形式，如当面委托、电话委托、有时限委托、无时限委托等。③熟悉委托的价格方式。交易所的价格撮合方式有连续竞价和集合竞价两种，交易价格的委托方式有市价委托、限价委托、中心浮动委托、停价限价委托几种。

（3）交割清算。交割是买卖股票成交后，买方付出现金取得股票、卖方交出股票取得现金的手续。交割手续通常通过清算公司办理。如果一个投资者既买股票又卖股票，账目可以互相抵消，最后只交付或收取净差额即可。

过户新股东应到他所在股票的发行公司办理过户手续，过户后才能真正成为股东，享有股东权益。

股海搏浪

小文是一位编辑，性情恬淡。在看到周围的人一个个都下了海，谈起了股票、房地产之后，她最终感到了生活的压力而不满于日子的清闲，在一位就职于某证券公司朋友的怂恿下也进了股市，挑选了一只小股票。尽管同事们一点也不看好这只股，但两天内它竟然从每股 13 元上涨到 14 元。小文喜不自禁，在原来的 2000 股基础上又买进了 1000 股。这只股竟魔术般地涨到了近 16 元。小文急不可待地把账上的余钱全部买进这只股票。那些天，她天天在证券营业部“上班”，挤在散户中目不转睛地盯着墙上的行情大屏幕。看着股票一点点地往上升，她的心如同悬在了半空。当股票涨到 19 元时，她把手中的 3900 股全部抛出。仅仅一个多星期，她就赚到了近两万元。成功的喜悦使小文果断地取出了全部存款，自作主张买进了另一只也不显眼的股票，以为这只股票的价格也能慢慢地升上去。谁知股市变幻莫测，股价涨一下跌两下，股票被套牢了。她饱尝失望、焦虑、沮丧、无措、恐慌的滋味，在股票指数一路下滑之际，绝望地卖掉了大部分股票。尽管她经历了“从云端到地面”的巨大反差，但她反而离不开股市了。

股票市场真是风云变幻，充满风险也充满希望。掌握一些技巧可以帮助人们理性地炒股，但有一些谬误的“股经”反而被人们信奉为指南。在此摘其一二，提请大家警惕。

（1）“股价已经下跌很多，所以不会再跌了。”

没有一个规则能告诉人们一只股票到底会下跌到什么程度。例如，美国宝丽来公司曾是一家实力雄厚的公司，并且在同行业中它是最赚钱的。当它的赢利和销售都大幅度下降时，人们并没有留意到宝丽来股票实际已经过高地估值了。许多人甚至趁势吸纳，因为他们相信它不会再往下降了。结果该股票在1974年的大熊市中，每股从143.5美元一直跌到14.25美元。谁能想得到呢?

(2)“总有一天这些股票会让我赚钱的。”

有的投资者不甘心自己被套牢，坚信“它们总会恢复过来的”。如果考察一下那些破产的公司，那些虽有偿付能力但却未恢复以前繁荣景象的公司，以及那些大大低于其股票高价的价钱卖掉了的公司，你就发现上述传统观点并不可靠。

(3)“才5元一股，再怎么也不会有多大损失。”

当你遇到每股股价为5元的股票时，你也许会认为这比买50元一股的股票要保险多了。其实不然，价位高的股票和价位低的股票一样，面临相同的风险。

(4)“上次没买真可惜，损失了那么多钱，这次不能再错过了。”

当别人赢利时，有些人会扼腕叹息，觉得自己又少赚了一笔钱。这种把别人的赢利当成自己的损失的思想，往往能驱动他们去购买一些本来不该买的股票。试想，谁说上次股票涨了下次它就一定也会上涨呢?

(5)“这家公司的股票让我等的时间太久了。”

在看准一只股后，需要耐心和信心。在你等待一只股的上升等得不耐烦而抛出的第二天，它有可能就升了。持股时，在买进股票的理由没有消失前，应坚定信心，只要你的判断是准确的，你的耐心就会得到理想的回报。巴菲特之所以成功，就在于他眼光独到准确，擅长于在低价位大量购进优质的股票并长期捂着。

主题四 债券述要

【讨论热点提示】

什么是债券的当期收益率与到期收益率？
债券的发行价格与票面金额是一回事吗？
如何判断债券的好与否？

债券的要素

前面我们讲到，**债券**是政府、企业或银行等机构为筹集资金向社会借款，有承担还本付息义务的一种凭证。债券是一种有价证券，不管是政府债券、企业债券，还是金融债券，都包括以下几个基本要素：

（1）债券的面值。一种债券的面值是由选用的币种及面值大小决定的。债券的面值小可只有几十元，大可到百万元。

（2）债券的发行价格。债券的发行价格是债券发行时卖出的价格，亦即投资者购买债券时所支付的价格。债券的发行价格和债券的面值不是同一回事，但二者有联系。债券的发行价格通常有三种：平价、溢价和折价。平价是以债券的票面金额为发行价格，溢价指以高出债券票面金额的价格为发行价格，折价指以低于债券票面金额的价格为发行价格。如票面金额为 100 元的债券，投资者以 100 元购买得到，则其发行方式为平价发行；若要用 120 元才能买到，则是溢价发行；若用 80 元购买，则为折价发行。

（3）债券的利率。债券的利率是债券持有者每年获取的利息与债券面值的比率。债券的利率有固定利率和浮动利率两种：将利率明确记载于债券上，按这一固定利率向所持有人支付利息的债券为固定利率债券；债券上未确定利率，发放利息时利率水平按某一标准的变化而调整的债券，为浮动利率债券。

（4）债券的期限。即从债券的发行之日起到本息还清之日止的时间。债券的偿还期限一般分为短期、中期和长期。期限 1 年以内的为短期，1 年以上、10 年以下的为中期，10 年以上的为长期。

（5）发行主体及其他要素。发行主体需用全称，标明单位地址、印章及法定代表人的签章。其他要素还有发行时间、债券类别、批准单位及批准文号、顺序编号及其他需特别说明的事项等。

债券的收益

1. **利率与收益**

投资者购买债券，可以获得利息收入，还可以在债券市场上利用债券价格的波动获得价差收益。债券收益主要受债券利率影响。对发行人来说，债券利率定得过高会增加筹资成本，定得过低又会使债券缺乏吸引力，不易销售；对投资者来说，债券利率当然是越高越好。而债券的利率要受到银行利率、发行人的资信及资本市场的影响。当银行存款利率上升时，债券利率也将随之上升。因为，如果债券利率跟不上银行存款利率的增长，人们就会把钱存到银行去而不愿购买债券。如果债券发行人的资信高，债券的利率就可以低一些。较高的资信意味着较小的偿还风险，即使利率低一些，人们也愿意投资。资本市场上的资金充足时，债券的利率就会低些，反之利率就会高些，以求尽快筹集到资金。

2. **债券的收益率**

评价债券收益的指标是债券收益率。债券收益率越高，意味着投资者获取的利益更多。对期限为1年的债券，用年利息除以购买价格，就可以计算出债券的收益率，称之为当期收益率。公式如下：

当期收益率＝年利息÷购买价格×100％

【例1】债券面值为1000元，票面年利率为6％，期限为1年。

a. 投资者以950元的价格买入，收益率为：

收益率＝（1000×6％÷950）×100％＝6.32％

b. 投资者以1000元的价格买入，收益率为：

收益率＝（1000×6％÷1000）×100％＝6％

c. 投资者以1200元的价格买入，收益率为：

收益率＝（1000×6％÷1200）×100％＝5％

由此可以看出，当债券购买价格等于债券票面金额，即等价发行时，债券的收益率等于债券票面利率；当债券购买价格低于债券票面金额时，即折价发行时，债券收益率高于债券票面利率；当债券购买价格高于债券票面金额，即溢价发行时，债券收益率是低于票面利率的。

上述例子是考虑1年期债券。对于期限在1年以上的债券，评价指标是到期收益率。我们通过例2看到期收益率如何确定。

【例2】假定银行发行了三种债券。债券A一年到期，到期时投资者可以获得1000元；债券B两年到期，到期时投资者也获得1000元；债券C是附息债券，第一年后投资者可以获得50元债券利息，第二年后不仅可以再得到50元利息，还能得到票面金额1000元。投资者购买这三种债券的价格分别是909.09元，826.45元，946.93元。

确定1年期的债券A的到期收益率是一件比较简单的事。由于一项909.09元的投资将在1年后支付1000元，该债券的到期收益率就是银行对909.09元的本金必须支付的比率r，在1年后达到1000元，于是得：

$$(1+r)\times 909.09=1000 \qquad (2.1)$$

$$r=10\%$$

对于债券B，826.45元的投资在1年后为［(1+r)×826.45］元，将其分文不动，第二年末该账户钱会增加到［(1+r)(1+r)×826.45］元，我们知道这时候投资者可获得1000元，即：

$(1+r)(1+r)\times826.45=1000$　　　　(2.2)

$r=10\%$

现在考虑债券C。一个投资946.93元的账户，在第一年末账户会增值至［(1+r)×946.93］元。然后，投资者将拿出50元，剩下［(1+r)×946.93−50］元。在第二年末，这笔钱将增至｛(1+r)×［(1+r)×946.93−50］｝元。债券C的到期收益率r是使得这个总量等于1050的r，由此得到方程：

$(1+r)\times[(1+r)\times946.93-50]=1050$　　　　(2.3)

$r=7.975\%$

我们可以把(2.1)、(2.2)、(2.3)式分别写成如下形式：

$909.09=1000\div(1+r)$

$826.45=1000\div(1+r)^2$

$946.93=[1050\div(1+r)+50]\div(1+r)$

等式的左边是债券当前市场价格，右边的分子是未来可以得到的现金收入。如果未来现金收入不止一年，我们就用流量来表述，即未来现金流量。把这个未来的现金收入折算成现在的现金收入，称为**贴现**。由此，我们可以把到期收益率定义为：**到期收益率**是使得未来现金流量的总现值等于债券当前市场价格的贴现率。

3. 债券的信用等级

发行债券的企业可能有几百几千家，投资者如何从这汪洋大海中找出可以信任的那几家公司呢？投资环境比较完善的美国的做法是，由几家公司给几千种公司债券和市政债券提供信用评级。最著名的信用评级公司有两家：标准普尔和穆迪投资服务公司。评出的债券信用等级通常被理解为发行债券者违约可能性的一个指标。

4. 标准普尔信用等级

标准普尔的公司债券或市政债券评级是对债务人某笔具体债务的信用评价，它不考虑诸如债券市场价格或对某个特殊投资者的适用性因素。就这一点来看，债券的信用等级并不是买卖或持有债券的。信用等级是根据债务人提供的信息，或者是标准普尔认为值得依赖的其他渠道所获得的信息作出评价的。当这些信息无法取得或发生改变时，已有的等级可能会发生变化、暂停或取消。标准普尔有以下几个信用等级：AAA，AA，A，BBB，BB，B，CCC，CC，C，CI，D。

AAA级是最高信用等级，获得AAA信用等级的债券支付利息和偿还本金的能力极强。

AA级债券具有很强的支付利息和偿还本金的能力，但比AAA级稍微差一点。

A级债券比AA级债券更易受到环境和经济条件变化的不利影响，偿付能力也较强。

BBB级债券具有相当的支付利息与偿还本金的能力，但与A级债券相比，经济条件和环境的不利变化的负面影响力更大。

BB，B，CCC，CC和C信用等级的债券则以投机为主。虽然这些债券有一定质量并能获得某些保护，但远远不足以抵偿其极大的不稳定性或不利条件带来的主要风险。

CI级是不支付利息的债券。

D级是发生支付违约的债券。

5. 穆迪公司的信用等级

分为Aaa，Aa，A，Baa，Ba，B，Caa，Ca，C共三级九等。

Aaa级的债券是质量最好的债券。

Aa级的债券也是质量很好的债券，它和Aaa级债券组成了所谓的高等级债券，但Aa级债券的利息支付保证没有Aaa级债券大。

A级是中上等级的债券，其利息支付和本金偿还具有相当保证，但它在未来的偿付能力容易受到损害。

Baa级为中级债券，偿付能力不好不坏。

Ba级则包含了投机因素，未来前景没有保证，利息支付和本金偿还的保证相当薄弱。未来地位的不确定性是这类债券的特征之一。

B级被认为缺乏所需的投资特征，从长期看，偿付利息和本金的可能性以及执行债务条款的可能性都很小。

Caa级质量较差。这类债券可能违约，或者在利息和本金的偿付上存在一些危险因素。

Ca级的债券投机程度很高。这类债券经常发生违约，或者具有其他明显的缺点。

C级债券前景极差，通常被认为没有任何实际的投资意义。

除上述详细评级外，还可对债券进行粗略的分类，分为投资级与投机级。对标准普尔来说，从AAA级到BBB级的债券是投资级债券；对穆迪而言，则是从Aaa级到Baa级，即都是位于前4个信用级别的债券为投资级，往下则为投机级债券。这些信用级别低的债券又被形象地称为垃圾债券。有的垃圾债券在发行时属于投资级债券，人们有趣地称这样的债券为“坠落天使”。

主题五　空手套白狼

【讨论热点提示】

什么是套期保值？

什么是期货投资？

在期货交易中，套期保值与期货投资的区别何在？

“空手套白狼”本来是说手无器械与凶狠的狼搏斗，把它用在期货投资上是借其寓意。期货投资往往是用小本钱做大生意，一不留神就可能倾家荡产。从前面的介绍我们知道，期货起源时的功能不在于此，而是套期保值。

套期保值

套期保值是指通过期货贸易以规避价格波动风险的交易方式。该词是从英文 Hedging 翻译过来的。Hedge 一词的原意是“树篱、防护、屏障”。Hedging 又被译成“对冲”、“套头交易”。“套期保值”这个译法既贴近英文原意，又充分表达了它的内涵。不仅指出了期货交易的目的在于保值，而且指出了达到这一目的的方法——套期。

套期保值是如何实现的呢？让我们通过一个实例来看一看。

一位农民在小麦播种季节注意到，将来交割期在 9 月的小麦期货合约价格是每千克 8 元，这是一个好价钱。该农民有两种选择：等到收获季节在现货市场上卖出小麦，或者是现在就把小麦作为期货出售签订期货合约。前者存在风险，因为等到收获时小麦的价格有可能高于每千克 8 元，但也可能下跌，或许跌到每千克 6 元从而导致该农民破产。而在现在就卖出期货合约将使农民确定了他的小麦的卖出价格，这样农民在播种小麦时就把未来价格风险转移了出去。这位农民若选择后一种做法，那么他就在进行套期保值，确切地说是空头套期保值。预期价格下跌而卖出期货合约，期货交易的行话称为**空头**；预期价格上涨而买进期货合约，称为**多头**。

农民卖出了一份期货合约，谁买进呢？我们假设有一位用小麦做原料制造面包的面包商。等到 9 月，面包商的小麦存货就用完了，面包商也面临两种选择：其一是存货用完后在现货市场上买进小麦，其二是在今天买进小麦期货合约。同样，未来小麦价格可能升到每千克 10 元，这是面包商不愿意接受的，而面包商更乐意以每千克 8 元的价格购进小麦。为了防范风险，面包商在今天买入小麦期货合约。面包商的做法也是套期保值，是多头套期保值。

期货投资

参与期货交易的人通常被分为两类：一类是上面提到的套期保值者，另一类就是投资者。投资者买卖合约的目的是为了获取利润。请看下面这个例子。

一位投资者预测小麦价格会上升，于是他在今天以每千克 8 元的价格买入期限为 3 个月的小麦期货合约。由于期货买卖不必马上支付足额货款，由此他付出 1000 元保证金，买下了一单 2500 千克的小麦期货。3 个月后小麦的价格果真上升了 2 元，于是他以每千克 10 元的价格卖出期货合约，这样他会获得每千克 2 元的利润。由于他买了 2500 千克，投资者获得的总利润就为 5000 元，而他只需交付 1000 元的保证金。也就是说，他用 1000 元钱赚了 5000 元，收益率高达 500%!

如果投资者是在现货市场进行操作，他在买入 2500 千克小麦时，需要付出 2 万元 (8×2500)，到小麦价格上升到每千克 10 元卖出后，总利润仍为 5000 元，但收益率大大降低了，仅为 25%。而且，货物积压在手中，也须付出成本。

如果投资者预测小麦价格下降，他的做法是在一开始卖出小麦期货合约，然后再买进同样数量的小麦期货合约作对冲。只要预测正确，投资者也将获得可观的收益。这就是期货投资的基本原理。

期货保证金制度

在期货交易中，买卖双方并不直接交易。我们仍以前述的农民和面包商为例。他们分别愿意以每千克 8 元的价格卖出和买入小麦，农民委托经纪公司的经纪人就与面包商委托的经纪公司经纪人在小麦的交易中形成一致价格。

每一家期货交易所都有一个与它关联的结算所，结算所就成为期货合约的中介。结算所有责任把 2500 千克小麦提供给面包商，把 2 万元支付给农民。

农民是怕小麦价格下跌才在期货市场上卖出合约，如果收获季节时小麦每千克价格上升到 10 元，农民很可能不愿意把小麦交给结算所，宁愿自己到现货市场上出售小麦，农民违约了。结算所为了履行对面包商的承诺，就只能去现货市场上以每千克 10 元的价格购买小麦，然后以每千克 8 元的价格卖给面包商。结算所有了 5000 元的损失。那么，结算所如何防范这种损失？由于期货合约中买卖双方对价格的预期是相反的，很有可能出现交易一方毁约的现象，结算所必须采取有力措施。其现行做法是：

(1) 交易必须向经纪公司交纳初始保证金。

(2) 实行当日结算制度。

(3) 实行维持保证金制度。

交易者在经纪公司开立期货账户后，按照签订的期货合约的一定比例把资金存入交易账户，这部分资金就是**初始保证金**。该比例通常为 5%～15%。上例中，如果初始保证金率为 5%，那么农民和面包商都应该存入 1000 元。初始保证金仅是交易总额的很小一部分。如前所述，如果现货市场上小麦价格每千克上升到 10 元，结算所的潜在损失则为

5000 元，远大于初始保证金数额。这也是实行当日结算制度的原因所在。下面我们再细看一下当日结算制度和维持保证金制度是如何操作的。

如果在交易的第二天，9 月小麦的结算价为每千克 8.2 元。按照这个价格，面包商本是以每千克 8 元的价格买进的，从而赚到了 500 元，而农民则少卖了 500 元。按照当日结算制度，期货交易结算所在每日交易结束后，会按当日结算价结算所有合约的盈亏、交易保证金及其他相关税费，并对每个账户上应收应付的数项进行划转，以调整（增加或减少）相应账户的权益。这样，农民和面包商的账户权益分别变成 500 元与 1500 元。根据维持保证金制度，交易者账户上的权益必须等于或大于初始保证金的某一百分比，如 65%。当账户上的权益低于维持保证金时，经纪公司会要求交易者追加资金，使账户权益与初始保证金相等。此时，农民账户上只有 500 元，低于 650 元（1000×65%），因此要追加 500 元达到初始保证金 1000 元。也就是说，当日结算制度和维持保证金制度使交易者的账户权益始终都维持在保证金水平。对高于初始保证金部分，交易者可以提走，如面包商就可以把多出的 500 元提出。但是，一旦价格变动使得账户权益低于维持保证金，交易者就必须追加资金至初始保证金水平。

金融期货

外汇期货、利率期货、股票指数期货，这些问世不过 30 多年的金融期货以惊人的发展速度展现出了勃勃生机。除了最早的芝加哥国际货币市场（IMM）外，世界上还形成了几大主要的金融期货交易所，它们是：全球最大的衍生品交易所芝加哥商品交易所（CBOT）、法国国际期货期权交易所（MATIF）、英国的伦敦国际金融期货交易所（LIFFE）、亚太地区交易量最大的东京证券交易所（TSE）等。此外，新加坡国际金融交易所（SIMEX）和澳大利亚证券交易所（ASE）也很有名。

1. 外汇期货

外汇期货交易的首创者是美国芝加哥商品交易所的芝加哥国际货币市场（IMM）。它成立于 1972 年 5 月，主要目的是使世界上从事国际贸易和国际金融者能转移风险。**外汇期货**是交易双方约定在未来某一时间，根据协议价格交割标准数量外汇的合同交易。例如 IMM 的一个外汇期货合约要求卖出合约者在某一确定的日期交给买方 1250 万日元。外汇期货交易也存在着套期保值者和投资者，交易操作过程与商品期货一样。以外汇期货投资为例：譬如，在 2006 年 12 月 13 日，买卖 2007 年 6 月到期的每 1 日元期货合约的价格为 0.009240 美元。一位投机者认为该价格偏高，到 6 月时汇率会是 1 日元兑 0.009 美元。于是，他卖出一份 6 月交割的日元期货合约。到了交割日，投机者确信在现汇市场可以用每 1 日元兑 0.009 美元买进日元。这样，在 2007 年 6 月时，他从现汇市场以 112500 美元买进 1250 万日元，在期货市场上交割，得到 115500 美元，每张合约的利润是 3000 美元（115500－112500）。

2. 利率期货

在 19 世纪 60 年代末，美国利率波动非常剧烈，金融市场上的借贷者均面临利率风险。持有金融凭证的人或机构及发行金融凭证者都需要一个工具以避免或减少利率风险。1975 年，芝加哥期货交易所首次开办了利率期货——美国国民抵押证期货。此后，利率期货的品种越来越多，如美国政府的90天期国库券、美国中长期国库券、商业银行定期存款证、欧洲美元存款等。并且，美国的利率期货开办成功以后，许多国家竞相效仿。1982年9月，伦敦金融期货交易所正式开张，推出的利率期货有3个月欧洲美元、3个月英镑和20年期英国政府金边债券。1985年10月，日本东京证券交易所开办政府公债期货，第一天交易额就高达6万亿日元（合279亿美元）。利率期货交易与外汇期货交易、商品期货交易的过程、操作、规则等原理都是一样的。交易活跃的利率期货范围有短期的（如90天国库券）、中期的（如10年政府债券），还有长期的（如20年政府债券）。期货价格一般以相关证券面值的一定百分比的形式标出。

3. 股票指数期货

股票指数期货就是以股票市场股票价格指数为交易对象的期货。股票价格指数是股票市场上部分或全部股票在某一时刻的平均值，有的采用算术平均法，有的采用几何平均法，有的计算更为复杂。不管采用何种计算方法，股票价格指数可以用来衡量整个股票市场的变化情况。世界上最具影响力的几种股票价格指数是：

（1）道琼斯股票价格指数。这是最为人们所熟悉的。从1884年琼斯公司创始人查理斯开始编制至今，它已有100多年的历史。它共分四组：工业平均指数、运输业平均指数、公用事业平均指数、综合指数。人们通常所用的道琼斯指数指的是工业平均指数。纽约证券交易所每隔半小时公布一次道琼斯指数。

（2）标准普尔500指数。1957年，标准普尔公司采用500种股票编制股票价格指数。多年来，尽管指数中的股票有更迭，但数量始终保持500种。

（3）纽约股票交易所的股票价格综合指数。1966年，纽约证券交易所发表了自己的股票价格综合指数，这个指数包括在纽约证券交易所上市的全部1500多种普通股票。

此外，还有伦敦证券交易所的金融时报指数、日本股票市场的日经225指数、中国香港股票市场的恒生指数、新加坡股票市场的海峡时报指数等。

自从股票指数期货问世以来，成交量非常大。很多时候，一天之内标准普尔500期货交易的价值量可以超过这500种个股交易量之和。

主题六 不要把鸡蛋放在一个篮子里

【讨论热点提示】

在经济学中，“不要把鸡蛋放在一个篮子里”是什么意思？
什么是投资基金？它有什么特点？
投资应遵循什么原则？

无处不在的风险

任何一种投资都是有风险的，意识到这一点，恐怕是要付出很大代价的。在2007年的大牛市中，买到股票就能赚钱、就能发财几乎成了普遍的共识，于是中国股市出现了一个壮观的高潮，当时的景象几乎可以用“全民买股”来形容。但是，接下来2008年的一场大熊市令许多奋不顾身投身股海的股民深度套牢，当时有人这么形容股市中凄凉的场景：股票市场泪纷纷，套牢股民欲断魂。

进入股市就意味着要面临风险，然而，股市中的有些风险是根本无法采用技术操作来避开的，哪怕你是资深人士或者操盘高手。比如人们戏称“地雷股”的股票。这种股票暗含财务危机：在危机爆发前，股票表现很正常，可一旦危机爆发，公司业绩与公告的相去甚远，股民们犹如踩到了地雷，唯恐扔不出去，于是股价一落千丈。于是，能及时抛出股票的人暗自庆幸，没来得及的人则血本无归了。近年出现了世界范围的股市动荡，股票风险更加难测。

人们往往认为，相对于股市，债券市场是一个安全的投资天堂。果真如此吗？也并非全然如此。债券看上去可能是安全的，投资者能确切地知道他以后将得到的数量是多少。但是，考虑一下一家公司的债券，它承诺在10年之后支付15000美元，在此之前，还可每年支付1000美元。设想有一位投资者购买了这种债券，拿了几年债券利息之后，他急需现金，于是想出售他持有的债券。现在会出现什么问题呢？他是否能得到这15000美元是没有保证的。他可能会得到更多，也可能会得到更少，这取决于利息率。即使他一直持有该债券，把债券保留到他被承诺支付15000美元的日期，也仍然有风险。他不能确切地知道10年后的15000美元还能买到些什么，是不是还能买到现在的15000美元能买到的东西。

期货又如何呢？对很多人来说，期货投资魅力无穷，但人们往往醉心于它能让人一天内获得100%的收益，而忽略了它也能在一天内让人输个精光。在期货市场中，几分钟之内你的钱包可能迅速地鼓起来，也可能连钱包都输掉了。因此，很多有经验的期货投资者都认为，风险管理应是期货交易中最关键的部分。

明智的投资

大多数资产都存在着不小风险，如果一个人所有的财富只有一种形式，那么如果这种资产出现差错，这个人就会彻底破产。投资顾问们指出，减少风险的方法之一是分散投资的资产组合。先哲们早就提醒世人："人们应当总是将其财富一分为三，一部分投资土地，一部分用于商业，其余 1/3 留在手中。"这也许是世界上最早的资产组合投资分散的思想。尽管世事变迁，1500 多年过去了，这一智慧的火花至今仍闪烁着华光异彩。20 世纪 50 年代，马柯维茨与托宾的证券组合理论问世，其后各种研究结果都向人们展示：分散组合投资能有效降低风险。用朴素的语言来表达就是：不要把所有的鸡蛋放在一个篮子里。

不同资产形式受经济变化的影响，其价值或价格总在不停地变化，有的上升，有的下降，有的变化速度快，有的变化速度慢，有的相互之间会有相互影响，有的相互之间没有任何关系。如果只把财产投资于一种资产，当这种资产受某些因素影响而下跌时，投资者就会遭受相当大的损失。但是，如果投资的资产不止一种，相同因素使资产中的一种价值减少的同时，另一种或几种资产的价值是在增加，那么，可以用增加部分的价值弥补遭受的损失，从而在整体上，资产是赢利的。这就是资产组合的基本思想。资产组合的方式数以万计，组合得不好反而会带来更大的损失。任何特定的资产投资最终的目标都是为了冒最小的风险，获得最大的收益，并保持充足的流动性。这是资产组合的目标与原则。

根据资产组合理论，应了解每种资产的主要特征，即每种资产的收益性、流动性和风险性。收益性与风险性前面我们已提得比较多，而流动性是指资产转变成现金的能力。流动性最高资产当然就是现金。表 3-1 是各种资产的主要特征。

表 3-1　各种资产的主要特征

资产	收益性	风险性	流动性
银行储蓄	低	低	高
国库券	略高于银行储蓄	低	略低于银行储蓄
市政债券	略高于国库券	略高于国库券	相当不流通
公司债券	高于国库券	违约风险较低	（取决于发行企业）
股票	高	高	视个别情况
房地产	较高	视经济环境而定	低
期货	高	很高	低

投资基金

要选择不同的投资搭配，就要涉足多种投资领域。对普通老百姓而言，不太可能有那

么多的时间与能力，也不太可能有那么多的财富来拥有大量的、不同种类的资产。但投资基金就能做到。投资基金在 20 世纪 70 年代开始流行起来。投资基金将大量投资者的资金聚集起来，创造出超级资产组合。它可以轻易地包容大量的股票、债券或其他资产。对一个投资基金来说，从各个投资者那里聚集 10 亿美元以上的资金并非是不同寻常的，而投资者的个人投资可以小至 2000 美元。

近年来最受人注目的投资基金当数乔治·索罗斯的量子基金。量子基金是他在 1969 年与另一位对冲基金的名家吉姆·罗杰斯创建的。1969—1997 年的 28 年间，量子基金从当初的 400 万美元增至 60 亿美元。如果一个家庭在 1969 年时投资量子基金 10 万美元，并且把红利继续用来投资，那么到 1994 年时，该家庭的资产就可能达到 1.3 亿美元。

投资基金的工作原理很简单：假设有 1 万个投资者聚在一起，每人投资 3000 美元，投资基金就有 3000 万美元。因此，比起任何单个成员，投资基金可以更广泛地采取分散投资的方式。在每股平均价格为 30 美元的时候，对于 1000 家公司中的每一家，基金都可以购买 1000 股。而一个人本来只可能从这些公司中的一家购买 100 股股票。单独一家公司发生的任何问题都不会对投资基金组合的价值产生大的影响。投资基金通过专家理财，把得到的钱作为股息分给投资者。如果一些投资者决定要收回他们的钱，投资基金也许会发现其他想加入进来的投资者。如果没有新加入者，它将不得不出售它所持有的相应数量的股票。如果有更多的投资者想加入投资基金，那么它只需要把每一家公司的股票再多购买一些，或者进一步增加它所投资的公司数量。

分散投资是投资基金的主要优点。由 1000 种来自不同厂商的公司债券组成的资金组合，要比由 1000 种政府债券组成的资金组合有更高的预期收益，而风险却不会高多少。现实中确实存在这样的情况：在某一年中，有一两家公司的债券不能兑现。但一般而言，由于公司债券的收益高于政府债券的程度足够大，所以只有当好几家公司的债券同时不能兑现时，公司债券资产组合的收益才会更低；而这种情况一般只在发生严重经济衰退时才会出现。

虽然分散化的资产组合能减少风险，但并不意味着能消除风险，因为市场的风险是始终存在的。由于资产组合分散化的特点，我们可以近似地将分散化的资产组合看作一个市场，比如这个市场可以由上面的 1000 种不同厂商的公司债券组成，而事实上，分散化资产组合的收益非常接近整个市场的平均收益。所以，持有分散化资产组合的投资者可以不必十分关心单家公司的风险，但还是要关心整个市场的风险。

写到这里，可以给投资基金下一个定义了：**投资基金**是由投资者不等额出资汇集而成的，由专业性投资机构管理，以分散风险原则为指导，在金融市场上进行投资以牟取资本利益。它是金融信托的一种，故又称**信托投资基金**。

投资基金按设立方式的不同，可以分为契约型基金和公司型基金两类。**契约型基金**是由委托人、保管人和收益人三方订立信托投资契约，基金经理人依照契约运用、管理信托资产进行投资，保管人负责保管信托资产，而投资成果由投资者享受的一种基金。日本、韩国和我国的基金业务均属此类型。**公司型基金**又称共同基金或互惠基金，它根据公司法组成以营利为目的的股份有限公司进行营运，通过发行股票或受益凭证的方式筹集资金。投资者购买该公司的股票后就成为该公司的股东，凭股票获得股息或红利。**共同基金**往往设定基金经理人和保管人。基金经理人负责资产的投资管理，基金保管人则对基金经理人的投资活动予以监督。公司型基金按开放与否，又可分为开放式基金和封闭式基金。**开放式基金**的发行总额不固定，基金单位总数随时可以增减。由于基金发行在外的股份或收益凭证总数不固定，可视经营策略和实际情况追加发行，故也称为**追加型投资基金**。对于开放式基金，投资者可以随时购买基金单位，也可以随时将持有的基金单位在基金管理人设定的内部交易日转卖给基金管理人。**封闭式基金**指事先确定发行总额，在封闭期内基金单位总数不变，基金上市后投资者可以通过证券市场转让、买卖基金单位的一种基金。由于封闭式基金在封闭期内不追加发行新的基金单位，故又称**固定型基金**。我国的基金绝大部分是封闭式基金。封闭式基金的投资者不能向发行单位申请赎回其持有的股份或收益凭证，但可以将股份或收益凭证拿到证券交易所或其他公开市场上转让，由市场供求关系决定转让价格。根据这一特点，封闭式基金又被称为**公开交易基金**。

投资基金自从启动后就备受投资者的青睐。它具有以下一些优点：

专家理财：投资基金拥有大量专家、经验丰富的证券经营人员及先进的研究手段，这些专业人员密切关注着证券发行企业的变动情况，为投资者在风云变幻的证券市场获取稳定的收益提供了可靠的保证。

分散风险：为了保证广大投资者的利益、分散风险，投资基金都奉行组合投资的原则。有的基金明文规定投资组合不少于 20 个品种。这是个人投资很难办到的，而投资基金则有能力运用多种金融工具在保证收益的情况下将风险降到最低程度。

规模优势：投资基金吸纳了社会上的闲散资金，聚小钱成大钱，拥有庞大的基金总额，在买卖股票或其他有价证券时，往往能取得规模效应。

手续简便：主要体现在购买国外证券上。制度、语言、时差、交易习惯的不同会带来诸多不便，面对庞大复杂的国外投资市场，以个人的财力、时间、知识是很难进行资料的收集、整理和分析的。

服务灵活：投资基金的服务因人而异，投资基金能根据家庭投资者的选择需求灵活提供一系列令人满意的服务。

机构齐全：投资基金设立专门机构协调处理证券投资过程中因证券买卖发生的各种纠纷。

不可否认，投资基金也有局限性。例如：它能分散风险但不能完全消除风险；基金虽由专家经营但不能排除管理不善或投资失误的可能；基金是一种相对稳定的投资形式，因此有可能会出现获利不如股票的情况；基金适合中长期投资，对短线投资者而言不一定是最好的投资方式，因为买卖都必须支付手续费，会增加投资成本。

主题七　财务报表简介

【讨论热点提示】

三大财务报表的主要区别何在?
会计假设的内容有哪些?
为什么会计报表的建立要以会计假设为基础和前提?

财务报表是随商业社会对会计信息要求的不断提升而发展起来的。**财务报表**又叫对外会计报表，是会计主体对外提供的反映会计主体财务状况和经营的会计报表，包括资产负债表、损益表、现金流量表或财务状况变动表、附表和附注。随着我们对投资活动了解的深入，我们也会遇到财务报表的制作、阅读等问题。

信息披露与报表

公司在向金融机构借款时，没有呈上完整的财务报表就不可能获得借款；股票市场上，上市公司必须公布财务状况，让投资者了解公司目前的营运状况；公司自己也要通过财务报表掌握财务变动状况，及时制定相应的生产经营策略。

既然财务报表这么重要，那么它当然不能像一般的家庭记账一样随心所欲，只要记账的人明白就行了。任何公司财务报表的编制都应该遵循相同的原则和基础，只有这样才能进行比较分析。这一相同的基础被称为**基本会计假设**。基本会计假设包括会计主体、持续经营、会计分期和货币计量四项。对于会计人员来讲，首先应予以确定的是会计主体。因为企业的生产经营活动繁多，与其他单位主体的关系错综复杂，而财务报表反映谁的经济情况呢？由此，明确会计主体就成为会计核算的第一步。确定会计主体之后，要假定企业是连续经营的。一般情况下，企业的经营活动是正常的，会连续经营下去，但也可能会破产、倒闭。只有假定企业是连续经营的，会计核算才得以正常进行。为了及时地反映企业的经营好坏，有必要把企业连续不断的生产经营过程人为地划分为一定的期间作为会计核算的期间，这就是会计分期。此外，还要确定计量单位。商品的购销、各种原材料的耗费不存在统一的计量单位，如购买砂糖是以“吨”来计算、用电是以“千瓦时”来量化，这样，在统计时就存在诸多不便。因此，采用货币来计量是会计核算的客观需要。

财务报表有多种分类。

根据财务报表反映内容的时间，财务报表有动态与静态之分。**动态财务报表**是反映企业一定时期内资金变化的报表，如利润表，它反映企业一定时期内的经营成果。**静态财务报表**是综合反映在一定时点，经济指标处于相对静止状态的报表，如资产负债表，它反映在某个日期企业的资产总额和权益负债总额。

根据编报时间不同，财务报表可以分为月报、季报、半年报和年报。其中，月报的特点是简单及时；季报反映出的财务信息详细程度介于年报和月报之间；半年报又称中期报告，资料比年报略为简化；年报则要求信息完备、披露完整，全面反映企业的情况。

财务报表还有其他分类，如根据服务对象不同，分为内部财务报表和外部财务报表。内部财务报表不向社会公开，为企业内部经营管理需要而编制；外部财务报表是企业向企业外部的报表使用者，如股东、债权者、上级主管部门等提供的财务报表。

从内容上看，一家企业有3张基本财务报表：资产负债表、利润表、现金流量表。资产负债表主要反映企业的财务状况；利润表可以提供企业的经营业绩，即反映亏损还是获利的情况；现金流量表可以让人们知道企业资金的来源、去向以及增减变化的原因。除资产负债表、利润表、现金流量表这些基本报表外，企业的财务报表还包括各种附表以及附注说明。报表附表用于对报表中的某些项目作进一步补充说明，为阅表者提供更详尽的财务信息。下面介绍资产负债表与利润表，现金流量表及分析另作一主题，在此不赘述。

资产负债表

资产负债表主要表达企业在某特定日期所持有的资产，以及资金的来源——负债与所有者权益。资产负债表可分为左方和右方，左方列出的是企业的资产项目，右方列出的是负债和所有者权益项目。负债和所有者权益各项目合计加总应等于资产各项目的总和。也就是说，资产负债表的左方等于右方，资产负债表是平衡的。资产、负债和所有者权益三者的关系可以用一个等式来表示：

资产＝负债＋所有者权益

资产负债表提供了年初与年末数据以供比较。

资产负债表的标题应说明报表名称、企业正式名称、货币单位与编制日期。资产负债表反映的是某一特定日的企业财务状况，所以编制日期应是一个固定日期。如表中2008年12月31日，不能写成2008年1月1日至12月31日，也不可写成2008年度。资产负债表的基本格式，如表3-2：

表3-2　资产负债表

编制单位：ABC股份有限公司　　2008年12月31日　　单位：元

资产	期末余额	年初余额	负债和所有者权益（或股东权益）	期末余额	年初余额
流动资产			流动负债		
货币资金	785 435	1 406 300	短期借款	50 000	300 000
交易性金融资产	0	15 000	交易性金融负债	0	0
应收票据	66 000	246 000	应付票据	100 000	200 000
应收账款	598 200	299 100	应付账款	953 800	953 800

续表

资产	期末余额	年初余额	负债和所有者权益（或股东权益）	期末余额	年初余额
预付款项	100 000	100 000	预收款项	0	0
应收利息	0	0	应付职工薪酬	180 000	110 000
应收股利	0	0	应交税费	226 731	36 600
其他应收款	5 000	5 000	应付利息	0	1 000
存货	2 484 700	2 580 000	应付股利	32 215.85	0
一年内到期的非流动资产	0	0	其他应付款	50 000	50 000
其他流动资产	100 000	100 000	一年内到期的非流动负债	0	1 000 000
			其他流动负债	0	0
流动资产合计	4 139 335	4 751 400	流动负债合计	1 592 746.85	2 651 400
非流动资产			非流动负债		
可供出售金融资产	0	0			
持有至到期投资	0	0	长期借款	1 160 000	600 000
长期应收款	0	0	应付债券	0	0
长期股权投资	250 000	250 000	长期应付款	0	0
投资性房地产	0	0	专项应付款	0	0
固定资产	2 201 000	1 100 000	预计负债	0	0
在建工程	428 000	1 500 000	递延所得税负债	0	0
工程物资	300 000	0	其他非流动负债	0	0
固定资产清理	0	0	非流动负债合计	1 160 000	600 000
生产性生物资产	0	0	负债合计	2 752 746.85	3 251 400
油气资产	0	0	所有者权益（或股东权益）		
无形资产	540 000	600 000	实收资本	5 000 000	5 000 000
开发支出	0	0	资本公积	0	0
商誉	0	0	减：库存股	0	0
长期待摊费用	0	0	盈余公积	124 770.40	100 000
递延所得税资产	9 900	0	未分配利润	190 717.75	50 000
其他非流动资产	200 000	200 000	所有者权益（或股东权益）合计	5 315 488.15	5 150 000
非流动资产合计	3 928 900	3 650 000			
资产总计	8 068 235	8 401 400	负债和所有者权益（或股东权益）总计	8 068 235	8 401 400

资产负债表中，最主要的是资产、负债和所有者权益这三个组成要素。一般而言，资产可分为流动资产、固定资产、无形资产、递延资产及其他资产。流动资产是一年内能转变为现金的资产，包括现金、银行存款、有价证券、存货、应收账款及应收票据。固定资产是土地、房屋（建筑物）、机器设备等有形固定资产。无形资产包括专利权、商标权等不具实物形态的资产。递延资产是在本期已支付的费用，但其效益可递延到下一年度，如研究开发费，虽然它是在本期支付的，但以后也可以享受它带来的好处。只要不能归入以上类别的资产，均属于其他资产。负债是以货币衡量，在将来必须以货币、劳务或其他经济资源偿还的债务，如应付票据、应付账款等。负债也可分为流动负债、长期负债。流动负债与长期负债的内容可见表 3-2。所有者权益指投资者对企业所拥有的权益，它有两个来源：一是投资者资本的投入，二是企业长久经营所累积的盈余。

利润表

利润表又称收益表、损益表，是反映企业一定期间生产经营成果的报表。通过利润表，人们可以获悉企业运用资产获利的能力。利润表反映企业某一段会计期间的经营成果，亦即一切收入与费用的多少。当收入大于费用时，所发生的盈余为净利；反之，则称为净损。企业出售商品、提供劳务或因其他营运所得的收益构成了企业的收入，按其是否是企业的主要营业行为所得，可分为营业收入和营业外收入。费用是为获取收入所耗用的资产或劳务，也可区分为营业费用与营业外支出。

利润表的标题应列示报表名称、企业正式名称与报表记录的会计期间。与资产负债表不同，利润表是记录一定会计期间的经营成果，所以报表上列示的是该表所包含的日期，如表中的 2008 年度或 2008 年 1 月 1 日至 2008 年 12 月 31 日，不能是 2008 年 12 月 31 日这一特定日期。利润表的基本格式如表 3-3。

表 3-3　利润表

编制单位：ABC 股份有限公司　　　　2008 年度　　　　单位：元

项　目	本期金额	本年累计金额（略）
一、营业收入	1 250 000	
其中：主营业务收入	（略）	
其他业务收入	（略）	
减：营业成本	750 000	
其中：主营业务成本	（略）	
其他业务成本	（略）	
营业税金及附加	2 000	
销售费用	20 000	
管理费用	157 100	
财务费用	41 500	
资产减值损失	30 900	

续表

项　目	本期金额	本年累计金额（略）
加：公允价值变动收益（损失以"－"号填列）	0	
投资收益（损失以"－"号填列）	31 500	
其中：对联营企业和合营企业的投资收益	0	
二、营业利润（亏损以"－"号填列）	280 000	
加：营业外收入	50 000	
减：营业外支出	19 700	
其中：非流动资产处置损失	（略）	
三、利润总额（亏损总额以"－"号填列）	310 300	
减：所得税费用	112 596	
四、净利润（净亏损以"－"号填列）	197 704	
五、每股收益	（略）	
（一）基本每股收益	（略）	
（二）稀释每股收益	（略）	

对企业、股东及债权人而言，利润表中净利润的分配与其利益攸关。利润表的附表——利润分配表就可以提供相关信息。利润分配表可以反映企业一定期间对实现净利润的分配情况或者亏损弥补情况。利润分配表的格式见表3－4：

表3－4　利润分配表

编制单位：ABC股份有限公司　　2008年度　　单位：元

项　目	本期实际	上期实际（略）
一、净利润	197 704	
加：年初未分配利润	12 005	
减：单项留用的利润	0	
二、可供分配的利润	209 709	
加：盈余公积补亏	0	
减：提取盈余公积	1 977	
提取法定公益金	989	
三、可供股东分配的利润	206 843	
减：应付优先股股利	0	
提取任意盈余公积	60 000	
应付普通股股利	136 000	
转作股本的普通股股利	0	
四、未分配利润	12 843	

主题八　解读财务报表

【讨论热点提示】

流动比率与速动比率一样吗？如果不同，有何区别？

财务比率可分为哪几类？

判断一家企业的赢利能力用什么指标？

财务报表上的数据繁多，通过这些密密麻麻的数据得到自己想要的有用信息，才是我们使用财务报表的目的所在。财务分析能做到这一点。财务分析方法多种多样，较为常用的可归纳为趋势分析、横向比较、结构百分比法，以及比率分析法。

1. 趋势分析

把同企业不同时期的数据进行比较，这种分析方法称为**趋势分析**。趋势分析可以看出企业的发展状况。

【例1】A公司2008年资产总额为40.32亿美元，2009年年底为48亿美元，比去年增长7.68亿美元，增长率为19%，说明该公司规模在扩大。

2. 横向比较

与同类企业的行业平均数或竞争对手比较的分析方法，称为**横向比较**。横向比较可以衡量该企业在本行业中所处的位置，或者是和竞争对手的差距。

【例2】有一家与A公司同行业的小企业B公司，它在2009年年底的资产总额为200万美元，是A公司的1/2400。B公司与A公司在资产总额上实在相去甚远，无法望其项背。

3. 结构百分比

把资产负债表、损益表和现金流量表的各个项目均用百分比的形式给出，从而得出各个项目所占的分量，这种分析方法称为**结构百分比**。

【例3】以C公司为例，我们通过将其损益表简化得到表3－5。以收入为基准，计算出费用和净利相对于收入所占的百分比各为95.47%与4.53%。由此，我们可看出，每100元交易中，能净赚4.53元。

表 3－5　C 公司损益表

单位：万元

收入	3 000	100%
费用	2 864	95.47%
净利	136	4.53%

4. 比率分析

财务比率是最重要的分析方法。财务报表中有大量的数据，可以计算出很多有意义的比率。这些比率涉及企业经营管理的各个方面，常见的财务比率有流动比率、速动比率、资产负债率及反映企业赢利能力的销售净利率与资产净利率。对上市公司而言，除了这些比率外，还有市盈率、每股收益、每股净资产、净资产收益率这几个非常重要且常见的财务比率。其中，流动比率与速动比率都是反映企业变现能力的指标，目的在于分析企业短期偿债能力。所谓**变现能力**，是指企业产生现金的能力。**短期偿债能力**，是用流动资产偿还流动负债的能力，流动资产越多，流动负债越少，短期偿债能力越强。

（1）**流动比率**是流动资产与流动负债之比。计算公式为：

流动比率＝流动资产÷流动负债

【例 4】D 公司 2008 年 12 月 31 日拥有流动资产 700 万元，流动负债 300 万元，流动比率为：

流动比率＝700÷300＝2.33

流动资产大于流动负债的余额，称为**营运资金**。是否营运资金越多，就说明企业的短期偿债能力越强呢？不尽然。本例中，D 公司拥有营运资金 400 万元。另有一公司 E，流动资产和流动负债分别为 600 万元和 200 万元，营运资金也为 400 万元。两家公司的短期偿债能力一样吗？对 E 公司而言，它的流动比率为 3（600÷200＝3）。这就是说，E 公司每 1 元的流动负债有 3 元的流动资产可作为偿还债务的资金，而 D 公司每 1 元的流动负债有 2.33 元的偿债资金，少于 E 公司。因此，以流动比率作为企业短期偿债能力的评估指标，要比以营运资金作为评估指标更为明确。流动比率越大，企业短期偿债能力就越强。把个别企业的流动比率与同行业平均流动比率或者与企业历史的流动比率进行比较，就可以知道这个比率是高还是低。一般认为，企业理想的流动比率是 2。这是因为流动资产中的存货变现能力很差，无法很快地转变成现金来应付已发生的现金危机，而存货的金额约占流动资产的一半；这样，扣除存货后的流动资产至少应等于流动负债，才能保证企业的短期偿债能力。扣除存货后的流动资产与流动负债之比也称速动比率。

（2）**速动比率**是从流动资产中扣除存货部分，再除以流动负债的比值。计算公式为：

速动比率＝（流动资产－存货）÷流动负债

【例 5】D 公司 2008 年 12 月 31 日拥有流动资产 700 万元，存货 119 万元，流动负债 300 万元，速动比率为：

速动比率＝（700－119）÷300＝1.94

根据上述分析我们可以得知，速动比率为 1 是正常的；低于 1，说明企业短期偿债能力偏低。

上述两个衡量企业短期偿债能力的指标是根据企业资产负债表计算出来的。一些在财务报表中没有得到反映的因素也会影响企业偿债能力，如可动用的银行贷款指标、准备很快变现的长期资产、企业的偿债能力声誉，这些是增强企业偿债能力的因素；相反，企业有未作记录的或有负债等会加大企业负债的因素则会降低企业的偿债能力。

(3) **变现能力比率**用于企业短期偿债能力的分析，**资产负债率**则用于企业长期偿债能力的分析。

资产负债率是负债总额除以资产总额的百分比，计算公式为：

资产负债率＝负债总额÷资产总额×100％

本着稳健原则，负债总额是短期负债与长期负债之和，资产负债率就能够反映出在总资产中，有多大比例是通过借债得到的资金。

【例6】D公司2008年末的资产总额为2000万元，流动负债为300万元，长期负债为760万元，资产负债率为：

资产负债率＝(300＋760)÷2000×100％＝53％

对债权人而言，按期收回本金与利息是他们最为关注的。如果企业借入的资金过多，占资产总额的绝大部分，这就意味债权人要承担企业的大部分风险，这是债权人所不乐意的。对经营者来说，负债比率不能过高，也不能过低。负债比率过低，给人留下的印象是企业信心不足，没有胆识和魄力，对企业的发展不利；过高，债权人会担心借出的钱收不回来，从而少借或不借，企业就筹不到足够的资金。因此，一家企业应确定适当的资本结构，也就是解决在企业的总资产中，自有资金和借入资金应当各占多少的问题。

(4) **销售净利率**是净利润与销售收入的百分比，两个数据都可在损益表上查到。计算公式为：

销售净利率＝净利润÷销售收入×100％

【例7】D公司2008年度的产品销售收入为3000万元，净利润为136万元，其销售净利率为：

销售净利率＝136÷3000×100％＝4.53％

销售净利率指标反映每一元销售收入所能带来的净利润。

(5) **资产净利率**是企业净利润与平均资产总额的百分比。计算公式为：

资产净利率＝净利润÷平均资产总额×100％

【例8】D公司2008年度净利润为136万元，年初资产总额为1680万元，年末资产总额为2000万元，其资产净利率为：

资产净利率＝136÷［(1680＋2000)÷2］×100％＝7.4％

资产净利率是一个综合指标，该指标越高，表明企业资产的利用效率越高。

(6) **每股收益**是企业本年度净利润与年末普通股股份总数之比。计算公式为：

每股收益＝净利润÷年末普通股股份总数

【例9】D公司2008年度净利润为136万元，发行在外的普通股为500万股，其每股收益为：

每股收益＝136÷500＝0.27(元)

当公司发行优先股时，计算该指标要先从净利润中扣除优先股股利。已作部分扣除的净利润通常被称为**盈余**。扣除优先股股利后计算出的每股收益称为**每股盈余**，其计算公式为：

每股盈余＝（净利润－优先股股利）÷普通股股份总数

每股收益是衡量上市公司赢利能力最重要的财务指标，它反映出普通股的获利水平。运用每股收益指标可以进行不同公司间的横向比较，评价该公司相对的赢利能力；还可以对公司不同时期的每股收益进行比较，了解该公司赢利能力的变化趋势。

（7）**每股净资产**又称每股账面价值或每股权益，是年末股东权益（即所有者权益）与年末普通股股份总数之比。计算公式为：

每股净资产＝年末股东权益÷年末普通股股份总数

【例 10】D 公司 2008 年度股东权益为 940 万元，发行在外的普通股为 500 万股，其每股净资产为：

每股净资产＝940÷500＝1.88（元）

每股净资产反映发行在外的每一股普通股所代表的净资产，即账面权益。在理论上，该指标提供了股票的最低价值。值得注意的是，在投资分析时，应有限地使用该指标。因为净资产价值只是以历史成本计量，不能反映净资产的变现价值，也不反映净资产的产出能力。举例来说，一家公司的资产只有一块前几年购买的土地，并且没有负债，那么，公司的净资产就是土地的原始成本。现在土地的价格翻了几番，股票价格也跟着上升，但是其账面价值不变。这个每股账面价值指标就不能说明土地现在可以卖多少钱，也不能说明公司使用该土地能获得什么。

（8）**净资产收益率**是净利润与平均净资产的百分比，也叫净值报酬率、权益报酬率或权益净利率。计算公式为：

净资产收益率＝净利润÷平均净资产×100％

【例 11】D 公司 2008 年度净利润为 136 万元，年初净资产 840 万元，年末净资产为 940 万元，该公司净资产收益率为：

净资产收益率＝136÷［（840＋940）÷2］×100％＝15.28％

（9）**市盈率**是普通股每股市价与普通股每股收益的比值，是人们普遍关注的指标，常见于财经刊物的各股报道。其计算公式为：

市盈率＝普通股每股市价÷普通股每股收益

【例 12】D 公司股票市价为 2.7 元/股，由报表可知每股收益为 0.27 元，该公司股票市盈率为：

市盈率＝2.7÷0.27＝10（倍）

市盈率指标可以用来估计股票投资的报酬和风险。该比率反映出投资者对每元净利润所愿意支付的价格。市盈率越高，表明市场对公司的未来越看好，公司的投资价值越大。在市价一定的情况下，每股收益越高，市盈率越低，投资风险就越小；在每股收益确定的情况下，市价越高，市盈率越高，风险越大，反之亦然。仅从市盈率的高低来看，具有较高市盈率的公司能够获得信赖，具有良好的前景。正常的市盈率为 10～20 倍。

主题九　现金流量分析

【讨论热点提示】

什么是企业的现金流量？什么是企业的未来现金流量？

如何对企业的现金流量进行结构分析？

现金流量分析有什么现实意义？

现金流量表

现金流量，是指企业的现金和现金等价物的流入和流出。现金流量是衡量企业经营状况是否良好，是否有足够的现金偿还债务，以及衡量资产的变现能力的重要指标。企业各项经营业务导致现金的流入流出。按照业务性质，现金流量可分为三类：经营活动产生的现金流量、投资活动产生的现金流量、筹资活动产生的现金流量。

1987年，美国率先规定现金流量表为企业必须编制的报表，此后各国纷纷效仿。在1994年，国际会计准则的《现金流量表》生效；1998年，我国的《企业会计准则——现金流量表》生效。现金流量表以现金的流入与流出，反映企业在一定期间内的经营活动、投资活动和筹资活动。现金流量表可以提供企业本期现金流量的实际数据，提供评价本期收益质量的信息，有助于评价企业资产的流动性，预测企业的未来现金流量。现金流量表的格式见表3-6。

表3-6　现金流量表

编制单位：CDE股份有限公司　　　　2008年度　　　　单位：万元

项　目	行次	本期金额	上期金额（略）
一、经营活动产生的现金流量			
销售商品、提供劳务收到的现金	1	13 425	
收到的税费返还	2	0	
收到其他与经营活动有关的现金	2	0	
经营活动现金流入小计	4	13 425	
购买商品、接受劳务支付的现金	5	3 498	
支付给职工以及为职工支付的现金	6	3 000	

续表

项　目	行次	本期金额	上期金额（略）
支付的各项税费	7	1 117	
支付其他与经营活动有关的现金	8	700	
经营活动现金流出小计	9	9 189	
经营活动产生的现金流量净值	10	4 236	
二、投资活动产生的现金流量			
收回投资所收到的现金	11	165	
取得投资收益所收到的现金	12	300	
处置固定资产、无形资产和其他长期资产收回的现金净值	13	3 003	
处置子公司及其他营业单位收到的现金净额	14	0	
收到其他与投资活动有关的现金	15	0	
投资活动现金流入小计	16	3 468	
购建固定资产、无形资产和其他长期资产支付的现金	17	4 510	
投资支付的现金	18	0	
取得子公司及其他营业单位支付的现金净额	19	0	
支付其他与投资活动有关的现金	20	0	
投资活动现金流出小计	21	4 510	
投资活动产生的现金流量净额	22	－1 042	
三、筹资活动产生的现金流量			
吸收投资收到的现金	23	0	
取得借款收到的现金	24	4 000	
收到其他与筹资活动有关的现金	25	0	
筹资活动现金流入小计	26	4 000	
偿还债务支付的现金	27	12 500	
分配股利、利润或偿付利息支付的现金	28	125	
支付其他与筹资活动有关的现金	29	0	
筹资活动现金流出小计	30	12 625	
筹资活动产生的现金流量净额	31	－8 625	
四、汇率变动对现金及现金等价物的影响	32	0	
五、现金及现金等价物净增加额	33	－5 431	
加：期初现金及现金等价物余额	34	0	

表3-7　D公司现金流量结构分析

单位：万元

活动项目	流入	流出	净流量	内部结构	流入结构	流出结构	流入流出结构
一、经营活动							
销售产品劳务	11 810			87.97%			
收到增值税	1 615			12.03%			
收入小计	13 425			100%	64.26%		
购买商品和劳务		3 498		38.07%			
支付职工工资		3 000		32.65%			
支付增值税		1 000		10.88%			
支付所得税		971		10.57%			
其他税费		20		0.21%			
其他现金支出		700		7.62%			
流出小计		9 189		100%		34.91%	1.46
经营流量净额			4 236				
二、投资活动							
投资收回	165			4.76%			
分得股利	300			8.65%			
处置固定资产	3 003			86.59%			
现金流入小计	3 468			100%	16.60%		
购置固定资产		4 510		100%			
现金流出小计		4 510		100%		17.13%	0.77
净额			−1 042				
三、筹资活动							
借款	4 000			100%			
流入小计	4 000			100%	19.14%		
偿还债务		12 500		99.01%			
支付利息		125		0.99%			
流出小计		12 625		100%		47.96%	0.32
净额			−8 625				
合计	20 893	26 749	−5 431		100%	100%	

如表 3－7 所示，现金流量的结构分析包括三部分：流入结构分析、流出结构分析、流入流出结构分析。

流入结构分析分为总流入结构和经营、投资、筹资活动的流入结构分析。

在 D 公司的总流入中，经营流入占 64％，是主要来源；投资流入占 17％，筹资流入占 19％，也占有重要地位。

在经营活动中，销售收入占 88％，增值税占 12％，属于正常情况；投资活动的流入中，股利占 9％，投资收回和处置固定资产占 87％，大部分是回收资金而非获利；筹资活动的 4000 万元全部是借款。

与流入结构分析类似，流出结构分析分为总流出结构和三项流出的内部结构分析。

总流出结构分析情况为：经营活动流出占 35％，投资活动占 17％，筹资活动占 48％。说明公司现金流出中偿还债务占很大比例。

在经营活动流出中，购买商品和劳务占了 38％，支付给职工的，以及为职工支付的工资占了 33％，比重较大；税费占 22％，负担不轻。投资活动流出全部是购置固定资产；筹资流出中偿还债务占 99％，是绝大部分。

在流入流出结构分析中，经营活动流入流出比为 1.4，表明企业每 1 元的流出可换回 1.4 元的现金。该比值越大越好。投资活动流入流出比为 0.77，表明企业正处在扩张时期。该比值小，说明企业处在发展时期；衰退或缺少投资机会时，该比值大。筹资活动流入流出比为 0.32，表明还款明显。

流动性分析

现金流量的流动性分析，是评价将资产迅速转变为现金的能力。根据资产负债表确定的流动比率虽然也能反映流动性，但有很大的局限性，真正能用于偿还债务的是现金流量。现金流量和债务的比可以更好地反映企业的偿债能力。可用于分析流动性的比率主要有现金到期债务比、现金流动负债比和现金债务总额比。

现金到期债务比，是企业经营现金净流入与本期到期债务之比。其计算公式为：

现金到期债务比＝经营现金净流入÷本期到期债务

本期到期的债务是指本期到期的长期债务和本期应付票据。这两种债务通常都不能延期，只能当期如数偿还。

【例 1】D 公司本期到期债务是 1000 万元，经营现金净流入为 3811 万元，故其现金到期债务比为：

现金到期债务比＝3811÷1000＝3.8

D 公司所在行业的平均现金到期债务比为 2，与同业数据比较，D 公司偿还到期债务的能力是较好的。

现金流动负债比，是企业经营现金净流入与流动负债之比，说明企业偿还短期负债的能力。其计算公式为：

现金流动负债比＝经营现金净流入÷流动负债

【例 2】D 公司经营现金流入为 3811 万元，流动负债为 5457 万元，则：

现金流动负债比＝3811÷5457＝0.7

这一比值高于同业平均现金流动负债比 0.6，说明 D 公司偿还流动债务的能力是较好的。

现金债务总额比，是企业经营现金净流入与企业债务总额之比。其计算公式为：

现金债务总额比＝经营现金净流入÷债务总额

【例 3】D 公司的债务总额是 27057 万元，经营现金净流入为 3811 万元，则：

现金债务总额比＝3811÷27057＝14％

这个比率越高，企业承担债务的能力越强。该企业最大的付息能力是 14％，即利息高达 14％时企业仍能偿付。只要能按时付息，企业就能借新债还旧债，维持债务规模。

第四聊天室

市场经济中的政府职能

【版主的话】

在市场经济中，政府的职能主要在于弥补市场在资源配置、收入分配和稳定经济等方面所存在的缺陷。对于市场能有效发挥作用的领域，政府一般不应介入。就目前我国政府的职能范围来看，一方面，在市场经济体制的建设过程中，我们已经取得了引人注目的成效；另一方面，虽然在改革过程中，对原有的计划经济体制下政府大包大揽的做法有了较大程度的改变，但也还存在着许多和市场经济不相符合的地方。具体表现为政府经济职能的“越位”和“缺位”同时存在。

所谓“越位”，是指政府把不该管的事管了，有时甚至管得过多。所谓“缺位”，是指政府财政本应有所作为的方面，反而没有去做或是做得不够。政府经济职能的“越位”和“缺位”，较明显体现在政府与企业之间的关系上，“政府办企业，企业办社会”的不正常状况仍未得到根本性的解决。我们要按照市场经济的要求，划分和规范好政府与市场的职能分界，把已经越位的部分撤回来，把缺位的地方补上去。

从政府的主要职能是提供公共产品这一基本前提出发，按照公共产品的层次性来规范各级政府间的事权及支出范围，全国性的公共产品由中央政府来提供，地方性的公共产品由地方政府来提供。在市场经济发展过程中，各级政府的职能和事权都是在不断变化的，这就需要及时调整。对许多需要各级政府共同承担的事务，应按照合理确定的支出责任划分各级政府负担的开支比例。

政府应该提供哪些公共产品？如何提供？为了抑制经济的波动，防止经济出现周期性低潮和失业、通货膨胀等，政府需要运用哪些财政政策和货币政策？这类问题是本聊天室所要讨论的问题。

主题一　认识政府

【讨论热点提示】

政府与国家的区别是什么？
为什么需要政府？
如何理解市场失效与外部效应？

在世界各地，政府向来是人们注目的中心。全球经济具有深远意义的发展往往使我们反复思考关于政府的一些基本问题：它的作用应该是什么，它能做什么和不能做什么，以及如何更好地做这些事情。过去的发展经历已经明确显示出政府行为的好处与缺陷，尤其是在推动发展方面的好处与缺陷。政府有助于实现教育和卫生状况的大幅度改善，有助于社会不公的减少；但是政府行为也带来了一些不理想的结果，而且即使一些政府在过去工作做得很好，许多人还是担心政府不能适应日益全球化的世界经济发展的需求。

对于政府作用的担忧和问题多种多样、形形色色，但在这些反差极大的现象背后所潜在的决定因素是政府的有效性。应该说，有效的政府对于提供商品和服务（以及规则和机构）是必不可少的，这些商品和服务可以使市场繁荣，使人民过上更健康、更快乐的生活。没有一个有效的政府，不论是经济的或是社会的可持续发展都是不可能实现的。有效的政府包括哪些内容，这在不同的国家及不同的发展阶段相差很大。即使处于同等收入水平的国家，在国家大小、民族构成、文化和政治体制上的差异也使得各个国家不尽相同。

有五项基础性任务（Fundamentals）处于每个政府使命的核心地位，如果这五项任务完不成，就不可能取得可持续的、共享的、减少贫困的发展。这五项基础性任务是：建立法律基础；保持非扭曲性的政策环境，包括宏观经济的稳定；投资于基本的社会服务与基础设施；保护承受能力差的阶层；保护环境。

国家与政府的一些概念

国家（State）从广义上讲是拥有法律强制手段的一套机构，这种强制力可以在既定的领土及其人口之内行使。国家在其领土之内享有制定法规的垄断权，它通过有组织的政府来实现。按四要素说，国家由人民、领土、政府、主权构成。

政府（Government）这一词汇在不同的场合下往往有不同的意义。它可以指管理的过程，指权力的行使，可以指该过程的存在，指“有秩序的法规”的状况，也可以指那些处于国家权力位置中的人。该词汇还可能指在一个社会中管理的方式、方法或制度，指机构的结构和安排，以及它们如何与被管理者发生联系。在记住这些差异之后，我们在平时使用国家和政府这两个概念，而且有时候交叉地进行使用时就可心中有数。

一般认为，政府是由三个不同系列的权力组成的，每一系列的权力都有它的既定作用。其一是立法机构，它的作用是制定法律；其二是行政机构（有时被称为“政府”），它的职责是执行法律；其三是司法机构，它的职责是解释法律和应用法律。

对政府的分类方法很多，但已逐渐倾向于两个标准：一是机构的安排，二是政府与被管理者之间的关系。前一个标准在概念上更狭义一些。政府分类的第一个标准是根据行政机构与立法机构的关系而进行的。在议会制国家中，行政机构首脑是否继续执政依赖于他是否继续得到立法机构的支持。行政机构的核心成员（内阁班子）一般也是立法机构的成员，首相是执行机构中权力最大的人，但是执行机构中的重要决定往往由部长集体作出。在实行总统制的国家中，行政机构的成员一般并不是立法机构的成员，而在执行机构中的最终决策权依赖于一个人，即总统。政府分类的第二个标准侧重于各级政府权力的分配。在单一制国家中，制定法律的权力高度集中于最高立法机构，它的司法权覆盖整个国家。地方立法机构也许存在，但只有在国家立法机构允许的情况下才可以决策。在联邦制国家中，地方立法机构至少可以保证获得一定的自主决策权。在联邦制国家中，一组主权国家为一些特定的目的结合在一起，但是每一国家都保留有自主权。

政府干预的经济学原理以及一些定义

经济学的核心是探讨如何发挥市场自发机制的最大效用。起初，人们普遍注重于对“看不见的手”的分析。后来，人们发现这只“看不见的手”并非总是像所期望的那样有效，于是便引出“**市场失灵**”（Market Failures）的概念，并辅之以“看得见的手”——政府调节予以修正。但随后人们发现这只“看得见的手”又会经常抑制市场机制功能的正常发挥，并出现其他一些问题和矛盾，于是又出现了一个新的概念——**政府失灵**（Government Failures）。目前，在许多经济学领域，政府调节与市场机制相结合的论点，就是建立在“政府与市场具有彼此校正各自缺陷的功能”的理论假设基础上，其核心思想仍旧是强调政府的调节应当顺应市场机制的作用，最大限度地发挥市场机制的功能，以减少或避免市场失灵。

我们知道，所谓市场失灵，它首先是指市场机制未能实现资源配置的最优状态，其次是指尽管生产运行实现了最佳效果，但未能满足其他社会目标。市场失灵的主要原因或主要表现形式，在于外部性（Externalities）和公共产品（Public Goods），以及宏观经济波动、消费者偏好的非社会性、垄断和收入分配不公等。

市场失灵是指一系列状况，在此状况下，市场经济不能有效地配置资源。市场失灵有多种原因，在每种原因下，政府作用的意义以及政府干预的形式是相当不同的。

公共产品是指具有非竞争性和非排他性特征的有形产品与无形产品。**非竞争性**是指一个使用者对该物品的消费并不减少该物品对其他使用者的供应。**非排他性**是指使用者不能被排斥在对该物品的消费之外。这些特征使得对公共产品的消费按市场买卖的方式进行收费是不可能的，因而私人提供者就没有提供这些物品的积极性。公共产品效用的覆盖范围

是不同的。全国性的公共产品，诸如国防，使全国受益；地方性的公共产品，如乡村公路，使较小的地区受益。与公共产品相关的另一种物品是准公共产品。**准公共产品**是介于公共产品和私人产品之间的物品。**私人产品**是指具有竞争性和排他性的物品，例如，私人房产，每家每户自己的用具、家具等。准公共产品的典型例子包括共有资源和俱乐部产品等。共有资源具有非排他性但具有竞争性（如地表水的灌溉），俱乐部产品具有非竞争性但具有排他性（如城市间高速公路和收费公路）。

外部效应是一个人或企业的行为使他人受到损害或带来收益，而该个人或企业并不会为此支付成本或获得补偿。外部效应有正负之分，污染是负面外部效应的一个例证，它对社会造成了未予补偿的成本；使广大人口有文化，从而给社会带来广泛收益是基础教育的正面外部效应。通过法规调控、税收或补贴等方式，政府可以减少负面外部效应而增加正面外部效应。

不完全市场和信息不对称都是普遍存在的问题，将导致低效率的结果。当市场不能提供一种商品或服务时，市场就是不完全的。例如，对弱势群体的保险市场、对低收入者的资金放贷市场，都是市场不完全的突出例子。**信息不对称**是指提供者比消费者了解的信息多，反过来亦然。比如在医疗服务的提供上，医疗服务提供方的信息优势，就会导致过度的提供或者形成供方诱导的需求。逆向选择和道德风险问题可以导致保险市场的失灵。当一种服务的购买者能令服务提供者支付高于平均水平的成本，或当出售者能够将这些需支付高成本的消费者排除在外时，就会存在逆向选择。健康保险提供了一个例证：那些体弱更需要医疗保健的人更有可能买保险，也更有可能被保险公司拒绝。当投保人极力想导致或允许保险所预防的事情发生时，就存在着道德危害。举一个例子：当保险公司承担大部分支出成本时，医疗保险的消费者总是试图得到，而且提供者也愿意提供比消费者实际要求更多的待遇。通过保证广泛的保险范围并降低成本，政府已在努力解决这些问题。解决的方法要么是用法规规定私人保险业，为社会保险业提供资金或进行管理，要么由政府自身来提供公共医疗保健服务。

公平性要求即使在没有市场失灵的情况下也会促成政府的干预。竞争性市场可能会使收入分配的方式不为社会所接受，资产极少的个人可能得不到充足的资源来达到社会上可接受的生活水准。为保护社会承受力差的人，政府的调控行为是必需的。

主题二　从“守夜人”到公共产品提供者

【讨论热点提示】

如何认识政府的“大”与“小”？

从“守夜人”到公共产品的提供者，说明了什么？

你心目中的政府应该是什么样子？

作为一个社会的公民，在日常生活中你会感到安全吗？你的生命、你的财产、你的工作有保障吗？如果你的生命没有安全保障，你能安心地工作和学习吗？你能开心地出去旅游和度假吗？如果你的私有财产得不到保护，你会努力工作去创造财富吗？如果你经常处于失业状态，你会对社会满意吗？回答只能是否定的。如果要使这些问题得到解决，就需要有一个维持秩序和主持公道的人——政府。这也许就是为什么需要政府的首要原因，即政府的最初职能就是充当“守夜人”的角色，以此保证它所辖的公民能安心地工作、休息。

在谈到政府的起源时，不管是制度经济学，还是启蒙时代的思想家，所列举的例子几乎都是相似的：在政府出现以前，存在着一个人人自主自为、各行其事，甚至互相抢劫、以强凌弱的原始自然状态。在这种自然状态下，尽管人人都有抢劫、欺凌他人的潜在权利，但也人人自危、恐惧和不安。大家都把大量的精力和资源放在互相防范上，结果就不能安心生产、生活和正常开展交易，整个社会就会贫穷和衰落下去。于是就想到，如果大家互相尊重彼此的人权和产权，禁止互相抢劫和偷盗，人们就可以把更多的时间、精力和资源放在生产和交易上，每个人的境况都会有所好转，整个社会也会因此而富裕、繁荣和文明起来。要真正做到这一点，就必须对抢劫和欺凌行为加以有效和严厉的惩罚，使这种不良行为不再干扰人们的生产和生活。这就需要大家共同订立契约，让渡出一部分自己的权利，形成有超越个人之上的权威以作为提供安全和秩序的机制。于是政府就适应这些需要而出现了。它把人们保卫自己安全和产权的权利集中起来，形成了有威慑力量的警察系统、司法机构和常备军。为了给提供安全和秩序的政府筹集费用，大家同意按规定向政府纳税。从这个意义上说，提供安全和秩序、保护公民的人权和产权，是政府存在的第一个原因。政府承担的提供安全和秩序的实质就是履行“守夜人”的职能。

进入近代，著名的古典经济学创始人亚当·斯密认为，政府就是“守夜人”。他认为政府的职能只有三项：保护本国不受他国侵犯，保护社会成员的财产和人身不受他人侵犯，建设和维持一些公共工程和公共事业。其他的社会经济活动则完全交由市场去配置，

由市场这只“看不见的手”进行调节。在这种思路指导下，政府的基本职责或者说它首先该管好的事情，就是为公民和社会提供安全和秩序，保护每个人的人权和产权。这其实也就是市场经济存在的基本或根本条件。在经济理论发展过程中，这种政府职能观持续了很长一段时间。

20 世纪 20—30 年代爆发了全球性的经济危机，使政府“守夜人”的角色发生了动摇。一些经济学家感到，仅仅依靠市场这只“看不见的手”去调节往往是不够的，经济会出现周期性的波动。这在一定程度上要求政府对经济进行调节，打破经济周期。为了适应这种需要，就出现了对政府活动进行干预的凯恩斯主义理论。凯恩斯主义认为，政府必须对经济活动实行全面干预。同时，由于国家是社会的合法代表，政府是公民投票选择的结果，因而政府官员都是公道正义的“道德人”，他们会站在公正、道德的立场上干预市场的运行，使市场能按照人们预想的规则运作。政府用于调节市场的主要手段是财政手段和货币手段。

然而，在变幻莫测的市场经济面前，政府这只“看得见的手”时而表现得无能为力，时而表现为过度干预经济，从而造成资源的浪费。这样，政府作为“道德人”的角色就受到了质疑，逐渐被所谓“经济人”的新角色取代。按照公共选择学派观点，由于政府是由各个个人组成的，各个个人都在追求其权利和自身利益的最大化，政府作为“经济人”，其行为会受到经济利益的导向和制约，因而其公正性就受到怀疑。人们对政府“经济人”的角色要求是：政府对经济干预与调节必须要有个限度，必须同时运用“看得见的手”和“看不见的手”，两者需要协调、配合，共同作用，才能使经济持续增长。

从第二次世界大战结束至 20 世纪 70 年代开始，世界各国普遍注重发挥政府的作用，以弥补因市场不完全、不完备而产生的种种问题（如严重污染问题等）。到了 80 年代，人们发现除“市场失效”外，还存在“政府失效”的问题，于是在全球性的“新公共管理运动”中，又转向从市场找出路。进入 21 世纪后，特别是在 2007 年因美国次贷危机诱发的金融风潮中，为应对危机，各国又转而强调政府作用的重要性。

计划经济下的政府一直以全能政府的面貌出现，什么事都是政府统筹安排，分级管理，国家设置计划工作委员会，一切事情都按计划办理，政府扮演着“中心人”的角色。政府是社会经济生活的全能管理者，包揽了老百姓的吃、喝、拉、撒、睡各项事务。没饭吃了，找政府；没房子住了，找政府；没工作干了，找政府；没书读了，找政府。在全国上下、各行各业都处于“找政府”的观念与行动中，政府成了无处不在、无事不能的全能政府，老百姓也逐步养成了一切依赖政府的心态与习惯。由于计划的制订者并不能捕捉纷繁复杂的市场信息，不能感触瞬息万变的需求行情，因此造成了大量低效率的资源配置和方向性的引导失误，给经济的持续发展造成了破坏，并束缚了人们的创新思维，使人们不敢越雷池一步，失去了独立思考的个性特征。

从政府的“守夜人”—“道德人”—“经济人”的角色变换过程中，我们发现，随着社会的发展，政府的职能已经得到扩大。政府提供公共产品的种类在增加，提供公共产品的方式在转变，公共管理的范围越来越大，管理的事物越来越多，对政府的角色要求也从简单到复杂。因此，要求现代政府回到无为而治的“守夜人”的角色已不可能，而包治一切的“中心人”的角色又与市场经济多元化主体的要求相背离。那么，现代社会到底需要什么样的政府呢？什么样的政府才能保证经济和社会持续发展、社会繁荣昌盛呢？在市场经济中政府到底需承担哪些职能呢？这些都是作为现代人应该认真思考的问题。

按照契约论的思想，社会和国家就是人们按照契约或合同组织起来的集合，是由于共同的需要而组织起来的，政府就是这个组织的代表。从这个角度讲，政府就代表公众。中国的政府是人民政府，“人民政府”四个字，决定了“公众人”的角色将是我们政府的唯一正确或可能的选择。

“公众人”角色的理想目标应该是：弥补“守夜人”角色时出现的市场缺陷，克服“道德人”过度的行政干预，防止“经济人”权钱交易现象的发生，纠正“中心人”无所不包形象的全新的政府角色。“公众人”角色的职能定位应该是：弥补市场失灵与个体力量不足，以为公众提供公共优质服务为宗旨，以最大限度地满足公众的需要为目的。

既然市场经济在合理配置资源与微观经济管理中有较大优势，能够以最小的成本取得最大的收益，那么，凡是市场能够做到、能够做好的事情，属于竞争领域或范围的，政府就应该退出来。政府必须有所不为，然后才能有所为。政府应该做好而且能够做好的是：企业和个人不愿也不能办到的，而公众却需要的领域和范围。如国民经济的宏观调控问题、国防安全问题、外交问题、环境保护问题、生态平衡问题、公共设施问题、社会保障问题、社会治安问题、维护市场秩序问题、制定市场规则问题、发展科教文卫事业、大力提高全民素质问题等。现代政府的任务并不是要告诉企业和个人生产什么、生产多少和怎样生产的问题，这些都是市场能办到且能做好的事情，政府的任务是要创造一个公平、有序的竞争环境，让企业和个人依据市场经济发展的客观规律和市场规则，自主地决定自己的行为。

主题三　维护市场秩序的"裁判员"

【讨论热点提示】

政府为什么只能做"裁判员"？

政府的职能如何分类？

"小政府"好还是"大政府"好？

市场经济体制是自由交换和权力分散的体制，但这种自由不是绝对不受限制的。现在似乎存在一种误解，认为实行市场经济就是政府什么都不管了。确实，在计划经济体制下，政府对经济领域进行了过多的干预，把大量的精力放在那些企业本来可以做，并且做得更好的事情上，比如管理、经营和投资各种生产企业，却较少关注它自身的基本职责。市场化改革就是要政府退出它以往所"侵占"的市场领地，但这并不意味着政府应该放弃其基本职责。政府应该放弃它不该管的事情，管好应该管的事情。

为了维护市场的自由公平交换，就需要政府建立起市场经济的秩序，以界定各个市场经济主体的权利和义务，建立它们的活动边界，从而使它们在边界内自由地做自己想做的事。政府首先应该做好的事情就是为公民和社会提供安全和秩序，保护每个人的人权和产权，形成各个经济主体明确的产权界定，这是市场经济的基本前提。其次是制定各种法律和法规，建立起一套适应市场经济运行的法律制度。没有一套完整的法律制度，有效的市场就不可能存在，法律制度是使商品和劳务有秩序地、持久地生产和交换成为可能的先决条件。政府不仅应该是法规的制定者，而且应该成为法规的实施者和充当"裁判员"的角色，以保证各项法规得以贯彻。

许多地方政府认为，只要多搞一些开发区，多建一些看得见、摸得着的市场，就是在搞市场化改革，在改革的竞赛中就有了政绩。为此，一些政府不惜以减免税收作为优惠政策来吸引客商，最极端的形式是将税率减至零。但这样做实在是舍本逐末。认为实行市场经济可以不征税，实在是太荒谬了。政府没有税收将用什么来履行它保护人权和产权的职责呢？市场经济实际上是一组规则，或通过法律强制执行，或通过经济利益加以约束，或通过道德伦理使人们自律。而这组规则的基本前提就是制定适应市场经济的法律，保护人权和产权。政府只要竭力落实这样的前提，并保证这组规则的实行，市场就会自动地运转起来，经济就会繁荣。

经济学是研究稀缺性问题的，其目的就是研究具有稀缺性的资源如何达到最佳配置。因此，如果将某一对象纳入经济学研究的范畴，首先必须证明它具有稀缺性。

对发展中国家而言，最缺乏的不仅是技术、资本，而且包括最重要的有效的制度。虽然从表面看，市场不发育主要是因为各种生产资源或要素的稀缺，但实质上，发展中国家最缺乏的恰恰是能够有效地组织、配置各种生产要素以实现经济增长的制度。如果不是这样，那么无论如何也不能解释为什么有形要素稀缺比拉丁美洲国家更为严重的东亚各国、各地区，反倒产生了比拉丁美洲各国更好的经济增长绩效。答案只能是：市场不发育或残缺的本质在于制度缺失，即缺乏一种能够以稀缺性的有形生产要素的合理配置来迅速推动经济增长的制度安排。很显然，制度稀缺无法像其他产品或要素那样可以通过市场价格直接表现出来。只能以机会成本的形式间接表现出来。同样，相对于有形的资本、劳动和土地等生产要素的稀缺而言，制度稀缺是一种无形稀缺。这说明，为弥补制度稀缺而进行的制度创新和制度供给，必须是制度创新者或供给者理性和效率性的结果。

自亚当·斯密以来，经济学一直把专业化的发展视为提高资源配置效率、节约资源配置成本的唯一途径，并将专业化分工的发展归因于市场范围的扩展。但随着市场范围的扩展和交易的复杂化，许多企业已不仅仅是专业化分工的产物，而常常是纵向一体化发展的结果。于是，这一现实构成了传统经济学无法解释的悖论：既然纵向一体化不能带来利益，那么为什么会出现非专业化的纵向一体化呢？或者说，为什么会出现将一部分原本可以通过公开市场实现的专业化分工内部化于企业呢？对此，20 世纪 30 年代，科斯在《企业的性质》一文中得出的结论是，建立企业或实行纵向一体化也能够带来节约，即对交易费用的节约。它认为，企业之所以能够产生，是因为市场交易即利用价格机制是有成本的，存在着交易费用。因而“企业显著的特征就是作为价格机制的替代物”，“企业就是作为通过市场交易来组织生产的替代物而出现的。在企业内部，生产要素不同组合中的讨价还价被取消了，行政指令替代了市场交易”。

从企业造成影响他人生活或生产的烟尘之害等外部不经济的事例看出，解决此类问题企业的行政成本很高，也缺乏足够的动力。在这种情况下，企业并不是解决此类问题的唯一可能的主体。那么，怎样才能解决这个矛盾呢？一种替代的办法就是政府的直接管制。政府不是建立一套可通过各种交易进行调整的制度，而是强制性地规定人们必须做什么或者不得做什么，并要求人们服从。政府的优势就在于如果需要的话，它能够充分行使职权，有能力以低于私人组织的成本进行某些活动；而企业却做不到。

我们从“二战”后东南亚各国、各地区的经济发展中同样看到，政府同企业之间形成了一种准内部化组织。在这个准内部化组织中，政府既承担着各种宏观调控职能，又通过直接的行政手段参与到市场内部，作为内部化组织的一个极为重要的成员发挥作用。这样，政府不仅直接以各种手段培育市场，而且还实现了对企业行为的严厉控制，削弱了企业讨价还价的能力，极大地减少了交易费用，促进了政府规划的经济增长目标的实现。

通过以上分析不难看出，政府干预本质上是政府为克服市场不发育或残缺的情况，以强大的行政力量所进行的制度创新和制度供给。具体表现为政府采取行政力量，对一部分不发育或残缺的市场运行进行替代，直接组织市场。其主要目的就在于，在所有权关系、经济决策结构和资源配置方式等方面，作出最有助于迅速发动和组织经济增长的制度安排。换句话说，就是建立一套适应以后发展经济进程的经济体制。

现代市场经济，就其允许状况或调节方式而言，的确是一种“市场＋政府”的混合经济，即一方面是资源配置方式的市场化，把市场作为资源配置的基础或立足点；同时又因市场作用的局限性和负效应，而又不能缺少政府的调控和干预。有鉴于此，现代市场经济中政府的公共政策就具有如下双重功能：一方面，政府必须有利于市场资源配置作用的充分、有效发挥，而不是人为地改变乃至扭曲这种作用；另一方面，政府又要通过宏观经济调控，通过公共政策的制定和实施，以克服和矫正市场的固有缺陷，解决那些市场上解决不了或解决不好的问题。在这种情况下，如何处理市场配置与政府配置，市场调节与政府调节，市场机制与政府引导、控制之间的关系，就成了市场经济各国普遍面临的重要课题，也在很大程度上成了决定国家经济运行状况和资源配置效率的关键性因素。

理论和现代市场经济的发展历史证明，市场经济国家在处理市场与政府的关系上、在公共政策的制定和实施上，毫无例外地都应该遵循和恪守如下共同原则：以弥补市场缺陷为出发点，以市场机制作用的正常、有效发挥为归宿。总之，在现代市场经济条件下，市场始终是资源配置的基础，包括公共政策在内的政府活动都不能破坏这个基础，而只能促进、补充和有利于市场作用的有效发挥。市场失灵为政府介入和公共政策作用的发挥提供了可能，但却不能代替市场的效率和功能。

根据政府解决市场失灵和履行资源配置、收入分配、宏观调控这三大经济职能的要求，可以把政府发挥作用的内容进行如下分类（见下表）：

表　政府职能分类

<table>
<tr><th></th><th>资源配置</th><th>收入分配</th><th>宏观调控</th></tr>
<tr><td rowspan="3">小政府职能（基本职能）</td><td>提供保障公民权利的基本公共产品（国防、治安等）</td><td rowspan="3">保护穷人，确保低收入者的基本生存条件</td><td rowspan="3">为本国企业的对外经济往来提供条件</td></tr>
<tr><td>提供经济社会正常运行的基本秩序（法制建设、相应的公共管理）</td></tr>
<tr><td>提供公民生产生活所必需的公共基础设施（公共交通、基础教育）</td></tr>
<tr><td rowspan="4">中等政府职能</td><td>经济管制（反垄断、保护消费者权益）</td><td rowspan="2">构建社会保障体系</td><td rowspan="4">通过反周期、反通胀、反失业实现宏观经济的稳定</td></tr>
<tr><td>环境保护</td></tr>
<tr><td>公共卫生</td><td rowspan="2">对过分拉开的收入差距进行必要调节</td></tr>
<tr><td>改善公共基础设施</td></tr>
<tr><td rowspan="2">大政府职能</td><td>制定产业政策，推动产业升级</td><td rowspan="2">将收入分配向社会适宜的水平调整</td><td rowspan="2">推动整体经济发展</td></tr>
<tr><td>推动经济结构的优化</td></tr>
</table>

主题四　公共产品的基本理论

【讨论热点提示】

私人产品与公共产品的区别是什么？

为什么要由政府提供公共产品？

政府如何提供公共产品？

免费搭车和公共产品

在我们的经济中，大部分物品是在市场中配置的，买者为得到这些东西而付钱，卖者因提供这些东西而得到钱。对这些物品来说，价格是引导买者和卖者决策的信号。但是，当一些物品可以免费得到时，在正常的情况下，经济中配置资源的市场力量就不存在了。在免费物品中，有一些是大自然提供的，比如河流、山川、海岸、湖泊和海洋。政府提供了另一些物品，比如游览胜地、公园和节庆游行。当人们选择享用这些物品的好处时，并不用花钱。

当一种物品没有价格时，私人市场不能保证该物品生产和消费的适当数量。在这种情况下，政府政策可以潜在地解决市场失灵，并增进经济福利。

不同类型的物品

我们可以依靠市场有效提供冰激凌蛋卷，冰激凌蛋卷价格的变化调整着供应和需求，使供求平衡，而且这种平衡使生产者和消费者利益之和最大化。但是，我们不能依靠市场来阻止金属产品制造者污染我们呼吸的空气——一般情况下市场上买者和卖者不考虑他们决策的外部效应。因此，当物品是冰激凌时，市场完美地发挥作用；当物品是清新的空气时，市场的作用很糟糕。

在考虑经济中的各种物品时，根据两个特点来对物品分类是有用的。

物品有排他性吗？可以阻止别人使用这些物品吗？

物品有竞争性吗？一个人使用这种物品减少了其他人对该物品的享用吗？

根据这两个特点可以把物品分为四种类型，如下页图 4－1 所示：

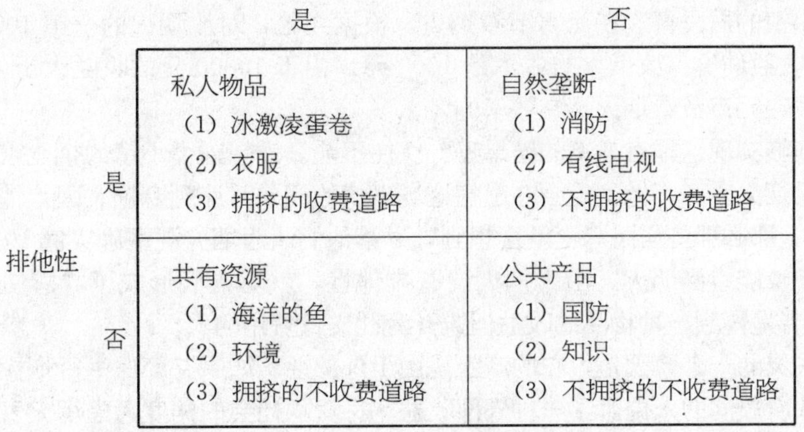

图 4－1　四种类型物品

私人物品既有排他性又有竞争性。例如，一个冰激凌之所以有排他性，是因为可以阻止另一个人吃；之所以有竞争性，是因为如果一个人吃了这个冰激凌，另一个人就不能吃同一个冰激凌。经济中大多数物品都是像冰激凌这样的私人物品。

公共产品既无排他性又无竞争性。这就是说，不能排除人们共同使用同一种公共产品，而且一个人享用一种公共产品并不减少另一个人对它的享用。例如，国防是一种公共产品。一旦要保护国家免受外国入侵，就不可能排除国内任何一个人不享用这种国防的好处。而且，当一个人享用国防的好处时，它并不减少其他任何一个人从中得到的好处。较严格地说，同时具有非竞争性和非排他性性质的产品称纯公共产品，现实中，纯公共产品的种类并不多。

准公共产品具有有限的非竞争性或有限的非排他性。这种介乎于纯公共产品和私人产品之间的物品，是我们日常生活中接触最多的公共产品。地区性的公共交通、公共教育、公共治安等，都属此列。下面所说的共有资源和俱乐部产品，实际上都在此范围之内。

共有资源有竞争性但没有排他性。例如，海洋中的鱼是一种竞争性物品，当一个人捕到鱼时，留给其他人的鱼就少了。但这些鱼并不是排他性物品，因为每一个人都可以到海洋里捕鱼。

俱乐部产品有排他性但没有竞争性。俱乐部产品实际上也可以看成是地方公共产品，其效用只满足特定区域内居民的需要。例如，一个只为某一小镇服务的消防队。要排除小镇之外的居民享用这种物品是很容易的：其他镇子失火了，本镇消防人员按兵不动，让其他镇子自己灭火就行了。但对本镇居民（本俱乐部成员），消防并没有竞争性。消防人员整天都在严防本镇火灾的发生，因此多保护一所房子并不会减少其他人可以得到的保护。

在本节中，我们讨论没有排他性的物品，也就是每个人都可以免费得到的物品。下面我们把讨论集中在一种较为典型的公共产品上。

为了说明公共产品与其他物品的不同，以及说明公共产品向社会提出了什么问题，我们举出一个例子：放烟火。在较大的区域内，这种物品没有排他性，因为要排除任何一个人观看高悬天空的烟火是不可能的，而且它也没有竞争性，因为一个人看烟火，并没有妨碍其他任何一个人观看烟火。这就引出了公共产品生产中首先遇到的问题——“搭便车”

问题。

假设一个小镇的居民喜欢在元宵节看烟火。根据经验，对放烟火的全镇 1000 个居民都给予 10 元的收益估价。放烟火的成本是 1000 元。由于 10000 元的收益大于 1000 元的成本，小镇居民在元宵节看烟火是有效率的。

私人市场能够实现这种有效率的结果吗？往往不能。设想这个小镇的企业家艾环保决定投资举办一场烟火表演，他肯定会在出售这场表演的门票时遇到麻烦。因为他若向每个居民收取 10 元，那么那些居民马上就会想到，尽管他们认为烟火观赏确实值 10 元钱，但他们即使不买票也能看到烟火。由于烟火没有排他性，就对人们形成了"搭便车"的激励。"搭便车"者是得到一种物品的收益但避开为此支付费用的人。

这种市场失灵的一个原因是，它的产生是由于外部性。如果艾环保举行烟火表演，他就给那些不交钱看表演的人提供了一种外部收益。尽管从社会的角度考虑烟火表演是有益的，但从私人来看他无利可图。结果，艾环保作出不举行放烟火表演这种从社会来看有效率的决策。

尽管私人市场不能提供小镇居民需要的烟火表演，但解决小镇问题的方法是显而易见的：当地政府可以赞助元宵节的庆祝活动。镇委会可以向每个人增加 2 元的税收（假设该镇委会是一级有税收立法权的政府），并用这种收入雇用艾环保提供烟火表演。小镇上的人的福利都增加了 8 元——烟火的估价 10 元减去税收 2 元。尽管艾环保作为一个私人企业家不能做这件事，但作为公共雇员，他可以帮助小镇达到有效率的结果。

这个故事说明了公共产品的一个一般性结论：由于公共产品没有排他性，"搭便车"者问题就排除了私人市场提供公共产品的可能性，但是政府可以潜在地解决这个问题。如果政府确信总收益大于总成本，它就可以提供公共产品，并用税收来为公共产品支付，这可以使每个人的状况变好。

在确定一种物品是不是公共产品时，必须确定能否把那些免费受益者排除在享用这种物品之外。当要排除全部免费受益者变得不可能时，"搭便车"问题就出现了。如果要克服"搭便车"问题，这种物品只能通过政府提供。政府可通过动用公权，向全体居民强制性收取观看烟火的"门票"——税收，这样公共产品供应所需要的资金来源就有保障了。

主题五　政府提供的主要公共产品

【讨论热点提示】

政府提供的公共产品主要有哪些？
政府如何做好环保工作？你该为环保做些什么？
垄断有哪些害处？如何反对垄断？

一般而言，需要政府供给或补贴支持的公共产品主要有：维护市场机制正常运作的法规制度、国防、社会治安、环境保护、水利设施、城市基础设施、信息服务、新技术与新兴产业开发、广播电视、文化教育和基础科学研究等。这其中，政府制定和维护市场规则、建立市场制度框架、制订发展计划和发展战略等，是一种制度和政策类公共产品供给；政府为经济有效运行所提供或创造的各种基础设施和良好的软环境，则属于社会经济环境类公共产品的供给。政府在全面参与和直接提供非营利目的公共产品的同时，对市场让出的某些营利性公共商品供给的“空位”进行填补非常重要，如高新技术开发、幼稚产业保护、基础科学研究等。在此要强调一点，即对于后发展国家的经济起步而言，政府施以各种作用和功能的市场，往往是不发育或畸形的市场，怎样更快、更有效地培育市场，是政府面临的首要任务。政府在供给公共产品过程中自然面临更多的“空位”，政府填补“空位”的功能尤为重要。

维护国家主权的国防和外交

国防和外交已成为最典型的公共产品。国防不可能交给每一个公民分别去完成，某个公民享受国家安全并不排斥其他人也享受这种安全，而其他人享受这种安全也不会增加国防的边际成本。因此，国防和外交这种公共产品只能由政府来提供。况且国防和外交代表一国的尊严和形象，政府必须把这种公共产品提供好，才能使本国的公民享受到安全和尊严。我国政府在这方面做了很多工作，但还有待加强。

提高国民素质的教育

当个人收益小于社会收益，即私人活动不仅给自己带来收益，而且也同时给社会带来收益时，这是外部正效应，其典型例子就是教育。人们投资教育，使自身的劳动素质提高，这不仅有利于提高投资者的收入水平和情趣，而且还有利于促进国家经济的发展和社会政治、文化的进步，使社会得到收益。由于私人在投资教育时，往往并不考虑社会收益而只考虑个人收益，这就会使私人的教育投资达不到社会的最佳水平，从而需要政府为获得更多的社会利益承担起发展教育的职责。政府发展教育通常采取两种形式：一是出资直接兴办学校，实行各种形式的教育和培训；二是通过直接资助、免税或其他各种形式的帮助，支持非政府部门发展教育。

操持与生存息息相关的环保

当私人成本小于社会成本，即个别企业的经济活动给社会带来损害时，这就是外部负效应，如企业在生产时排出的烟尘、垃圾、废料对空气、水、河流、湖泊的污染。由于这种污染并不计入企业的成本，因而单由市场调节就不能阻止自然资源的浪费和自然环境的恶化。这就需要政府从社会利益出发承担保护自然资源和环境的职责。政府在履行这一职责时，可以采取直接控制的方法，如颁布各种控制法规和标准，采取强制手段禁止或减少污染等，也可以采取外部成本内部化的形式，如运用征税手段，使企业成本与社会成本相一致，诱导企业从自身利益出发减少或停止对环境的污染和破坏。

由于环境保护没有做好，我国部分地区的环境正在急剧恶化，这是对未来的“透支”，人们不仅要忍受环境污染带来的种种恶果，还要准备将来为此付出成倍的代价。环境保护是一种公共产品，政府对此负有义不容辞的责任。

提供基础设施

在发展中国家，资本短缺和资本分散往往是经济发展的拦路虎，私人企业家又往往缺少向基础性设施投资的驱动力。由于不存在为这种投资进行导向的未来市场以及这种投资往往有很强的外部效应，因此即使未来市场存在的话，市场决定的投资量也远远低于最佳点。然而，基础性设施的建设是经济起飞的必要条件，所以这个任务必须由国家来承担。发展中国家的政府不仅应在资源调动上起主导作用，还应善于利用手中掌握的有限资源来引导社会资源的流向。历史上，很多国家曾运用产业政策促使某些产业优先发展，从而带动整个经济不断升级换代。日本和亚洲“四小龙”便是最好的例子。中国是一个大国，地域虽然辽阔，但自然地理条件复杂，山地、高原、丘陵占国土面积的 2/3，这就决定了中国在公路、桥梁、铁路、航空等基础设施方面的投资具有成本高、规模大、周期长的特点。为了促进经济的发展，政府必须集中社会资源，超前发展和强化发展这些基础设施。

维护竞争，反对垄断

竞争对市场经济具有决定性的作用，因为市场机制的有效性取决于市场竞争。如果一个市场被一个或少数垄断者所控制，垄断势力就会导致无效率。但是市场自身的运行并不具有维护竞争、防止垄断的自动机制。相反，它却往往会产生两种破坏竞争的倾向：一是会对竞争缺乏必要的限制而形成过度的竞争，二是竞争者通过合并或勾结而形成垄断。过

度竞争会造成竞争的毁灭，而垄断则会造成竞争的窒息。所以，政府必须运用反垄断政策和产业政策保护竞争，以形成有效的竞争市场。

如果一个企业是其产品唯一的卖者，而且如果其产品并没有相近的替代品，这个企业就是垄断。垄断的基本原因是垄断者能在其市场上保持唯一卖者的地位，是因为其他企业不能进入市场并与之竞争。垄断产生的最简单方法是一个企业拥有一种关键的资源。在许多情况下，垄断的产生是因为政府给予一个人或一个企业排他性地出售某种物品或劳务的权利。竞争企业与垄断企业的关键差别是垄断企业有影响其产品价格的能力。说明竞争企业与垄断企业之间差别的一个方法，是考虑每个企业所面临的需求曲线。

政府可以用三种方法对垄断者行为的无效率进行干预：一是制定反垄断法，使企业更有效地竞争；二是可以管制垄断者收取的价格；三是可以把垄断者变为政府经营的企业。

主题六　调节收入与财富分配

【讨论热点提示】

公平与效率孰轻孰重？
如何做到公平与效率的统一？
实行相对公平的手段有哪些？

效率与公平孰轻孰重

市场机制是配置资源最有效的机制，因此应发挥市场机制在资源配置中的基础性作用，在市场失灵时才需要政府的介入和干预。按照经济学的观点，只有有助于增进社会经济福利的经济活动才是可取的。那么，福利的标准又是什么？人们怎么知道他们是否已到达最高经济福利？

效率的含义

如果资源配置使社会所有成员的总剩余最大化，我们说这种配置表现出效率。经济学意义上的**效率**是指资源配置已到达了这样一种境地，无论作任何改变都不可能使一部分人受益而没有其他人受损。也就是说，当经济运行到达了高效率时，一部分人改善处境必须以另一些人处境恶化为代价。这种状况被称为**帕累托最优**（Pareto Optimality）或称**帕累托效率**（Pareto Efficiency）。与帕累托最优直接相连的有**帕累托更优**（Pareto Superior）或**帕累托改进**（Pareto Improvement）这一概念。如果改变资源配置后和改变前相比，同时符合以下两个条件：①至少有一个人处境变好，②没有一个人处境变坏。那么，我们改变资源配置可到达帕累托更优。这种资源配置的改变称为“帕累托改善”。当一种资源配置的状态不可能到达帕累托更优或不可能进行帕累托改善时，就是一种帕累托最优的资源配置。

经济效率的定义比较抽象，我们可以借助图 4－2 来说明它的大致含义。假定社会中只有 A、B 两个人，横坐标代表 A 的福利水平，纵坐标代表 B 的福利水平，A 和 B 的经济福利取决于他们各自消费多少产品和劳务。由于社会总资源是有限的，他们消费的总量也是有限的。图中的 WW' 曲线就表示总量有限的产品和劳务全部分配与 A 和 B 之间两人可能到达的福利水平的各种组合，WW' 曲线被称为**福利边界**（Welfare Frontier）。福利边界

代表当 A（或 B）的福利水平既定时，B（或 A）能够到达的最高的福利水平。*WW'* 曲线以外区域的点，如 *C* 点，是任何资源配置方式都不能到达的，只有 *WW'* 曲线上及曲线内的各点才是可能的福利水平组合。

如果某一种资源配置使 A 和 B 的福利水平处于 *D* 点，那么 *D* 点是低效率的，因为从 *D* 点到曲线上的 *E* 点，A 和 B 的福利水平可以同时提高，而 *E* 点也是可以到达的。但是，到达 *E* 点以后，要想再提高就不可能了，所以我们可以说明，*WW'* 曲线上的任何一点都满足效率的定义。

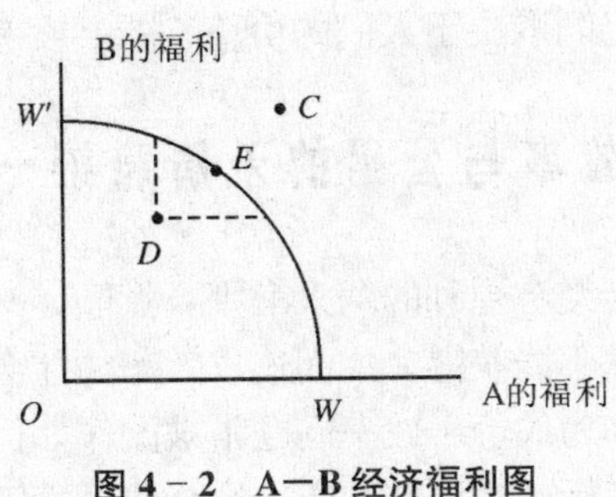

图 4－2　A—B 经济福利图

公平的含义

公平的含义究竟是什么？怎样鉴别公平与否？不同的社会制度、不同的道德规范会有不同的解释，因此很难有一个客观的统一的标准。从规则公平的角度看，效率准则也有公平的一面，然而，在大部分时候我们讨论公平时，主要关心的是收入分配结果的公平。为了对公平程度进行衡量，经济学家给出了洛伦兹曲线（Lorenz Curve）（见图 4－3）这一分析工具和基尼系数（Gini Coefficient）这一指标。

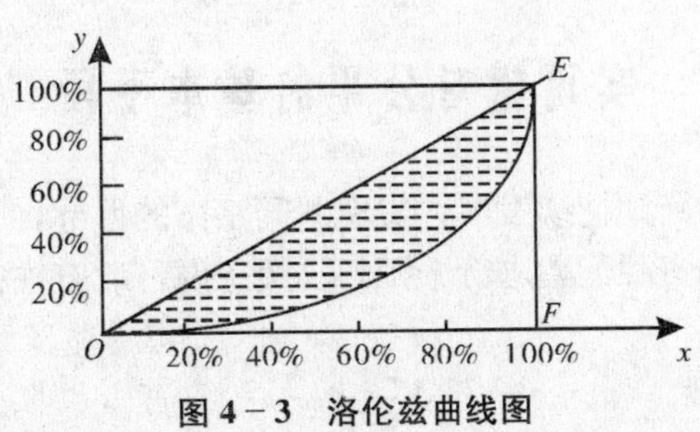

图 4－3　洛伦兹曲线图

在图 4－3 中，纵坐标衡量社会财富的百分比，我们将正方形的高分 5 等分，每一等分为 20%的社会财富；在横坐标上，我们将 100%的家庭从最贫者到最富者从左到右排列，也分为 5 等分。第一个等分代表收入最低的 20%的家庭，以后从左至右类推。在这个正方形中，我们将每一百分比的家庭所拥有的财富的百分比累计起来，并将相应的点画在图中，便得到一条**洛伦兹曲线**。这条洛伦兹曲线就能直观地表现出社会的财富是如何在不同阶层的家庭中分配的。

如果总财富平均分配于所有的家庭，则洛伦兹曲线就是对角线 *OE*，*OE* 被称为绝对平均线（Line of Perfect Equality）。另一极端则是完全不平等的洛伦兹曲线 *OFE*，因为这一折线意味着唯一的一个家庭拥有 100%的财富，而其他所有的家庭都一无所有。当然，当今任何一个经济的财富分配状况都处于两种极端之间。如图中的弧形曲线 OE，越靠近对角线，则社会财富的分配越平等，越靠近边框 OFE 则越不平等。为了使财富分配的平等程度更具可测性和可比性，可再引入一个指标——**基尼系数**，即图中由绝对平等线和实际洛伦兹曲线所围成的阴影部分面积与由绝对平等线和绝对不平等线围成的三角形 OFE 的面积的比例。因此，基尼系数可以在 0（绝对平等）与 1（绝对不平等）之间变动。基尼系数只是给出了一个客观的衡量公平程度的参考指标，并不是最优秀的一种指标，而且基尼系数是多少才是公平的，仍旧取决于人们的价值判断，没有一致的答案。

效率与公平的矛盾和统一

效率与公平被并称为社会经济福利的两大准则。然而，一个长期困扰经济学家和政府决策机构的难题是：鱼与熊掌不能兼得。片面追求效率往往会导致收入的不公平，但过分追求公平又往往会以牺牲效率为代价。效率问题常被比作如何把蛋糕做得尽可能大，公平问题则被比作如何按一定价值标准将蛋糕在所有社会成员之间进行合理分配。分配蛋糕的方法往往会影响蛋糕的大小。吃大锅饭绝对平均主义会导致共同贫苦，这已被我国改革开放以前的经济实践所证实。同样道理，对高收入者征收高额累进税，会打击这一部分边际生产能力比较高的社会成员创造财富的积极性。

不过，从某种意义上说，两者也有共通之处，只有将蛋糕做得更大，才能有更多的蛋糕可供分配。今天的主要资本主义国家的分配状况要比当年资本原始积累时公平得多，可见财富分配的平均程度与社会收入水平在一定程度上是正相关的。因此，从全社会的角度看，似乎效率原则更可取一些。从各国政府的政策实践来看，大部分国家在制定经济政策时也把效率目标放在公平目标的前面，即所谓“效率优先，兼顾公平”。

实现相对公平的基本手段

为了保证社会能够均衡地持续发展，实现共同富裕的目标，政府必须采取有效的宏观调控工具，对经济发展和资源配置进行干预。一般来说，政府往往运用以下手段来实现相对公平。

1. 财政转移支付手段

财政转移支付是通过支出过程使政府手中的资金转移到领受者手中。它是资金使用权的转移，对分配产生直接影响。政府运用财政转移支付手段的目的就是解决公平与效率问题。通过转移支付既要缓解外部性问题，有助于统一市场的形成，又要有助于平衡各地区财政缺口，解决不同地区间财政均衡问题。地区之间发展不平衡是关于公平与否的一个重要问题。如果政府不能利用调剂的办法来制止差别越来越大的趋势，并设法逐步缩小沿海与内陆的差距，对社会经济的发展是不利的。中国改革开放以来，通过运用财政转移支付手段，各地区差距进一步扩大的势头得到了抑制。

政府运用财政转移支付手段可以使地方政府提供最低标准的公共产品，对低收入者和老人的帮助很大。如提供最低的社会保障、卫生和教育等公共服务。确保最低的公共服务

标准，还可以减少和限制地区间要素和商品的壁垒、地区封锁，因而有利于提高效率和统一市场的培育。

为了解决区域发展不平衡的问题，中央政府应根据区域经济协调发展的战略、产业政策和经济结构调整的要求，增加对中西部地区的重大基础设施建设项目的布局，运用财政转移支付手段加大中央投入力度和投资引导作用，促进区域经济协调发展，缩小区域经济发展差距。

2. 运用税收政策手段

税收具有调节收入分配的职能，政府可以运用税收手段进行公平分配，缩小社会成员的贫富差距。一是运用累进税率制度，所得多的就多交税，所得少的就少交税，这在一定程度上可以起到平均财富的作用；二是开征遗产税和赠与税，减少初始贫富的差别不公，促进公益事业的发展。

3. 加快社会保障事业的发展

市场经济的运行往往会产生社会所不能接受的残酷后果，如某些人由于生病、年老、文盲或其他原因等在竞争中失败，从而陷入失业、贫困、营养不良等困境。现代文明社会已经不能再奉行“适者生存”的社会哲学，因而需要政府发展和提供社会保障体系，如发展各种各样的社会安全、失业救济、收入保障、住房补贴、食品券、医疗计划等社会保障制度。这样社会的贫富差距就会相应缩小，有利于社会的持续发展。

中国人口正迅速老化，中国已成为人口老龄化国家。老龄化必然带来一系列问题，其中最大的压力是养老金的筹集和分配。按市场规则运作的保险公司和退休基金在这方面的作用有限，政府管理的社会保障体系必须尽快建立健全。

主题七　政府与社会保障

【讨论热点提示】

社会保障的作用有哪些？
为什么社会保障是政府的事？
政府在社会保障体系中发挥什么作用？

一项市场经济所必需的制度

现代意义的社会保障概念，出现的时间并不算太长。

社会保障即 Social Security，其中 Social 一词作为定语，强调了社会保障的社会性、公共性，形成了和商业保险的区别；至于 Security 一词，本具有安全、担保等多重含义，但在 Social Security 一词中，较多地采用了“安全”之意。而且，这个“安全”又包括两层基本含义：一是社会成员的安全，二是全社会的安全。

按照我国较常见的定义，**社会保障**是国家和社会根据立法，对劳动者和社会成员因年老、伤残、疾病而丧失劳动能力或丧失就业机会，或因自然灾害和意外事故等原因面临生活困难时，给予一定的物质帮助和社会服务，从而保证其依法赋予的基本生活权利，维系社会稳定的社会安全制度。

社会保障是市场经济所必需的基本制度。在市场经济条件下，社会保障是经济社会安定和有序运行的基本条件之一。在市场经济条件下，社会保障制度对保障劳动者的基本权益，维护社会稳定，保证经济持续、健康地发展有着极为重要的作用。通过市场机制的作用，虽然能使经济效率得到提高，却也可能隐藏着诸如贫困、失业、贫富差距扩大化等各种风险。这些风险均可能使一些社会成员陷入生活困境，进而造成严重的社会后果。因此，市场体制所带来的问题，应通过社会保障制度加以调和。在我国，社会保障制度的建立和完善对于深化改革，促进宏观调控市场经济和社会发展，完善市场机制，保障人才流动，合理配置劳动力资源，兴旺劳动力市场，都具有重大作用。

社会保障的主要功能

对社会保障功能的认识，在总体上经过了从“补救模式”观念向“机制模式”观念的转化。**补救模式**强调社会保障制度在稳定社会、缓解劳资矛盾方面的作用，而**机制模式**则

进一步强调社会保障所具有的促进经济稳定和经济均衡的多方面综合效应。

对于社会保障的功能，一般认为主要有如下几个大的方面：

（1）实现社会公平。即通过社会保障制度以达到调节收入分配，匡扶弱势群体的作用。社会保障在维护公民的权利公平、机会公平、规则公平、分享社会发展成果的公平等方面，都具有明显的意义。

（2）保障基本收入。即通过社会保障，使社会成员的生活条件、健康条件等得到保障；生活水平得以维持在一定水平之上。

（3）促进人的发展。即通过社会保障以维护基本人权，保障人在发展中所需要的基本生活条件，从而起到有利于提高劳动力素质、保证劳动力再生产顺利进行的作用。

（4）维护社会安定。社会保障是市场经济条件下社会稳定运行的减震器和安全网，通过社会保障协调人际关系，达到一定的社会公平，以维护和促进社会的稳定。

（5）加强经济安全。社会保障能够为社会成员提供一个进行风险防范的机制，可以增强社会成员的生活保障感、心理安全感和社会公平观，进而为市场经济的高效运行营造一个良好的社会环境。

（6）稳定宏观经济（逆周期变量、融通资金）。由于政府在社会保障方面的支出是个反周期的变量，即经济过热时，居民收入上升，失业下降，这时政府社会保障开支下降，正好起到对经济降温的作用；反之，当经济不景时，政府的社会保障支出增加，又可起到刺激经济的作用。

（7）促进经济发展功能。即通过社会保障制度，使劳动者的生活条件得到合理维护，从而产生更好发挥劳动要素作用的效果，推动经济向前发展。根据内生经济增长理论，人力资本是影响经济增长的重要因素之一。通过健全的社会保障体系的保障，劳动者就不会因意外事件陷入贫困交加的境地；通过社会保障还可以实现对劳动者的经济生活保障、劳动保护和技能培训，进一步提高劳动者的素质。

政府承担社会保障职能的主要原因

1. 是市场经济条件下政府必须承担的责任

社会保障是市场经济体制中必须具备的制度，社会保障产品是市场经济条件下必须提供的产品。而政府要承担起社会保障的职责，最基本的经济学原因就在于市场失灵的存在。社会保障所具有的公共产品属性既是防范市场失灵的主要原因，也是政府介入社会保障领域的基本理由。

2. 有利于公平目标的实现

在实现公平目标方面，政府发挥着重要的作用。例如，就收入分配而言，社会保障制度是进行收入再分配的重要手段。如果说收入的初次分配主要通过市场实现的话，那么再分配就主要依靠政府的作用。社会保障制度这种再分配功能决定了只能由政府主持提供，才能较为有效地统合各个方面的诉求，才能够实现社会保障的公平目标。社会保障的公平目标，实际上只有政府部门才有较充分的条件去实现。

3. 政府拥有公权，便于履行社会保障职能

政府在支持社会保障体系的运行中，可运用人民赋予的公权，通过立法、执法、税收等手段，以较为有效地保障所需资金的筹措，使社会保障制度运行中所遇到的“搭便车”等行为，使各种道德风险现象得到抑制。

4. 能够较为有效地统合不同的利益诉求

这一点也是政府部门和其他部门或团体明显不一样的地方。在保险产品的设计上，保险公司是以利润为导向的，无利可图的业务或风险太高的业务保险公司都没有开发的动力；而慈善机构受慈善的特殊性等自愿失灵因素的制约，也不可能从全社会角度考虑保障品的提供。公共部门因为是向全社会负责的部门，因此，必然会在产品设计时较切实地考虑社会各方面、各阶层的利益诉求。用公共选择的解释，就是取决于选民、政客、官僚、压力团体相互作用的结果；或者较主要的，取决于中间投票人对社会保障的需求，按照社会的共同选择设置和提供社会保障产品。

5. 是政府职能演进的大势所趋

政府职能界定的变化既是影响社会保障制度演化的重要因素，也是决定政府作用的重要因素。从西方历史看，尽管现代社会保障制度是随着工业化的推进而产生的，但是，社会保障制度首先是在历史学派占统治地位的德国产生和发展，而历史学派是强烈主张政府对经济干预的。至于英、法等国，在相当一段时期内是古典经济学派占统治地位，它们的社会保障制度发展就较为缓慢。到凯恩斯革命后，政府对经济的干预大大加强，收入分配职能被视为政府必须履行的基本经济职能，社会保障制度在西方也相应得到了快速的发展。

社会保障中政府作用的具体分类

较具体地说，政府在社会保障运行中所履行的职能主要体现在三大方面：

其一，政府是社会保障制度运行的主持者、责任承担者。实际上，社会保障制度若离开了政府的主持，与政府的责任无关，就不成其为社会保障了。在当代社会保障制度改革中，即使一些通过市场化由非公共部门提供的社会保障产品，政府也在组织、监管等方面履行着最后的责任。

其二，政府是社会保障制度的构建者和维护者。社会保障制度是一种依法运行的制度，社会保障法律法规的出台、整个制度的建设，都需要政府运用公权才能够实现。只有通过政府，才能为社会保障制度提供法律保障。同时，政府是制定公共政策的主体，也只有政府才能在履行社会保障职能的过程中按公众需要制定合理的政策，并有效运用公共政策调节社会保障机制。

其三，政府是社会保障基金的重要筹集者。社会保障所需资金的筹集有很多具体方式，但大体而言有三大类：一是通过一般性的税收筹集，二是通过目的税（社会保障税）的征收筹集，三是用非税方式筹集。无论哪种方式，实际上都带有强制性，政府在其中都发挥着重要的作用。

由于各国社会保障制度的巨大差异性，在不同制度下，政府所发挥的具体作用又有所不同。因此，按照政府在社会保障中的具体作用，也可作出不同的分类。

按照在社会保障运行中作用的不同，可对政府作用作出不同的划分：在社会保障制度构建方面，政府可以是社会保障制度的建立者、完善者、实施者，也可以是责任承担者；

在社会保障制度运行中，政府可以是规划者、执行者、协调者、促进者，也可以是公共诉求的协调者、社会保障体系中所存在风险的最后承担者；在资金筹措安排方面，政府是受益者付费型中的组织者、特定保障项目（特别是社会救助项目）中的资金直接筹集者和给付者、外包型中的发包者、社会保障基金缺口的“兜底者”，也可以是残补型中市场作用的补充者。

按社会保障具体制度设置的不同，也可对政府作用作出各种不同的分类。例如，按照社会保障中政府、企业和个人所承担责任的不同，按社会保障的水平的区别，按不同的财务制度等标准，都可以区分出不同情况下政府所发挥的不同作用，从而体现在不同制度中政府功能地位的不同。对此，只要与前面已经介绍的社会保障分类相结合，就可以作出很多具体划分，此处不再赘述。而在社会保障制度运行中，政府所起的作用会是因人、因地、因条件而不同——“政府的种种角色，在不同的场合，对不同的人而言，可能被视为善意的保护者或提供者，各种竞争性利益公正的仲裁者，一种起辅助作用的刺激物；或者，被视为一种起妨碍作用的、扰民的、压制性的强制力量”。

按照这种说法，依照政府在社会保障中所起作用效果的不同，就可按“好”、“坏”作出不同的划分。特别是在“政府失灵”的情况下，更可能出现政府起着“坏”的作用的状况。

我国社会保障体系的构成

当代社会保障体系一般由社会救助、社会保险、社会福利这三大方面构成。

按照国际劳工组织通过的《社会保障最低标准公约》规定，现代社会保障主要包括九项内容，即医疗照顾、疾病补助、失业津贴、老龄津贴、工伤津贴、家庭津贴、生育津贴、残疾津贴、遗属津贴。其中被特别列出的是失业津贴、老龄津贴、残疾津贴和遗属津贴这四项。根据《社会保障最低标准公约》规定，一个国家只要实行了上述九项津贴中的三项（其中至少包括所特别列明的津贴中的一项），就可被认为已经建立了社会保障制度。

在现实中，各国根据自己的国情，对社会保障体系规定了不同的内容，其具体范围也不尽相同，有的宽一些，有的窄一些。但是，从总体上看，社会救助、社会保险、社会福利这三大部分都是社会保障制度中不可缺少的组成部分。

我国现行社会保障体系的构成如图 4－4 所示：

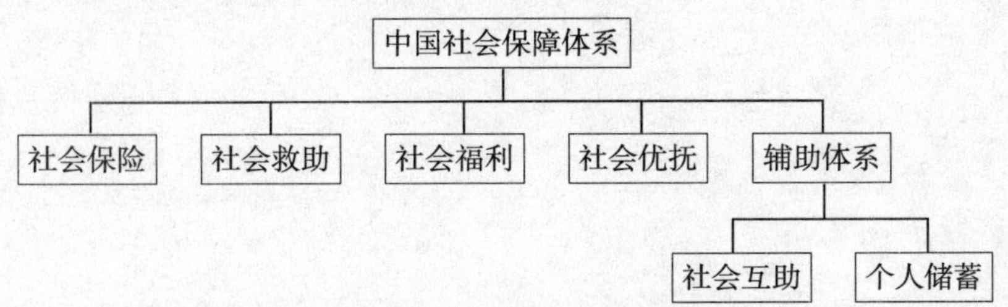

图 4－4　中国社会保障体系构成

在当代社会保障体系中，社会保险是重中之重。具体来说，我国的社会保险由图 4－5 所示项目构成。一般认为，社会保险由七个方面的保险项目构成，即养老社会保险、医疗社会保险、失业社会保险、工伤社会保险、残障社会保险、生育社会保险、死亡社会保险。具体到每个国家，所建立的社会保险往往是这七个方面中的某几个方面。我国社会保险的项目还是比较齐备的。

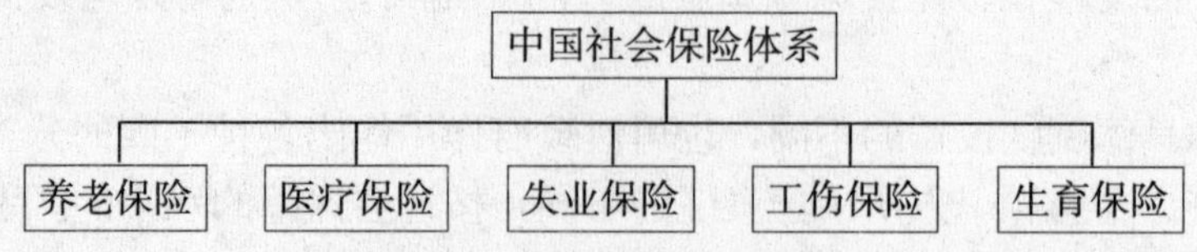

图4－5 中国社会保险体系构成

在构成我国社会保险的五个方面中，养老保险和医疗保险的地位明显突出，失业保险在近期受到较普遍关注，而工伤保险则在近几年有较大的变化。但总体上，大力加强以社会保险为核心的社会保障制度的建设，已成为政府和全社会的共识。

第五聊天室

财政运行与税收

【版主的话】

在市场经济环境中，市场是通过买卖来满足人们各种需要的一个系统。个人和家庭依靠诚实的劳动或合法经营取得收入，用这些货币收入可以到市场上购买或换取自己需要的商品或劳务。企业则在市场上卖出商品或提供劳务取得货币收入，用这些货币收入支付职工工资，并从市场上购买原材料、设备，又开始新的生产和实现扩大再生产。与此同理，政府为有效履行其职责，也需要不断地获取所需的资源，以保障各种公共支出得到维系。

我国每年新创造的国内生产总值中，大约有1/4是由财政进行安排使用的。通过财政支出，来保障国防、治安等公共产品的提供，保障公共教育、公共卫生所需的资金，也包括完成横跨江河的桥梁和分布全国的铁路、公路网等公共设施的建设任务，实现农业大型水利工程、灌溉系统的建设维护等。同时，在个人收入的合理调节、社会保障制度的建设等方面，政府也发挥着重要的作用。为了保证政府履行其各种职能，各种类型的工商企业以及达到一定收入标准的城镇居民，都必须依法向政府纳税，形成国家财政收入的主体部分。而当财政收入不足或出于其他经济目的时，政府还会发行国债，向居民及企业借款。

税收是一个人们十分熟悉的古老的经济范畴，自其产生之日起，其主要功能便是为国家财政筹集收入。在商品经济和市场化发展过程中，税收职能不断加强，越来越显示出作为国家干预或调节经济活动的角色，成为国家宏观调控体系中不可缺少的经济手段。

税收取之于民，用之于民。如何为人民用好财、理好财，如何提高财政的运行效率，作为一个和你、我、他都有着切身利益关系的问题，也是本聊天室要与大家交流的主题。

财政与税收是社会经济生活的重要组成部分，了解财政运行，关心税收，你就会对整个社会经济生活产生更为深刻的认识，这就是本聊天室的愿望。

主题一　认识财政

【讨论热点提示】

财政的内涵怎样随时代变化而变化?

你觉得财政对你个人生活的影响大吗?

财政运行为什么要严格依法依规进行?

中国有句成语:“城门失火,殃及池鱼。”意思是说,城门发生火灾,为及时灭火,救助人员会动用离城门最近的城池里的水。当大桶小桶的水从池中舀出泼到火上时,池中的鱼自然就遭殃了。这句成语有其独特的内涵,我们这里不去考究,只从这句成语中涉及的客观对象——城池说起。

偌大一片领地,古代的人们在里面男耕女织,过着自给自足的平静生活。领地四周清澈见底、生长着小鱼的城池更令这片祥和的土地呈现出完整、独立与安宁。对于生长在现代社会的人们来说,四周环河的地域并不多见,尤其是生活在喧闹大都市的人们,这种赏心悦目的环境更是只能作为一种理想的画面在头脑中回味斟酌。但是,在古代,城池萦绕四周的现象却经常可见,并且这些城池通常不是天然形成的,而是人工挖造的。是不是古代的人比现在的人更懂得闲情逸致,更懂得追求生活环境的优美怡人呢?

在远离大机器生产的古代,随处都是自然安逸的优美风光,广阔朴实的田园上多的是可供遐想的空间,根本无须另外挖出一条河来,让辛勤劳作的人们临河独思、消遣心情。因此可以推论,古时人们挖建城池,肯定不是为了美化环境,而是另有他图。挖一座城池对于手持寸铁的古人不是件容易的事,那么,古人倾全城之力,历经艰苦挖出这么一座城池来到底是出于什么目的呢?

古今财政现象

古时,人们虽说过着较现代宁静得多的田园生活,但也逃不过战争的洗礼,在诸侯割据、狼烟四起的烽火时代更是如此。生活在特定区域的人们为了防御外敌入侵,保卫自己的家园,于是想办法修建防御工程,城池便是这类防御工程中的一种。当然,这是对古代城池形成原因的浅表层次分析,若站在财政角度进一步往深处探究,古代的城池属于一种典型的财政现象。城池本身就是一种当时意义上的公共产品。

确实,伴随国家产生而出现的财政由来已久。财政现象早在古代就大量存在。除上面提到的城池外，现今世界闻名的历史文物——长城也是古代财政的典型例证。我们常听说的一句俗语“养兵千日，用兵一时”，就反映了古代财政的历史实情。另外，我们经常从电视电影中看见古时的皇帝及其后宫香车宝马、奇珍异宝，享之不尽，用之不竭，同时，还看到皇宫恢弘、陵墓威严，其豪华骄奢的程度令现代人都叹为观止。而这些也都是国家财政的显证。除此之外，古代财政在科学文化发展等方面也起着重要作用。仅以汉代为例，两汉时期，国家比较重视文化教育，除民间私学外，国家也兴办学校，京师设太学，地方设郡国学。到西汉平帝元始时，县、道、邑侯国都设学校，官学体制逐渐完备。中国汉代之所以能出现张衡、华佗、张仲景等杰出历史人物，与这一时期重视财政的科学文化支出是分不开的。同时，两汉对国史的编写、图书的整理也颇为注重，成书近1.2万卷，这对我国文化传播具有重要意义。

现代社会离不开财政，这是我们每个人在自己的切身生活中都可以感受到的现实：分布全国的铁路、公路网，城镇街道、地铁等公交系统，居民点的消防、排污、垃圾处理等公共服务，多是由财政出资兴办；国防、治安、司法以及从事各种公共管理的政府机关，都靠财政拨款维持运转；公立学校、公立医院、疾病控制中心等事业单位，多半由财政修建并维持运作；城镇居民以及农民均不同程度地享受着财政支付的各种福利和补贴。在进行支出的同时，为了保证国家各种职能的履行，财政也向企业及达到一定收入标准的城镇居民收取税收。此外，我们也经常在报刊、电视、广播以及政府工作报告中听到有关财政的现实问题。财政可谓与我们的现实生活息息相关，与我们每一个人的切身利益都紧密相连。

“财政”释义

在我国，财政现象虽然贯穿历史几千年，但是，“财政”一词的出现却还只是百余年前的事情。据考证，我国几千年留下来的古籍中，我们的祖先长期是用“国用”、“国计”、“度支”、“理财”等一类词汇来表示财政现象的。“财政”一词的正式启用始见于清朝光绪二十四年（1898年），“明定国事”诏书中“改革财政，实行国家预算”这一条文。以后，这一用语才逐渐固定下来。

就像我们把对邮递事务的管理称“邮政”，把对盐务的管理称“盐政”，把对教育的管理称“学政”一样，**财政**，望文生义，意思就是管财，就是理财之政。20世纪40年代中华书局出版的《辞海》，对“财政”一词的解释就是按这个思路展开的。

“财政”的英语是Public Finance。事实上，财政一词是1868年明治维新以后的日本从西方了解了Fublic Finance这一词组，再利用中文里原分开使用的“财”、“政”二字，翻译成财政一词，进而又于清末“转销”给中国的。因而，“财政”与Public Finance的对应关系很强。简单说，按照Public Finance在相当时期内所保留的意思，Finance指“财务”、“理财”，而Public则作为具有“公共”、“政府”等意思的定语，两词联合成“政府理财”，用以表示与“私人理财（如公司理财、家庭理财）”的区别。而这一词组的核心内容是“理财”，即如何安排资金的进出。因此，Public Finance的主要意思就是政府本身的财务收支活动。例如，英国1892年出版的巴斯塔布尔的《财政学》和1922年出版的道尔顿的《财政学》。在这两部当时的名著中，对“财政”就有着类似的定义：“财政是关于公

共权力机关的收入和支出并使其相互适应的事务”，“财政一词的意义即为货币事务及管理”。

在1929—1933年经济危机之前，这种定义可以说是正确的。因为，那个时候的西方政府只是一种“夜警”式的政府，是从事着有限政府职能的“廉价守夜人”，它履行的职责相对较窄，能动用的资源相对有限，对私人部门的影响相对较小，因而，政府财政只要能管好政府自身的收支，努力做到收支平衡就行了。

但是此次经济危机之后，情况发生了巨大的变化。这些变化使“财政”的内涵再也不可能只限于政府自身理财的意思了。

紧随此次经济大危机以后的变化，实际上都是我们颇为熟悉的掌故：

——经济学的“凯恩斯革命”，使政府大规模干预经济的主张逐渐占了上风，政府的施政理念随之发生变化。

——“罗斯福新政”使美国开始实施政府对经济的大规模干预，政府职能为之一变，从原来的“守夜人”变成了“大管家”。

——随着政府职能的扩张，它所做的很多事已超越了政府本身的运作范围。如宏观调控是涉及全社会的事，“帷幄”中的政府现在要“运筹”本来不属于它调遣的“千军万马”了。而社会保障理论、制度的推进，也同样导致政府需要主持运作一个庞大的系统，而这个系统的利益主体却是在政府之外的全体社会成员。

——公共部门职能的复杂化、规模的扩大，使政府控制的资源大大增加，这时候的公共资源总量再也不是有限政府时的“小菜一碟”了，如何用好这些资源，成为备受各方关注的问题。

——公共部门功能的扩张，政府控制资源总量的膨胀，使这个“庞然大物”甚至一个不经意的动作，都会对整体经济的运行带来各种相应的影响，政府部门的一举一动，都已成为社会大众加以高度重视、认真研究的对象。

正是这些变化，使财政再也不可能只盯着一本政府的“小账本”办事，再也不能只顾政府自身的理财了。也正是伴随着政府职能、作用的变化，财政的内涵开始发生重大改变，即除了本身收支以外，财政还必须注意解决好和这些收支同时发生的政府各种经济职能的履行问题，必须注重解决好公共部门运作给私人部门所带来的影响问题。财政运行已经完全冲破了传统的樊篱，摆脱了原来的窠臼。因应这种变化，人们对财政的定义也发生了变化。美国财政学家、当代公共部门经济学之父马斯格雷夫在他的《财政学理论与实践》1973年初版序言中就说：“财政这一名词，传统地应用于包含税收和支出措施的那套政策问题。这不是一个好名词，因为根本问题不是资金方面的，而是涉及资源利用、收入分配和就业水平的，不过这个名词已为人们所熟知，而且称之为公共部门经济所引起的误解将不会更少些。”这就是说，Public Finance这一词实际上已经不再适用了，只是为了避免因误解导致的混乱，姑且继续使用这个词汇，但它的内涵已经完全不同了。

今天的财政，已被看成是一种范围更为广泛的政府所进行的经济活动，是一种以政府为主体的，由政府集中一部分国民收入用以履行其资源配置、收入分配、宏观调控三大职能的经济行为。试想想，如果再用传统的思想理念看待财政、指导财政，财政能够承担起今天政府所要承担的职能吗？

随着财政内涵的变化，传统财政学也完成了向当代公共部门经济学的转化。如果你对公共部门经济学有兴趣，通过阅读你可以发现，与传统财政学相比，公共部门经济学已经是一门在分析出发点、分析理念、分析手段、分析中所涉及对象等众多方面都已与传统财政学有着重大区别的经济学分支理论。

财政运行

财政运行过程可简单地描述为是政府通过公共收入、公共支出的安排以履行其经济职能、发挥其对全社会作用和影响的过程。

财政运行是个相当复杂的过程，本部分只就一些基本内容进行介绍，以求达到窥一斑而观全豹，使你对财政运行特征有所了解的目的。

1. 财政运行是一个与整体经济联动的过程

“经济决定财政，财政影响经济”已经是一句财政界的老话。在今天混合经济条件下，公共部门与私人部门间的联动关系更为紧密。这种关系可见图5－1：

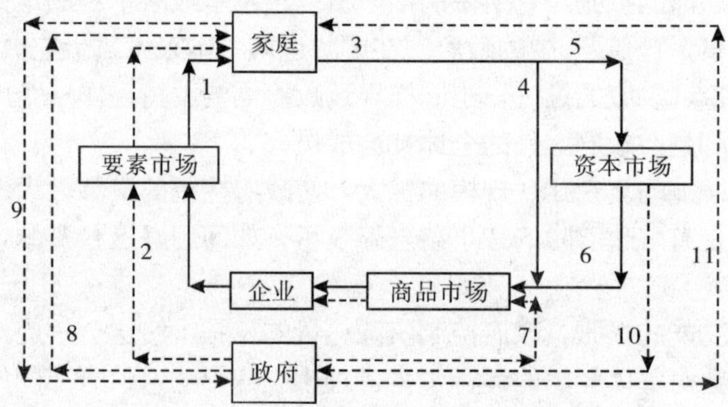

图 5－1　公共部门运行与整体经济关系

图 5－1 实线表示私人部门的收入与支出流。没有公共部门时，社会资金按顺时针方向的流动，主要是在家庭和企业之间进行。线 1：家庭出售劳动要素而获得的收入。线 4 和线 5：家庭支出的资金在商品市场购买商品，或者通过资本市场进行储蓄。线 6：储蓄构成投资支出。线 4 和线 6：家庭在商品市场上进行购买后构成了企业收入，投资支出也进入企业。

图中的虚线表明引入公共部门后所产生的收支活动。线 2：政府也要在要素市场购买各种要素。线 7：政府在商品市场购买私人企业的商品。线 8：政府还要对家庭进行福利性的补助。线 9：政府的收入一方面来自税收。线 10：另一方面通过发行公债组织收入。线 11：政府提供的公共产品和公共服务的流动，这部分产品和服务由于不是由消费者直接付费的，所以不经过商品市场。如果不从资金的流动方向而从实物的流动方向，即逆着箭头方向进行分析，线 1 和线 2 表明要素不仅流入了私人部门，也流入了公共部门。线 4、线 6 和线 7 表明企业的产出被家庭和政府两者购买。线 11 所提供的公共产品和公共服务则分为两个部分，有的来自政府的生产（线 2 的要素投入），有的则是私人部门生产后卖给政府的（线 7）。

财政就是在这种联动关系中运行的。

2. 财政运行的主驱动力与企业不同

企业靠利润驱动，靠市场的价格信号、竞争机制驱动。而财政不能以营利为目的，它在垄断条件下（例如，每个行政辖区内若存在着两个平行的教育局，那就乱套了），在市场失灵的条件下，在没有或很少价格信号的情况下运行，它的驱动力也很难来自市场。

财政运行的驱动力取决于决策机制。一个独裁专制的政府，其驱动力会来自政治寡头；一个民主的政府，其驱动力来自于按法定程序参与决策的决策主体。

在我国，人民代表大会是最高决策机构。《中华人民共和国宪法》规定："中华人民共和国的一切权力属于人民。人民行使国家权力的机关是全国人民代表大会和地方各级人民代表大会。"我国人民代表大会拥有四大职权：一是制宪和立法权，二是人事选举、决定和罢免权，三是监督权，四是重大问题决定权。2005 年 10 月，国务院发布的《中国的民主政治建设》白皮书，明白宣示了人大所拥有的"重大事项决定权"。白皮书称："全国人民代表大会依据宪法有权批准省、自治区、直辖市的建置，决定特别行政区的设立及其制度，决定战争和和平的问题，以及其他重大事项。"与之相对应，财政运行的最终决策权也由人大行使。

因而，按此关系，财政运行的最终推动力是民众。民众要求政府做什么，财政就应该做什么。

3. 财政运行必须依法、依规定的程序进行

这一点与企业也有所不同。市场经济是法治经济，任何活动主体都须依法行事，但企业只要不犯法，就可灵活"逐利而行"。而政府财政必须严格依法、依规操作。

财政运行由众多环节构成，不论是整个运行过程还是某个具体环节，都须依法办事、依规操作。每个财政年度的财政运行，从预算到决算，从收入到支出，从监督到审计等，都有明确的程序规定，相关部门必须严格按章办事。

例如，按现行统一国库收付制度，某市财政资金的收付就需按图 5-2 所列程序进行：

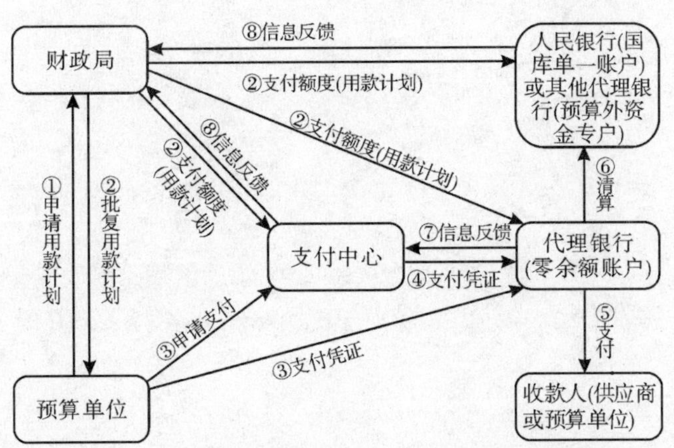

图 5-2　某市财政国库支付中心集中支付业务流程

图 5-2 显示，整个流程大致分为 8 个步骤：①预算单位向财政部门提交用款计划；②财政部门依规批复预算单位用款计划，随即将支付额度分别告知国库支付中心、人民银行国库和代理银行；③预算单位根据财政部门批复，向国库支付中心提出直接支付的申请，并开始向代理银行办理授权支付的手续；④国库支付中心对预算单位的申请复核无误

后，通知代理银行办理支付；⑤代理银行依规将款项支付给预算单位；⑥代理银行与人民银行国库办理清算；⑦代理银行将支付及清算信息反馈给国库支付中心；⑧人民银行国库及国库支付中心分别将支付清算信息反馈给财政部门。

之所以要设计出如此“复杂”、“严密”的制度，主要是由于财政运行体现的是纳税人与政府之间的一种委托代理关系，而上级政府又须把事务委托给下级某个具体部门承办，从而形成一条绵长的委托代理链条。为防止由于信息不对称而出现的道德风险等问题，必须通过严格的制度对政府的行为进行规范。

在财政运行中，最基本的还是收入与支出，以下就对这两个方面加以说明。

主题二　财政收入与你

【讨论热点提示】

财政收入主要有哪些？
什么是直接税？什么是间接税？
国债与税收有何区别？

税　收

"中奖了！中奖了！"

一大早，从市场买菜回来的爸爸兴冲冲跑进屋，手里举着当天的报纸。"小兴，上周我们买的奖券中奖了！二等奖，奖金1万元！"

"什么？1万元，不正好可以买回我理想中的那台电脑吗？"听到这个消息，小兴从桌边蹦起，拉起爸爸赶紧去领奖，然后趁机说出他的企图。

小兴的企图能否被应允，全由他父母的主观愿望决定。但无论买不买得了电脑，当他们去领奖金时，最后的实际情况是：1万元奖金只能领到8000元，余下2000元发奖单位会扣下来，那是他们应该交的税。不经意间，他们与财政收入打了一回交道，向国家财政收入贡献了一分力量。财政收入有几种获取渠道，现实生活中你也许早已一一碰到过。

税收是国家财政收入的最主要渠道。我国预算内财政收入中约有90%来自于税收。同其他财政收入相比，税收具有的较突出的特点就是强制性。所谓**强制性**，是指税收的征收是国家凭借公共权力，通过颁布法令予以实施，任何单位和个人都不得违抗。你买奖券中了1万元奖金，按照税法规定你已成为所得税纳税人，必须向国家缴纳税收；而颁奖单位作为扣缴义务人，也必须按税法要求将你应该缴纳的税款扣下，由他们上缴给税务机关。小兴他们所承担的这些都是税法规定的责任，颁奖单位与他们都不得违背。国家在征税前就以法律的形式规定了征税的标准，税务机关在实际征收过程中，只能按法律规定的标准进行征收，纳税人也必须按规定的标准缴纳税收。小兴他们中的1万元奖金，按税法有关规定计算应该缴纳2000元税款，所以，颁奖单位在履行扣缴义务时，要对他们扣缴2000元，不得多扣也不得少扣。

作为财政收入的最主要来源，税收涵盖的范围是相当广泛的。除了上面所提到的个人所得税外，我国现行的税收体系还有20多个税种。这些税种按其性质和作用，大致可以划分为六类：

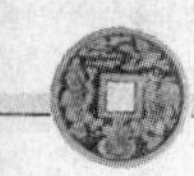

第一类是**流转税类**。它是我国的主体税，具体包括增值税、消费税和营业税三个税种。流转税的名称来由主要是因为这三种税的征收领域分布在生产、流通或者服务行业等流转环节。

第二类是**所得税类**。顾名思义是对生产经营者的利润和个人纯收入进行征税。这类税是西方发达国家的主体税种，在我国则地位偏次，但地位正在不断上升。在我国现行税法中，所得税类具体包括企业所得税以及个人所得税两种。

第三类是**资源税类**。主要是对因开发和利用自然资源差异而形成的级差收入进行征税，它由资源税和城镇土地使用税两个税种组成。

第四类是对某些财产和行为所征的税，称为**财产和行为税类**。这类税包括的种类颇多，房地产税、车船使用税、印花税、屠宰税和契税都属其中之列。

第五类是对特定对象和特定行为发挥调节作用的税，简称**特定目的税类**。具体包括筵席税、城市维护建设税、土地增值税、耕地占用税。

第六类是**关税**。是对进出我国国境的货物和物品征收的税。

另外，物业税、遗产与赠与税的开征也在讨论中。

除按性质和作用分类外，税收还有一种常见的分类方法，即按税负能否转嫁进行分类。税负能够转嫁的税称为**间接税**，税负不能转嫁的税称为**直接税**。**税负**是税收负担的简称，通俗地讲就是按税法规定应该交的税；而转嫁就是转移给别人。上面提到的2000元就是税负，是小兴家中得1万元奖金而承担的税收负担，它不能转嫁给别人，只能由他们自己负担，所以所得税就属于直接税。

小兴的父母决定拿剩余的8000元奖金为小兴购买一台新电脑，并且当天下午就到电脑城以8100元的价格买回了他理想中的那台电脑。但是，在有过上午的纳税经历后，这次小兴在高兴激动之余，还应该思考一下关于税收的问题。

他们与电脑商的这笔交易也涉及税收问题。他们买电脑，电脑商卖电脑，这项买卖活动就是电脑这种商品的流通，根据我们上面介绍的税收知识，商品流通应该缴纳流转税。事实的确如此。不过，这次充当纳税人的不是小兴他们，而是电脑商。依税法规定，电脑商在销售电脑后要按其销售收入缴纳增值税。对于小兴他们购买的这台电脑，卖出电脑的商家要按4%的税率（小规模纳税人的增值税税率为4%）向税务局缴纳324元税收。而且，这次纳税行为完全在税务机关和电脑商之间完成，不与小兴直接发生联系，所以顾客一般不会察觉。这324元税收虽然是电脑商所交，但其真正的负担者却是顾客。售价为8100元的电脑，若没有税收，其市场价格只有7776元。现在，税法规定，电脑商销售电脑必须交税。为保证交税后的实际利润，电脑商统一将其电脑的市场定价提高至8100元。通过提价，电脑商将其应该缴纳的324元税收转移到顾客身上了。这类可以发生转嫁的税，就是我们上面所说的间接税。一般而言，所得税类和财产税类属于直接税，流转税类属于间接税。

在日常生活中税收转嫁的例子很多：你去书店花10.60元买本书，书店在售出书这种商品后也要向税务机关缴纳税收，其缴纳的税款就包括在10.60元价款中由你先行支付；你到文具店买支钢笔，文具店因卖出钢笔也要缴税，其应缴的税款同样包含在钢笔售价中转嫁于你；就连你当天早上喝的2.50元一瓶的牛奶，这其中也包含牛奶厂商须向税务机关交纳的税款。

由此可知，每天你都在与税收打交道：买东西暗地承担税负，中奖券明着缴纳税款。而税收属于财政收入之列，所以财政收入与你并不遥远。

公共产品与税收

那么，小兴家为什么要交税？政府为什么可以理直气壮地“强制”小兴家交税？

其实有关道理在前一个聊天室已经谈到，因为政府要按民众的要求生产、提供公共产品，而公共产品的提供是需要耗费资源的。这些资源的成本由谁支付呢？毫无疑问，这些费用由公民和企业支付。另外，为了克服收集费用时面临的“搭便车”问题，政府会依法运用公权，强制性地以税收的形式收取费用。

有一则关于纳税的电视广告说，“税收是国家的基石，社会主义建设的支柱”，由此督促公民纳税。无论从理论性还是从商业性的角度看，这则广告都是不够完善的。它没有说清楚政府收税是用来做什么的，公众既然不知道掏钱到底买的是什么，自然也不会有纳税的动力。更好的广告词也许应为：“请为安全和秩序付费。”

税收为政府提供资金，使政府能供应公民所需的物品及服务。税收的主要用途是政府开支，而政府的首要作用是为公民及其经济活动提供安全和秩序。比起生产汽车和皮鞋，这是政府更为重要的职责。甚至被称为经济命脉的交通和通信，也比不上安全和秩序这两种公共产品重要。可以设想，一个社会没有交通和通信将会遭受巨大的经济损失；但是如若没有安全和秩序，将一天也维持不下去。如果社会成员的基本人权和产权得不到保证，他们怎么能够进行正常的生产活动呢。因此，保护基本人权和产权，维持市场秩序，就是发展市场经济的前提。

如果产权界定不明确，人们之间就有可能发生利益纠纷，以致人与人之间产生暴力冲突；如果产权不能得到有效的保护，人们就不会把资产配置到最佳用途上。当然，在个人层次上，人们也可以界定和保护产权。例如，两个人之间也可以达成界定产权的契约，每个人都可以拿起武器保卫自己的财产。但这样做效率太低了，每个人为此付出的费用将非常之高。因此才会有政府，运用法律对所有合法契约的保护，对产权纠纷的裁决，使得产权能够得到有效的界定；警察系统和常备军队的存在也降低了保护产权的成本。因而，政府被称为界定和保护产权的最具规模效益的形式。但是，即使如此，界定和保护产权也是要消耗资源的，并且政府提供安全和秩序的服务不可能被排他地消费，因而不可能采取个别收费的形式。许多人有可能抱有“搭便车”的态度——不缴纳费用也享受安全和秩序，因而政府就必须采取强制的收费形式——征税。

公　债

除税收之外，国家的财政收入还有一个特殊的来源——公债，这两个字你也许接触不多，但它的具体形式你却一定不陌生。

公债，简而言之就是国家各级政府的负债。其中，中央政府的负债又常常被称为**国债**。在我国，只有中央政府能够发行公债，地方政府没有发债权，所以我国的公债其实与国债是同一个概念。提起国债，你肯定会想到国库券。的确如此，国库券是我国国债的最普通形式。联想一下现实生活，你会发觉，国债与税收，或者说购买国债与缴纳税收存在明显不同。首先，购买国债不具有强制性。政府发行国债，你可以购买也可以不购买，你想多买就可以多购买。同时，你还可以凭自己的喜好，有选择地购买其中的某种或某几种。此外，政府发行国债也不具有无偿性。国家发行国债后，到期需要还本付息。并且，在通常情况下，国债的利息率比同期、同类银行存款的利息率高。由于国债的这两种特征，加上其发行是由政府作担保，风险比其他债券小得多，因此，国债是一般家庭投资的理想渠道。因此你可以考虑一下，在进行银行储蓄时，是否拿出部分钱用于购买国库券？

在现实生活中，国债也有几种划分类型。我们常听说的长期、中期和短期国债，就是根据国债筹措和发行期限的不同对其作出的划分。其中，期限在10年以上的国债称为**长期国债**，期限在1年以下的是**短期国债**，期限介于两者之间的则通常称为**中期国债**。国债到期，国家需要予以偿还，其偿还方式也有许多种。在我国实践过程中，采取的偿还方式主要有两种：抽签偿还和轮次偿还。这两种方法有其相同点也有其不同点。相同之处是，两种方法都要求政府在发行国债时标明国债的号码及偿还期限。所不同的是，轮次偿还中，政府标明国债号码后，按照国债号码的一定顺序分次偿还；抽签偿还，则要求政府定期公开抽签以确定应该清偿的国债号码，号码一旦确定，具有相同号码的国债都可以同时予以偿还。

国债作为一种债券，与其他债券一样，也有市场。而且国债市场按国债交易的层次或阶段也可分为两种类型或两个部分，即国债发行市场和国债流通市场。国债发行市场是指国债发行场所，一般是政府与证券承销机构，如银行、金融机构和证券经纪人等进行交易，由证券承销机构买下政府发行的债券。国债流通市场则是承销机构与认购者之间进行交易，包括国债持有者与新的国债认购者之间的交易。对于普通居民而言，若想以国债方式储蓄现金，可以进入国债流通市场，向证券承销机构（一般是银行）或其他国债持有者购买国库券；反之，若急需现金想要转让部分国债，也可以到国债流通市场向其他购买者进行出售。强大的国债流通市场可以为居民资金储存提供极大便利。而我国自1981年恢复国债发行，将近7年时间没有成立国债流通市场。1988年，国家才在7个城市开展国库券流通转让工作的试点。1990年12月，上海证券交易所开业，我国国债市场才得以迅速成长并逐步发展。目前，我国国债流通市场虽较以前发达，但仍处于不完善阶段，存在许多问题及不足。但是，随着市场经济的确立，国债流通市场的局面会不断得到改善，国债流通市场将会在我国社会主义市场经济建设中发挥越来越重要的作用。

就公债收入与一般财政收入的关系而言，我国从1981年恢复发行公债以来，曾经将发债收入列为财政收入。但从1994年起，在现实操作中我国已经开始采用国际上较为通行的做法，不再把债务收入列为预算收入。

其他财政收入

税收是财政收入最主要的组成部分，而财政收入所包括的范围却远不仅于此，规费收入及罚没收入也是财政收入的组成内容。在日常生活中，你可能也与它们打过交道。**规费收入**是国家机关为居民或团体提供特殊服务或实施行政管理所收取的手续费和工本费。例如，你今年年满16周岁，按规定应该到户口所在地派出所办理居民身份证，办证机构向

你收取的工本费就属于此类型财政收入。**罚没收入**，不用解释你或许曾经亲身领教过。不知你有没有在闹市区骑车搭载朋友而被罚款，如果有的话，你在吸取教训时就已为国家财政收入贡献了一分力量。除这两种形式之外，国有企业向国家上交的利润也属于财政收入范畴。

总之，财政收入包括的内容十分广泛。它们虽是政府收入的取得形式，但与你自己的切身利益息息相关。因此，关心它、注意它，从深层次而言，也是关心、注意你自己的切身利益。

主题三　走近税收

【讨论热点提示】

纳税人与负税人有何区别？

我国的税率有哪几种形式？

税收通过哪些渠道实现其调节职能？

《中华人民共和国宪法》第五十六条规定，依法纳税是每个公民应尽的义务。作为公民一分子的你是否对税收有足够了解呢？

税收术语。认识税收有关术语，有助于你更好地理解税收，令你在今后的工作、生活中更好地履行自己应尽的纳税义务，减少一些不必要的麻烦。

纳税人又称纳税主体，是指税法规定的负有纳税义务的单位和个人。纳税人可以是自然人，也可以是法人。所谓**自然人**，一般是公民或居民个人，如月工资超过2000元的我国公民，一般就是我国个人工资、薪金所得税的纳税人。所谓**法人**，是指依法成立并能独立行使法定权利和承担法定义务的社会组织，主要是各类企业，如我国国有企业、集体企业及其他性质企业便是我国企业所得税的纳税人。

课税对象又称税收客体，是指税法规定的征税的目的物，是征税的根据。每一种税都必须明确对什么征税，每种税的课税对象都不会完全一致。课税对象是一种税区别于另一种税的主要标志。如你及你的家人就1万元奖金缴纳个人所得税，这1万元奖金便是所征个人所得税的课税对象。在现代社会中，各国的征税对象主要包括所得、商品和财产三大类，各国的税制也往往对应于这三类课税对象，以所得税、商品税和财产税为主体。在我国税制中，商品流转税是我国的税收主体。

税目是课税对象的具体项目或课税对象的具体划分。税目规定了一个税种的征税范围，反映了征税的广度。一般来说，一个税种往往包括多个税目。如个人所得税这个税种，其应税项目就有工资、薪金所得，个体工商户的生产、经营所得，企事业单位的承包经营、承租经营所得，劳务报酬所得，稿酬所得，特许权使用费所得，利息、股息、红利所得，财产租赁所得，财产转让所得，偶然所得以及其他所得等11个项目。

税率是指国家征税的比率，也就是税额与课税对象之比。如获取1万元奖金交纳2000元税款，所交税的税率便是20%。税率是国家税收制度的核心，它反映国家征税的深度，体现国家的税收政策。一般而言，税率分为比例税率、定额税率和累进税率三类。**比例税率**是对同一对象，不论其数额大小，统一按一个比例征税。如对中奖偶然所得征收的个人

所得税，就是采用20%的比例税率。也就是说，无论你获取的奖金数额的大小，上达数百万元，下至几千元，都一律按照获奖数额的20%收取税收。而**定额税率**，又称作固定税额，它是按课税对象的一定计量单位直接规定一个固定的税额，而不规定征收比例，与下面将介绍的从量税含义相同。**累进税率**分为全额累进税率和超额累进税率两种，这两种累进税率的计算方法不尽相同。我国主要采用超额累进税率，该税率的计算及征收办法在后面讲述财政基本职能主题时会有所涉及，我们这里暂不说明。

课税标准是国家征税时的实际依据，也称课税依据，如纯所得额、商品流转额、财产净值额等。由于征税对象的形态各异，有的是商品，有的是所得，有的是财产，而且每种对象又有不同的种类，所以国家征税必须以统一的标准对课税对象进行计量，如对商品按其货币价值统一衡量。同时，国家出于政治和经济政策的考虑，并不是对课税对象的全部课税，往往允许纳税人在税前扣除某些项目，如个人所得税中对稿费征收的税要扣除800元，这也需要国家对课税对象统一标准予以计量。因此，确定课税标准是国家实际征税的重要步骤。

免征额指税法规定的课税对象全部数额中免予征税的数额。如大家都熟悉的对工资、薪金所征收的个人所得税，其免征额是2000元，也就是说，假若你父母每人每月工资收入为3200元，这3200元中有2000元不用交税，他们只需对扣除2000元后剩下的1200元缴纳个人所得税。

起征点指税法规定的对课税对象开始征税的界限。当课税对象数额小于这个界限时，不必交税；而一旦课税对象大于这个界限，则要对课税对象的全部数额征税。后一点是它与免征额不同的地方。例如，我国营业税实行起征点制度，假定你所在地区适用的起征点为月营业额800元，某月你的营业额为700元，在起征点以下，那么当月你不需缴纳营业税；而如果该月你的营业额为1200元，在起征点800元以上，那么，你必须就1200元营业额全额缴纳税收，而非仅就超出的400元交税。

国家征税时按课税对象的价格计算征收，这样的税称为**从价税**。我们在上一主题涉及的中奖交的个人所得税、买电脑等付的商品流转税，均是按其价格计算征收的，都属于从价税。

国家征税时不是按课税对象的价格计算，而是按课税对象的数量、重量、容量或体积计算征收，这样的税称为**从量税**。现举一例加以说明：我国屠宰税是从量税，广东省对屠宰生猪、菜牛分别适用8元和12元的从量税，这8元和12元税收便是针对屠宰的数量而言的。你宰一头猪，无论这头猪是价值800元的大肥猪，还是仅值80元的小猪崽，都需交纳8元钱的税收。而如果你宰了两头猪，哪怕是两头小猪，按税法规定都必须交纳16元（8×2）的屠宰税。由此可见，从量税的税额随课税对象数量的变化而变化，计算起来比较简便。但是，从量税的税负水平是固定的，宰一头大猪卖800元交8元钱的屠宰税，而宰一头小猪只卖80元也要交8元钱的屠宰税，这又存在一定的不合理性。正因如此，我国只有少数税种采取这种计税方法，绝大部分税种都是采用从价税的形式进行征收。

税收职能

税收是财政收入的主要来源，自产生之日起，其首要任务就是为国家组织收入，成为政府机器的经济基础。加之税收本身具有的强制性的特性，使税收在组织收入方面具有及时性、可靠性和稳定性，因此税收成为国家取得财政收入的首选形式。税收的第一大职能也就是税收的财政收入职能，这一点我们在前面已初步说明。

除财政收入职能外，税收还具有其他两大职能：调节职能和管理职能。对于这两项职能，大家有必要多作了解。

税收的**调节职能**，是指税收在实现其收入职能过程中，为实现一定的社会经济目标，通过改变社会各方面，包括阶层、部门、行业、企业、单位、个人等的收入分配比例，影响社会经济活动和社会收入分配状况。税收实施调节职能的具体形式是多种多样的：确定纳税人、规定课税对象、设计税目税率、采取减免税、实行产业倾斜或地区倾斜税收优惠政策等，都是可供操作的途径。譬如，我国为鼓励外商对华投资，曾对生产性外国企业和外商投资企业的企业所得税采取过“两免三减”的税收优惠，即外国企业和外商投资企业在我国从事生产，头两年的所得不用交纳所得税，后三年的所得只需按企业所得实际税率的一半计算交纳。这一优惠措施吸引了大量外商在我国设厂投资。再如，国家对广东省各沿海开放城市曾给予特殊的税收优惠政策，使这些城市在较短时期内吸收进大量外来资金，为这些地区的发展以及广东省总体经济水平的上升创造了条件。还有，国家为限制人们对危害人体健康、妨碍社会秩序以及高档、稀缺产品的消费，对烟、酒、鞭炮、焰火、贵重首饰、摩托车、小汽车、汽油、柴油等11类产品征收消费税。以上这些都是税收调节职能在实际中的具体发挥。

税收调节职能中的两个重要方面，即通过税收对收入分配的调节和利用税收对宏观经济的调节，因内容较多，我们分别把它们放到不同的章节加以说明。税收对收入分配的调节作用在随后的小节中出现，对宏观经济的调节作用则放在第六聊天室。

税收的**管理职能**，是指税收在实现其收入与调节功能过程中，通过税收计划、征收管理、纳税检查、税务统计、税收信息等活动，约束纳税人的经济行为，保障税收分配的顺利实现，反映、检查和监督国民经济的运行状况，协调和促进整个社会发展。在实际社会经济生活中，税收的管理职能主要表现在三个方面：第一，税务机关在征税过程中，会对纳税人的有关情况进行审查、核计。比如，税务人员在征收增值税时，会对纳税人的应税销售额进行审核；在征收所得税时，会对纳税人的成本、利润进行审核。这在无形中对纳税人起到监督与管理作用。第二，税务部门实施征税时，会及时了解和掌握税收工作乃至国民经济活动中出现的新情况、新问题，收集和分析有关税收信息，并且及时将新情况反馈给国民经济相关部门，以此对投资、储蓄、技术改造、劳动生产率水平、生产结构、消费水平和结构等重大经济问题产生影响。第三，社会在发展过程中存在的诸如失业、养老、医疗、环境保护等问题，很大程度上都需要税收参与其中予以解决。税收的管理职能范围非常广泛，涉及经济和社会管理两个方面，细心留意一下，你便不难发现它的存在。

税收与收入分配调节

经济在向市场化方向迈进时，收入差距的不断扩大是一个难以避免的现实。税收在调节个人收入方面也能发挥一定作用。在缩小个人收入分配差距方面，主要通过个人所得税实施调节。

我国个人所得税包含11个税目，其中对工资、薪金所得定有一个标准，在标准之下的工资、薪金不用交纳个人所得税，在标准以上则必须依法缴纳税收。在实际缴纳过程中，将工资、薪金总额扣除标准数额后，对其余额采用超额累进税率的办法计算征收。所谓超额累进税率，是指将应该纳税的余额按数额大小划分若干等级，每个等级分别规定不同的税率，等级越高规定的税率也就越高；各等级分别计算税额，最后全部加总。我国税法统一规定的扣除额为2000元，超过2000元以上的工资、薪金按数额大小划分为9个等级，每个等级分别采用5%～45%均等上升的9种税率。具体规定见下表5－1：

表5－1　现行个人所得税税率表（工资、薪金所得适用）

级数	全月应纳税（含税）所得额	全月应纳税（不含税）所得额	税率（%）	速算扣除数
1	不超过500元的部分	不超过475元的部分	5	0
2	超过500元不超过2000元的部分	超过475元至1825元的部分	10	25
3	超过2000元不超过5000元的部分	超过1825元至4375元的部分	15	125
4	超过5000元不超过20000元的部分	超过4375元至16375元的部分	20	375
5	超过20000元不超过40000元的部分	超过16375元至31375元的部分	25	1375
6	超过40000元不超过60000元的部分	超过31375元至45375元的部分	30	3375
7	超过60000元不超过80000元的部分	超过45375元至58375元的部分	35	6375
8	超过80000元不超过100000元的部分	超过58375元至70375元的部分	40	10375
9	超过100000元的部分	超过70375元的部分	45	15375

注：（1）应纳税所得额是指依照税法第六条规定，以每月收入额减除费用（根据本地区规定）后的余额或者减除附加费用后的余额。

（2）应交个人所得税＝应纳税所得额×适用税率－速算扣除数。

照税法规定，工作后，如果你每个月的工资或薪金收入低于2000元，你不必向国家缴纳个人所得税。如果你每月的收入高于2000元，那么，你必须按九级超额累进税的办法计算缴纳所得税；并且，收入越高，你向国家上交税款的比例也越高。譬如，你每月工资为2200元，扣除2000元后还有200元，对这200元，你只需缴纳10元（200×5%）的个人所得税；而如果你每个月的收入为3500元，则扣除2000元后你要缴纳125元（1500×10%－25）的税收；倘若你由于工作出色，老板给你定的薪金颇高，每月51200元，对于这51200元仍旧先扣除2000元，剩下49200元，你必须缴纳11385元（49200×30%－3375）的个人所得税。对比例子中这四种情况，你向国家缴纳的个人所得税分别占据你每月工资、薪金收入的0、0.5%、3.6%和22.2%。由此可见，收入越高，国家从你那里收取的税收也相应越高。国家财政正是通过这种判别征收的方法对不同收入者的最终所得进行调节，减少高收入者与低收入者之间的收入差距。

当然，除税收之外，财政还通过转移支付的办法，对一些低收入者给予物资补贴、提供社会保障资金或者发放福利救济，使每个社会成员都能维持起码的生活水平和福利水平。这些财政政策的实施，能够缩小居民间的收入悬殊，将个人收入差距维持在各阶层居民都能接受的合理范围内，一定程度上起到维护社会公平的作用。

总之，税收对整体经济的作用及影响是广泛而深远的。正确深入地认识税收，把握税收作为政府政策工具的各方面作用，有助于全面深刻地理解我国正在实行的市场经济，从而使我们能够用自己的眼光去观察、思考身边的各项社会经济生活，使我们对自己及周围的社会经济生活多一些了解与体会。

主题四　税务机关护税的法律措施

【讨论热点提示】

当纳税人有偷逃税的行为迹象时，税务机关可采用哪些手段保护国家税款不致流失？

依据《中华人民共和国税收征收管理法》（以下简称《税收征管法》）规定，税务机关依法可实施哪些税收处罚措施？

提高全体公民的纳税意识是保护国家税收的最终途径，身为公民个体的我们该如何自觉要求，“从我做起”呢？

学校毕业后，经过一段时间的商议，在亲戚朋友们的支持下，晓宇同朋友在闹市区租了一间门面开服装店，从事服装销售。由于资金筹措顺利，短短两个月时间便完成店面装修，办好了各种手续，同时备足货源，于10月1日良辰吉日正式开张面市。

10月虽说已近秋冬，但对南方城市广州而言却仍暑意未消，气温没有丝毫下降。而且照常规，这种高温天气往往会持续到11月中旬。所以，晓宇和他的朋友在选择货源时，将有限的资金集中购买了一批流行夏装，准备在两个月内全部售出，速战速决，小赚一笔后，再转换购置新款秋冬时装。开张头几天气温稳定，加上国庆佳节，大家购物情绪高，服装店生意不错，每天均有四五千元的收入。晓宇和他的朋友为初次经商小试牛刀而欢欣鼓舞。

哪知天有不测风云。不几天，一股冷空气急速南下，将身着靓丽夏装的人们吹得哆哆嗦嗦。晓宇服装店的生意也随之一落千丈，门可罗雀。虽说寒流很快消退，气温不久后就出现反弹。可遭受意外之扰的消费者却开始放弃夏装的购买，张罗选购秋冬服装。一个月下来，近20万元的服装，销售不过6万元。除去成本，再扣减门面租金、水电费、借款利息等开支，当月利润接近于零。晓宇和他的朋友也由当初的欢欣鼓舞转为懊恼不已。可这时候，税务局来人要求交税，查看了服装店的规模后，确定应该缴纳2000元税款。2000元！在服装店如此营业状况下，无疑是一个沉重的负担。晓宇和他的朋友虽有心不交，但深知纳税是每个公民应尽的义务，不交是不可能的。于是，咬咬牙将2000元税款如期送到了税务局。

接下来的11月生意仍无起色，20多天过去，才取得3万元销售收入。晓宇和他的朋友眼见计划即将落空，亏损在所难免，于是决定提早抛出存货，以尽量减少损失。他们联系到一位熟人，商量好将剩下的服装全部以成本价让出，同时也准备退掉门面另谋他业。正在他们焦头烂额忙于善后之时，税务人员又上门提请他们按时纳税，而且按以前所定税款又要交纳2000元。

这一次晓宇和他的朋友顾不了许多，下决心不交。反正不准备在这个地方干了，他们打算办好要办的事情后一走了之，税务机关想找都找不着。所以，接下来几天，税务人员两次上门督促他们交税，并且说明如若交税有困难，可以先提供纳税担保人，但2000元税款一定要按时交纳。税务人员虽说苦口婆心，可晓宇和他的朋友却铁了心不再白白花费“冤枉钱”，仍然我行我素，按照既定的方案转移服装，同时加紧寻找新的门面承租人。这其中税务人员又来过一两次，每次都说上一大通，他们也支支吾吾懒得理会。

11月29日，还剩下最后几箱衣服预备下午搬走，店面也找到了合适的转让对象。折腾了几个月，他们终于可以一身轻松地重新设计将来的发展方向。正在他们静心等待搬运工人、完成最后交接的时候，没想到税务人员却捷足先登，将就要搬走的几箱服装强行扣押起来。晓宇和他的朋友这下可急了，据理力争：国家税务干部怎么能够这样呢？

两项强制性征收措施

晓宇和他朋友的争辩是无效的，税务人员这样做是法律赋予他们的权力。《税收征管法》规定，当纳税人有转移、隐匿应纳税产品、货物以及其他财产或应纳税收入等行为或迹象时，税务机关有权采取税收保全措施和税收强制执行措施。税务人员对晓宇及他的朋友实施的举措正是《税收征管法》所规定的两种措施中的一种——税收保全措施。它是指税务机关在规定的纳税期之前，当由于纳税人行为或某种客观原因而导致税款难以保证时，采取限制纳税人处理或者转移商品、货物或其他财产的强制措施。其目的是保证税收征收有效进行，税款及时、足额入库。

《税收征管法》第三十八条规定：税务机关有根据认为从事生产、经营的纳税人有逃避纳税义务行为的，可以在规定的纳税期之前，责令限期缴纳应纳税款；在限期内发现纳税人有明显的转移、隐匿其应纳税的收入的迹象的，税务机关可以责成纳税人提供担保。如果纳税人不能提供纳税担保，经县以上税务局（分局）局长批准，税务机关可以采取下列税收保全措施：

（1）书面通知纳税人开户银行或者其他金融机构冻结纳税人的金额相当于应纳税款的存款。

（2）扣押、查封纳税人的价值相当于应纳税款的商品、货物或者其他财产。

《税收征管法实施细则》对税收保全执行程序、执行标的物范围，以及对扣押查封的财物处理等都作出了更为具体的规定。

从法律规定可知，税务机关对晓宇及其朋友采取的举措是合法的，同时也是合理的。试想，如果不赋予税务机关一定的执法权力，面对晓宇他们逃避税收的行为，税务人员却束手无策，那么，税收征收将难以进行。果真如此，不但国家税收遭受损失，还会助长纳税人逃税、偷税的心理。税务人员在纳税期限之前对晓宇及其朋友的部分商品实行扣押，就是为了让他们到期及时缴纳税收，保证国家税收的足额征收。而且，倘若晓宇及其朋友拒交到底，在纳税期之后或在税务机关责令限期缴纳期满之后仍不上交税款，税务人员还可采取下一步法律措施——税收强制执行措施，将扣押的服装进行拍卖，以拍卖的所得抵缴税款。而且，如果税务机关是以第一种方式执行税收保全措施，即通知纳税人开户银行

或其他金融机构暂停支付纳税人相当于应纳税款的存款，则当纳税人到期仍未缴纳税款时，税务人员照样可以采取下一步的强制执行措施：书面通知其开户银行或者其他金融机构从其存款中扣缴税款。

由此可见，依法征税，保证国家税款及时、足额征收是税务机关的职责。为此，针对纳税人的违规行为，税务机关可以相应执行上述措施。知晓税务机关在权力范围内所能实行的行为措施，有助于纳税者规范自己的某些不当举措，在涉税活动中更加合理地处理各项事务。晓宇及他的朋友若是知道税务机关的这两项护税措施，或许就不会存在当时那种侥幸心理了。

税收违法处罚

除上述两项强制性措施外，偷税、逃税和抗税行为还将受到法律的处罚。

偷税是指纳税人有意违反税法规定，使用欺骗、隐瞒等手段，不按规定交纳应纳税款的行为。根据《税收征管法》第六十三条规定："对纳税人偷税的，由税务机关追缴其不缴或者少缴的税款、滞纳金，并处不缴或者少缴的税款百分之五十以上五倍以下的罚款；构成犯罪的，依法追究刑事责任。"相应地，根据《中华人民共和国刑法》第二百零一条规定，纳税人采取欺骗、隐瞒手段进行虚假纳税申报或者不申报，逃避缴纳税款数额较大并且占应纳税额百分之十以上的，处三年以下有期徒刑或者拘役，并处罚金；数额巨大并且占应纳税额百分之三十以上的，处三年以上七年以下有期徒刑，并处罚金。

逃税是指纳税人欠缴税款，采取转移或隐瞒财产，妨碍税务机关追缴欠缴的税款。根据《税收征管法》第六十五条规定，对纳税人逃税，由税务机关追缴其不缴或少缴税款、滞纳金，并处欠缴税款百分之五十以上五倍以下的罚款；构成犯罪的，依法追究刑事责任。相应地，根据《中华人民共和国刑法》第二百零三条规定："纳税人欠缴应纳税款，采取转移或者隐匿财产的手段，致使税务机关无法追缴欠缴的税款，数额在一万元以上不满十万元的，处三年以下有期徒刑或者拘役，并处或者单处欠缴税款一倍以上五倍以下罚金；数额在十万元以上的，处三年以上七年以下有期徒刑，并处欠缴税款一倍以上五倍以下罚金。"

抗税是纳税人以暴力、威胁方法拒不缴纳税款。根据《税收征管法》第六十七条规定，对于纳税人抗税，除由税务机关追缴其拒缴的税款、滞纳金外，依法追究刑事责任。情节轻微，未构成犯罪的，由税务机关追缴其拒缴的税款、滞纳金，并处拒缴税款一倍以上五倍以下的罚款。相应地，根据《中华人民共和国刑法》第二百零二条规定："以暴力、威胁方法拒不缴纳税款的，处三年以下有期徒刑或者拘役，并处拒缴税款一倍以上五倍以下罚金；情节严重的，处三年以上七年以下有期徒刑，并处拒缴税款一倍以上五倍以下罚金。"

晓宇和他的朋友若是不知道这些规定，为 2000 元税款而与税务部门冲突下去，那么他们的损失可就更大了！

纳税是庄重而严肃的，我们每个公民都应该懂税、关心税，按税法规定履行自己应尽的义务。

主题五　纳税人的权利与义务

【讨论热点提示】

纳税是每个公民应尽的义务，公民在履行义务时依法享有哪些权利？

纳税人应当如何正确使用法律赋予的权利？

税务行政复议与税务行政诉讼有何区别？

税收是依法征收的，在保护国家税收的同时，税法也考虑到保护纳税人的合法权益，对税收中的强制性措施也给予了一定的制约性规定。如，在实施税收保全措施前，税务机关必须事先责令纳税人限期缴纳，要求纳税人提供纳税担保，而不能直接采取税收保全措施；在实施扣押、查封等税收保全措施时，必须由两名以上税务人员执行，并通知被执行人；税务机关扣押、查封商品、货物或其他财产时，必须开付收据或清单；税务保全实施后，如果纳税人在规定的期限内已缴纳了税款，税务机关必须立即解除税收保全措施。如果因税务机关采取税收保全措施不当而给纳税人造成实际损失，税务机关应当负赔偿责任。对纳税期满后仍不履行法定义务的纳税人，税务机关在进一步实施强制执行措施前，也应先责令其限期缴纳，对拒不缴纳者方可适用强制措施。

同时，为了防止和纠正偏差，保护纳税人的合法权益，保障和监督税务机关依法行使职权，行政相对人有权就税收征收过程中出现的不当甚至违法的行政行为，提出税务行政复议或向法院申请行政诉讼。

税务行政复议是指当事人不服税务机关及其工作人员作出的税务具体行政行为，向上一级税务机关提出申请，上级税务机关经审理对原税务机关具体行政行为依法作出维持、变更或撤销等决定的活动。而税务行政诉讼是指公民、法人或其他组织认为税务机关及其工作人员的具体税务行政行为违法或者不当，侵犯了其合法权益，依法向人民法院提起行政诉讼，由人民法院对具体税务行政行为的合法性和适当性进行审理并作出裁决的司法活动。根据《中华人民共和国行政诉讼法》和《行政复议条例》的规定，对于大多数行政案件来说，都可以通过行政复议和行政诉讼这两种程序解决。行政复议是行政诉讼的前置程序。《税收征管法》第八十八条规定："纳税人、扣缴义务人、纳税担保人同税务机关在纳税上发生争议时，必须先依照税务机关的纳税决定缴纳或者解缴税款及滞纳金或者提供相应的担保，然后可以依法申请行政复议；对行政复议决定不服的，可以依法向人民法院起诉。""当事人对税务机关的处罚决定、强制执行措施或者税收保全措施不服的，可以依法申请行政复议，也可以依法向人民法院起诉。"

税务行政复议和税务行政诉讼是正确、及时审理税务行政案件，保护纳税人合法权益、维护和监督税务机关依法行使行政职权的有力法律武器。我国早在新中国成立初期就进行了这类制度方面的尝试，但由于历史原因，中途经历了一个较为曲折的过程。党的十一届三中全会以后，随着民主法制建设的加强，这两项制度得到了逐步发展和完善。在实践过程中，税务行政复议和税务行政诉讼制度在维护纳税人合法权益方面发挥着重大作用。

正确行使权利，自觉履行义务

其实，《税收征管法》第一条就开宗明义地规定，制定征管法是“为了加强税收征收管理，规范税收征收和缴纳行为，保障国家税收收入，保护纳税人的合法权益，促进经济和社会发展”。

法律对税收征收过程中的征收和缴纳双方都具有规范调节作用。下面我们以一个具体例子加以说明。

2008 年，某省某县地税局某分局于 7 月组织税务人员对该分局辖区内纳税户经营情况进行税收情况调查。调查中发现其中一家餐饮业纳税户的月定额明显偏低，遂决定对该业户调升收税定额。

按照有关规定，该税务分局将该纳税户原定营业税等地方税费总额由每月 1200 元调升为 1500 元，并按照行政程序，于 7 月 20 日向作为行政相对人的该纳税户下达了调整定额的通知书，告知其从 8 月 1 日起执行新的征缴定额。但是，该纳税户对此并不认可。该纳税户认为新的定额太高，难以承担，对此表示不满，并向同行业户流露欲将此店迁往他地经营，同时准备连 7 月应缴的地方税费也不缴了。地税分局得知这一消息后，于 7 月 21 日书面责令该纳税户必须于 7 月 25 日前将 7 月应缴的营业税等地方税费缴纳入库。7 月 22 日，地税分局发现该纳税户已开始转移货物，于是当即实行税收保全措施，扣押了该纳税户一辆价值 4800 元的新摩托车，并向该纳税户开具了清单。

事发后，该纳税户对地税分局所采取的税收保全措施不服，于是向县地税局口头申请了行政复议，要求撤销该税收保全措施，退回所扣摩托车。县地税局行政复议委员会经复议认定，地税分局的执法程序不合法，决定予以撤销地税分局的税收保全措施，并责令地税分局将所扣摩托车退回给纳税户。

县地税局行政复议委员会作出裁决的基本依据是：该地税分局在采取税收保全措施之前（扣押货物之前）并未责令纳税户提供纳税担保，操之过急。同时该分局所采取的保全措施未经县地税局局长批准而擅自作出，超越了法定权限。而且，所扣押摩托车的价值远远超过了该纳税户应纳税款数额。此外，扣押货物不应当开具清单，应开具收据。

该餐饮业纳税户在取回摩托车的同时，也依规缴纳了 7 月的税金 1200 元。

由此可见，法律是公正的，作为纳税人我们有义务按税法要求履行纳税义务，同时也有权利凭借法律武器保护自己的权益不受侵犯。但要注意的是，我们所保护的这些权益同样必须是正当、合法的。

主题六　财政支出与你

【讨论热点提示】

按费用类别划分标准，财政支出可以分为哪几种？

财政消耗性支出与财政转移性支出有何异同？

财政支出效益与微观个体支出效益存在哪些不同？

当你安坐家中舒服地看着一本书，或在投入地看着一部电视剧时，有没有想过，你的那份安全感是如何得来的？当你出外逛街时，有没有想过马路、桥梁是谁花钱修建的，路灯、花坛是谁出资装点的？当你坐在教室学习时，有没有想过教学设施从何而来，教师的工资报酬由谁发放？当你周末去公园游玩时，有没有想过是谁提供这么一个修养身心的好去处，这一草一木是谁购置护养的？当你假期走亲访友时，有没有想过铁路、机场是谁铺筑，交通航运是谁安排筹措的？这些都是你能够亲身接触，却往往容易忽视的事物。

毫无疑问，这些事物背后强大的支撑就是——财政支出。

财政支出分类

国家通过税收、公债、规费、罚没等形式取得财政收入，同时又通过各种渠道进行支出。财政支出的种类繁多、范围广泛，几乎涉及社会、经济、生活的各个领域。按照不同分类标准，财政支出可以分别划分为不同类型。

按财政支出的费用类别分类，政府的开支可分为经常性支出和资本性支出。经常性支出是指定期性的和日常的政府开支，资本性支出是指政府在个别投资项目上的非经常开支。

按具体用途分类，财政支出可以划分为经济建设支出、社会文教支出、国防支出、行政管理支出和债务支出五大类。其中，经济建设支出主要指：基本建设拨款支出、国有企业挖潜改造资金和科学技术三项费用（新产品试制费、中间试验费、重要科学研究补助费）支出、简易建筑费支出、地质勘探费支出、支援农村生产支出、城市维护费支出、国家物资储蓄支出、城镇青年就业经费支出、抚恤和社会福利救济费支出等；社会文教支出主要指：用于文化、教育、科学、卫生、出版、通信、广播、文物、体育、地震、海洋、计划生育等方面的经费、研究费和补助费等；国防支出主要指：各种武器和军事设备支出，军事人员给养支出，有关军事的科研支出，对外军事援助支出，民兵建设事业费支

出，用于实行兵役制的公安、边防、武警部队和消防队伍的各种经费，防空经费等；行政管理支出主要指：用于国家行政机关、事业单位、公安机关、司法检察机关、驻外机构的各种经费、业务费、干部培训费等；债务支出则主要指：归还由政府直接出面借入的国内外资金、各类债券还本付息方面的支出。

以上各种支出都是国家履行自身职能所必需的，并且，在社会发展的不同时期，财政支出的侧重点都有所不同。一般而言，在经济发展的早期阶段，社会基础设施贫乏，财政支出主要用于道路、环境卫生系统、法律与秩序、健康与教育以及人力资本投资这些方面，为经济与社会步入“起飞”阶段创造条件。随着经济的不断发展，市场逐渐扩大成长，市场中当事人之间的关系较前变得复杂，需要建立更为强大的司法组织体系，制定并执行严密的法律规章。同时，经济的发展推动都市化进程，人口居住趋向密集，需要成立更加广泛的公共部门加以管理和调节。因此，财政在这些方面的支出比重会逐步上升。当经济达到成熟阶段，财政支出中有关基础设施以及司法行政方面的支出需求相应减少，而随着人均收入水平的显著提高，人们对教育、保健以及福利服务方面的需求越来越高，为满足社会发展的这一需要，财政将增加对教育、娱乐、文化、保健与福利服务的支出。我国当前正处在经济发展的初级阶段，在财政总支出中，社会基础设施建设方面的支出占很大比重。同时，由于科学技术在经济发展中的重要作用，因此，发展科学技术、重视教育、增强人民素质也是政府投入的重点。

按财政支出是否与商品和劳务直接相交换而对财政支出进行分类，可将财政支出分为消耗性支出与转移性支出两大类。**消耗性支出**是指政府直接以商品和劳务需求者的身份出现，遵循等价交换原则将手中掌握的资金与微观经济主体提供的商品与劳务相交换。政府将财政资金支付给生产这些产品与劳务的生产单位或组织，取得这些产品与劳务后提供给广大居民及政府部门自身享用。例如，政府为了履行各种职能需要聘用大量公务人员，政府为此支付的薪金就属消耗性支出。政府直接投资建桥铺路，购买钢筋水泥的开支也是消耗性支出。而**转移性支出**则是政府将其所拥有的资金转移到领受者手中，资金在政府与领受者之间实现无偿的、单方面的转移，不发生任何交换。这类支出主要指对居民的各种补助支出、对外的无偿捐赠支出以及债务利息支出。

消耗性支出与转移性支出的划分，对政府行为活动的研究具有重要意义。因为这两类支出虽然都表现为资金从政府手中流出，实现国民收入再分配，但两者对国民经济的影响却不相同。消耗性支出体现政府的市场性再分配活动，它直接影响社会生产和就业；转移性支出则体现政府的非市场性再分配活动，对社会生产和就业产生间接影响，因为接受者获得政府转移来的资金后，是否将这笔钱用于购买商品和劳务以及购买哪些商品和劳务，都不直接受政府控制。比如，政府想加强农林水利的建设，可以采取购买农林水利设施及劳务的办法直接予以实施，也可以不采取直接购买的办法，而将一笔款项补贴给农民，让农民自己去支配使用。前一种支出属于消耗性支出，政府通过自身有针对性的支出直接实现加强农林水利的目的；后一种支出则属于转移性支出，它无法直接起到加强农林水利的作用，因为政府将资金转移给农民后，并不能保证他们是否将这笔资金完全用于农林水利，农民群众或许会用它来开办乡镇企业或盖置新房。但无论怎样，给农民以资金补助，农民的总收入上升，他们或多或少会在农林水利方面增加投入，政府的财政支出的目的从中间接得以实现。

由于财政消耗性支出与转移性支出对国民经济产生不同影响，所以，不同国家因不同经济状况，在规划财政支出时对这两种支出所占比重的安排也不尽相同。通常情况下，经济发达国家的政府较少直接参与生产活动，并且这些国家的财政收入一般比较充裕，所以，在财政支出中，转移性支出占总支出的比重较大，往往与消耗性支出平分秋色。而在发展中国家，政府往往较多地直接参与生产活动，且财政收入往往比较匮乏，所以财政总支出中，消耗性支出占据较大比重。由于以上不同，西方发达国家常常表现为高福利高补助，而发展中国家在失业保险、困难救济方面则时常显得力不从心。中国作为一个发展中国家，财政支出结构具有同一般发展中国家相同的特征，但自从改革开放以来，财政支出的分配状况发生了显著变化。中国在财政总支出中，消耗性支出所占比重逐年下降，转移性支出的比重迅速上升。这与我国公共财政、民生财政建设的方向是一致的。

财政支出效益

通过以上分析，我们知道财政支出的项目千差万别，并且不同支出项目所起的作用也各不相同。但是，不论财政支出以何种方式进行，它们在实际操作过程中都必须讲求效益。因为资源是有限的，在这一客观前提条件下，财政将某些资源集中到自己手中，微观经济主体便丧失使用这部分资源的权力。所以，如果财政集中的资源不能在财政支出过程中发挥更大效益，那么财政占有这部分资源对社会是无益的，财政也就没有集中这部分资源的必要。因此，进行财政支出时，度量财政支出的使用效益至关重要。

在社会经济生活中，政府处于宏观调控的特殊位置，其支出效益与微观主体的支出效益存在差异。对于微观主体，利润最大化是它们追求的目标，它们的支出效益主要指支出的经济效益，也就是花一笔钱能赚回更多的钱。而对于政府而言，它追求的目标是整个社会效益的最大化，这种效益不仅指经济效益，还包括非经济效益。而且，这种效益的表现形式不仅有直接的、有形的，也有间接的、无形的。例如，某地区经常洪水泛滥，给该地区的经济及人民生活带来很多不便。对于这种情况，私人一般不会出钱治理。他们的考虑很简单：修水库或防洪大坝虽然能造福百姓，但其个人获益却与支出不成正比。而政府对于是否应该花力气修建防洪设施治理洪水，却不单单考察修建防洪设施可能带来的经济收益，同时更加注重财政支出后的综合社会效益。修建防洪设施治理洪水的综合效益主要包括以下几个方面：

首先，通过建设防洪工程，控制了洪水，该地区可以获得灌溉便利、土地侵蚀减少、农产品增产这一系列直接收益。

其次，防洪大坝或水库的落成会使该地区的环境得到美化，起到增进人民健康的效应。

再次，建立防洪大坝或水库需要占用土地，部分土地所有者因此会增加土地转让收入。同时，大坝或水库修建过程中，需要购买大量工具，这样会增加工具制造厂的销售收入，工厂职工工资会因此而提高。这两部分人获得的利益也是财政收益的考虑范围。

还有，洪水受控制后，该地区土地得到改良，不仅可以促进当地养鱼业的发展，还可以帮助下游地区免受洪水灾害。

最后，在自然环境及经济环境的改善下，该地区的旅游业有可能兴起并获得发展，由

此又会带动一系列相关行业收入的增长。

以上是政府在决定是否进行财政支出治理洪水时所考虑的总体社会效益。当然，防洪工程最终是否修建，除了效益考察外，政府也要研究计算这项财政支出的成本，而财政支出成本与财政支出效益一样，也是一个涵盖范围非常广的综合概念。建设防洪工程，其综合成本包括建筑该工程所需投入的人力、物力和管理维修费用，田地减少带来的损失，增设工具制造厂需要投入的人力、物力以及下游地区对工程建设的支持。同时，因地价的提高、工具制造厂职工工资的提高而使该工程造价提高也是值得考虑的一项成本。全面考察成本和收益两个方面，当财政支出收益大于财政支出成本时，政府便会实施修建防洪设施治理洪水。

通过上面的分析介绍，你一定加深了对财政支出及其行为活动的理解。财政支出与你乃至我们整个社会都密切相关，正因为有了财政支出，我们的生活才更加方便、舒适和多姿多彩。

主题七　为人民理好财

【讨论热点提示】

如何理解“政府理性”？为什么需要“政府理性”？

政府的科学决策对社会的发展起什么作用？

如何保证政府决策的科学性？

能否理好财、用好财，是政府执政能力高低的重要表现，是政府质量高低的重要表现。**政府质量**是国家权力的一个重要的构成要素。从国家权力的角度来看，“好的政府”必须做到：第一，要使人力、物质资源与政策协调一致；第二，要在资源之间进行平衡，一国并不能拥有所有资源，应扬长避短；第三，获得公众对其外交政策的支持。“好的政府”的职能和作用显然是不够全面和充分的，但把政府质量归结为国家权力的一个重要构成要素无疑是正确的，对我们很有启示。对发展中国家来说，如何提高政府质量是一个至关重要的问题。政府质量的好坏或高低，取决于政府是否有较强的理性、自律性和高效率。

政府理性

为什么需要政府理性？

为更有效地说明这一问题，首先借用“囚徒困境”模型——博弈论的一种简单假设进行分析。

假设有两个嫌疑犯被警察抓住并分别拘押，警察确知他们犯某一罪行，但没有充分的证据予以定罪。这时两个嫌疑犯有两种选择：坦白或不坦白。如果两个嫌疑犯都选择不坦白，那么警察将以妨碍公务罪对其轻判（如各拘押1年）；如果两个嫌疑犯都坦白，他们将会被起诉但不会受到重判（如各拘押5年）；但是，如果甲犯坦白并揭发乙犯，而乙犯则选择不坦白，那么甲犯将被轻判（如拘押10个月），而乙犯将受到更为严厉的惩罚（如拘押8年）。这时甲乙两犯面对的选择后果损益数字可用一个简单的表来表示，见表5-2：

表 5－2　囚犯困境博弈模型

		乙犯的选择	
		B（坦白）	－B（不坦白）
甲犯的选择	A（坦白）	甲拘押 5 年，乙拘押 5 年	甲拘押 10 个月，乙拘押 8 年
	－A（不坦白）	甲拘押 8 年，乙拘押 10 个月	甲拘押 1 年，乙拘押 1 年

显然，对囚犯来讲，其“收益”自然是刑期越短越好。如果两人进行合作即订立攻守同盟，均不坦白，则两人只能被判 1 年，两人合作时的收益一定大于不合作时的平均“收益”。此时，所谓“囚徒困境”指的是，如果两人不能通信或联络（即没有订立攻守同盟的机会），并且博弈仅是一次性的话，那么对于每个囚徒来说，不合作博弈策略将压倒合作策略。如果这样，那么他们选择的最佳的个人策略所达到的均衡并不是共同的最佳结果，每个囚徒都试图得到最佳结果而避免最坏结果，最终两人选择的自发均衡点便是（A，B），其损益为各被拘押 5 年，这显然不是最优的均衡点（－A，－B）。

这个模型吸引人之处在于它证明了个人理性的有限性，即个人理性策略将导致集体策略的非理性结果，因而向自亚当·斯密以来的“理性人”能够获得理性结果的传统信条发起了挑战。如果说在新古典经济理论的完全竞争状态下，亚当·斯密的“经济人理性”是正确的话，那么在现实经济生活中以不完全竞争为基础、大量复杂化的“非个人交换形式”的出现，实际上已充分证明了“囚徒困境”模型的正确性。即在市场交易极其复杂、参与者很多、信息不完全和欺诈、违约等行为不可避免的情况下，所谓“经济人”的理性是有限的，即博弈者所追求的往往不是最优的福利或报酬，而仅仅是其满意水平上的福利或报酬，因而他们自然经常采取（A，B）式的针锋相对的策略。在这种有限理性支配下的个别经济活动，不可能使社会效率达到最优。为此，制度的创新便应运而生。制度的作用就在于规范人们之间的相互关系，减少信息成本和不确定性，为人们提供合作的条件，把阻碍合作进行的因素减少到最低程度，保障合作的顺利进行。这种制度创新的推动者，主要是政府及其组织。对于发展中国家而言更是如此。也就是说，在生产不发达、信息不完全或不通畅的社会经济生活中，个人或个别组织理性的有限性必须以政府的理性予以弥补或修正。

政府理性涉及的问题和领域极广，包括了社会、政治、经济、思想、意识形态等诸多领域。这里，我们主要分析和研究发展中国家在经济增长和工业化过程中的政府理性问题。所谓**政府理性**，是指一个政府能够在正确判断国情的基础上权衡利弊，确定社会经济发展的优先目标，制定科学、合理的政策措施并确保其得以贯彻实施的能力。它包括三个主要内容，即政府致力于经济发展的明确目的性、政府决策的科学性和政府政策的连续性。

政府致力于经济发展的明确目的性

发展中国家的政府必须具有鲜明的致力于经济发展的目的性，这是任何发展中国家能否迅速实现经济增长和工业化的条件。为此，发展中国家特别是战后发展中国家的政府，必须在正确判断国情的基础上，在一定时期内通过恰当的手段有效地动用和合理配置国内外现有的各种资源，优先实现经济增长，以此促进政治、社会的稳定和变革，推动社会经济的现代化。

我们看到，东南亚各国、各地区之所以迅速实现经济增长和工业化，一个首要的前提条件就是它们的政府都是致力于经济发展的政府，而不论其政体或"政府强度"如何。日本在经济领域的效能首先归功于它有明确的优先目标。50多年来，日本把经济发展放到了首要位置。但相比之下，不论在历史上还是在现实中，的确有一些国家特别是发展中国家不是致力于经济发展的政府。由于各种复杂的原因，它们将主要目标集中于经济增长以外的其他领域。例如，在某些国家的政府首脑看来，一定的国际性目标比国内的经济发展目标更为重要。印度尼西亚前总统苏加诺在其执政期间（1948—1965年）就曾热衷于国际事务，如担任第三世界的首脑以及同新加坡和马来西亚实行军事对抗等，而将经济发展置于次要地位。虽然苏加诺希望在军事对抗的同时能够取得经济发展，但其资源毕竟是有限的，必须在这两个目标之间作出选择权衡，这无异于在鱼与熊掌之间的抉择，结果必然是忽视或延误了经济发展。

在此，需要指出的是，民族主义倾向会对一国政府及其首脑的目标选择发生一定的影响。"二战"后，一些发展中国家的人民面临着贫穷和落后，他们心中存在着赶超发达国家的迫切要求。这种强烈的愿望往往渗透着民族主义的思潮或倾向，很容易同集权政治相结合，使民众在一定时期内能够容忍政府所采取的各种强硬的超经济手段。而这些国家的政府也往往通过高举民族主义旗帜来激发民众的斗志，也经常导致用民族主义情感或政治情感取代经济规律的现象，如实行闭关锁国政策，在经济方面与发达资本主义国家"脱钩"，或用政治取向指导经济发展等。在20世纪50—70年代，许多发展中国家都不同程度地出现过类似的情况，对经济发展产生了不良的影响。另外，一个国家所面临的国际环境也会对其政府的目标选择产生影响。在不考虑其他因素的情况下，其所面临的紧张的国际环境，就往往使政府不能把经济发展作为首要的目标。总之，影响一国政府将经济发展作为首要目标的因素很多，一个理性的政府必须充分了解并把握这些因素，并善于趋利避害，力争将经济发展目标置于首位。

政府决策的科学性

一个有相当实力的政府具有致力于经济发展的鲜明目的性，这是这个国家经济发展的必要条件。为了顺利实现经济社会发展的目标，为了使政府手中的资源得到高效率配置，为了使政府对整体经济社会的作用得到合理发挥，政府决策的科学性是一个非常重要的条件。政府的行动并非不费成本。除了在提高民主决策水平上要作出相应的投放外，作出任何一项影响资源配置的政策、公共部门从事的任何经济活动以及任何一项对私营经济活动的公共政策，都只有在政策内容以及手段清晰的前提下，存在一套论证政策的可行性的详细程序与准则才能实行。在这方面，当时仍处于发展期的日本和东南亚国家的政府决策，就可以作为例子。

"二战"后，日本政府内阁以经济企划厅、大藏省和通产省为中心，迅速形成了一个对日本政府经济决策有影响的经济专家集团——官厅经济学家。他们为确保日本政府经济计划和重大经济决策的科学性，发挥了非常重要的作用。这些官厅经济学家在日本政府中长期任职，主要从事应用研究和实际经济工作，成为日本政府及政府要员的智囊。他们不仅为政府制订经济计划和重大决策提供理论依据，而且还致力于研究新的科学方法，为经济计划的编制和重大决策的实施提供选择的手段。另外，他们作为政府职员，同民间经济学家有着良好的合作关系，在制订经济计划和重大决策过程中能够广泛地吸取有益的见解，从而在很大程度上确保了各项经济决策的科学性。

韩国在20世纪六七十年代一直采取军事独裁政体，但其政府的经济决策却是基本正确的。这主要是因为政府决策的科学化，充分发挥了社会各界尤其是专家、学者的作用，有一套较为规范、科学的决策程序。韩国政府为了确保各项经济决策的科学性，主要采取了三项措施：一是建立了一批号称“思想库”的咨询研究机构，二是确保经济官僚的独立性，三是注重发挥学界的作用和影响力。学界对政府决策的影响主要有内部和外部两种途径。内部途径是指由政府任命的委员组成的经济科学审议会或经济顾问团，以及一些临时组成的研究会、审议会等。他们每年都召开多次研究会，并将研究成果公开发表，为政府决策提供必要的信息、资料和咨询意见。学界对政府决策影响的外部途径，主要是通过宣传媒介和各种公开的学术活动，影响大众舆论，对政府决策形成强大的外部社会压力和影响。韩国的这种政府决策过程，显然有助于实现决策的科学化。

现在，随着经济学分析手段的加强，随着计算机技术的运用，分析评价政府收入、支出效益的方法手段已进一步得到提升，并已在实践中得到越来越广泛的运用。作为发展中的国家，也应在这方面作出积极的努力，以不断提高理财、用财的水平。

提高财政透明度

提高财政透明度是保证政府管好财、用好财的重要手段。

提高财政透明度要求政府向公众最大限度地公开关于政府的结构和职能、财政政策的意向、公共部门账户和财政预测的信息，并保证这些信息是可靠的、详细的、及时的、容易理解并且可以进行比较的，以便于公众了解政府做了什么，为什么这样做，以及是如何做的，特别应从制度透明度、会计透明度、指标与预测的透明度三个方面实现财政透明度的提高。

提高财政透明度是促进公共部门提高效率、保障政府人员切实负起责任的有效方法，是推进民主法治、依法行政，加强公众监督的重要方面，也是推进民主决策、消除腐败的有效举措。

现在，提高财政透明度已成为国际潮流，财政透明度问题已受到国际货币基金组织、世界银行、经合组织和许多国家的高度关注。越来越多国家都把公共管理的重点集中到加强公共财政建设、提高公共财政透明度方面，并通过专门的立法规定政府必须披露公众所需要的财政信息。1998—2000年的3年间，只有20个国家（地区）向国际货币基金组织提交了财政透明度报告；而此后3年，新增提交财政透明度报告的国家分别为16个、28个和17个。足见提高财政透明度已受到越来越多国家的认同。

按照国际货币基金组织的总结，财政透明度主要包括以下四个重要方面：政府作用和责任的澄清，使公众获得信息，公开预算过程（预算的编制、执行和决算报告）和保证财政信息的真实性。这应该是提高财政透明度过程中可资借鉴的内容。

现实中的问题：租金与腐败

经济学意义上的**租金**是由于某种物品的自然稀缺而产生的，它使得该物品的占有者可以不付出努力而获利。寻租意义上的租金则是指某项物品或服务的价格于真实成本之间的差额。该差额由行政命令或社会法规固定下来，并在一定时期内不可更改，因而与自然稀缺所产生的不可改变的租金具有相似的性质。**寻租活动**就是个人或企业通过各种途径和手段贿赂政府和政府官员，以扩大产品或服务价格与真实成本之间的差额，增加自己的利润收入。如有的政府部门通过设置一些收费项目，为本部门谋求好处；有的官员利用手中的权力为个人谋取好处；有的企业贿赂官员为本企业得到项目、特许权或其他稀缺的经济资源。国家政府承担的社会职能越多、越强，为“寻租活动”提供的机会和条件也就越多。在这种情况下，如果政府不注重各方面的制度建设和完善，加强行政和法律的约束，一些政府机构及其成员在追求个人利益动机的驱使下，就会将本来用于保证经济正常运行和基本社会福利的“租金”，部分或全部地转向给予其回报的“寻租者”，自己作为“供租者”与“寻租者”共同分享从中得到的额外利益。“寻租活动”不仅导致大量经济资源的耗费，增加经济生活中的交易费用，阻碍经济效益的提高，而且还极大地侵蚀政府机能，使政府致力于经济发展的各种努力遭到破坏，政府制定的各项有益的经济政策和战略受到严重扭曲。

当今世界，政治与金钱似乎有一种天然的黏合力。不论在发达国家还是在发展中国家，腐败现象比比皆是。所不同的是，一方面，发达国家的政府介入社会经济生活的强度要比一些发展中国家小得多，相对而言，政府一般注重从事宏观经济运行的调节，对微观市场运行的具体干预并不多，从而使之不能为“寻租活动”提供更多的机会和条件；另一方面，发达国家所实行的不同的民主政体，不仅对政府行为形成了有效的内部约束机制，而且形成了以在野党监督和强大的社会舆论压力为主体的外在约束力量，从而在一定程度上抑制了政府腐败行为的出现和蔓延。但在广大发展中国家，一方面，由于存在着不可避免的政府替代，政府行为对企业经营活动的影响巨大；另一方面，由于其普遍采取专制政体，不能形成强大且有效的外在约束机制，再加上政府法制不严、贫富差距扩大、政府官员素质和职业道德低下等诸多原因，“寻租活动”及其导致的腐败行为就成为一种流弊。当腐败成为一种正常的、可以被普遍接受的政府行为时，这个政府的日常运作就会被腐败所支配，最终将断送政府的效率和可信赖性，直至其前程。菲律宾的马科斯政府、海地的杜瓦利埃政府以及其他许多拉丁美洲国家政府的命运都是如此。因此，如何增强政府的自律性，有效地抑制“寻租活动”及其所触发的各种腐败行为，已成为发展中国家提高“政府质量”和推动社会经济现代化的紧迫课题。

第六聊天室

经济周期与反周期

【版主的话】

2007年以来因美国次贷危机引发的全球金融风潮，再一次把人们的目光带到了“经济周期”、“经济危机”这些人们总想躲避，但又一次次深受其困的问题上。

在经济学体系中，对“经济周期”、“经济危机”这类问题的研究，属于宏观经济学的范畴。

就像俗话所说的“一花一世界，一沙一宇宙”那样，经济学也是一个由众多分支理论体系构成的学科。而且，随着经济学对现实世界解释能力的提升，经济学体系中的分支还在不断增加。但是，在这个体系中，作为基础的，就是微观经济学和宏观经济学。

微观经济学（Microeconomics）以个体经济单位（包括单个的厂商、单个的消费者、单个的政府组织等）的经济行为为分析对象，研究单个的经济活动主体如何运用有限的资源以取得最大的收益。微观经济学的核心理论是通过供求以决定价格的理论，所以这门学科也往往被称为价格理论或市场经济学。在此，你不妨回过头想想前面几个聊天室的内容和微观经济学的关系。

宏观经济学（Macroeconomics）以国民经济运行的总过程为研究对象，对一国（一地）整体经济的结构、表现、成效等进行分析，解释为什么整体经济会经历繁荣和衰退的不断变化。宏观经济学研究的中心问题是：一国（一地）的整体资源是否得到了有效运用？国民收入的水平到底是如何决定的？因此，宏观经济学也往往被称为就业理论或收入理论。

在这两个经济学基础学科中，微观经济学相对稳定，争议较少，而宏观经济学则是一门至今仍充满了争议的学科。你还记得吗？当美国次贷危机爆发时，对于如何应对危机，马上有两个阵营的经济学家发出了两种明显不同的主张：一派主张政府应大力干预，另一派主张要更多依靠市场自身的调节力量。这正是宏观经济学“政见分歧”的表现。

在本聊天室，我们将围绕经济周期这个中心，和你就宏观经济的一些问题展开交流，希望能对你的思维有所帮助。

主题一　给经济量体温

【讨论热点提示】

你能避开宏观经济变化的影响吗？
如何看待宏观经济的表现？
你如何看待宏观经济三大指标？

宏观经济与你

在日常生活中，你经常会遇到这样的问话——

你的邻家大婶会问："最近猪肉价格为什么涨个不停呀？"

你的表兄会问师兄："去年工作好找吗？"

一个西装革履的小老板会与人探讨："昨天政府宣布减息了，下一步的经济走势如何？"

甚至刚刚旅游回来的你也会纳闷："怎么现在景点里的游客比去年多多了？"

这些貌似个人化的"小问题"，实际上都是和宏观经济直接相关的"大问题"。这等于说，你整天就处在宏观经济给你造成的环境之中。

宏观经济？不就是整体经济吗？你可能马上会想："整体经济和我有太大关系吗？这是肉食者谋的事，与我何干？我自己努力挣钱不就行了，管他什么宏观经济。"对此，本聊天室可以负责地告诉你，你的想法是不对的。在美国 1929—1933 年的经济大危机中，确实有一个卖棕刷的小贩，靠沿街走巷叫卖刷子"逆市而上"，赚了一把的。但是，在经济危机这种系统风险面前，绝大多数美国人都处于"覆巢之下"的境地，收入缩水、生活水平下降，能独善其身的少之又少。可以说，经济危机是每个人都绕不开的、铺天盖地的大潮。

现在，你发现已经被"绕"进来了吧。接着，静下来想一想，你可能又会生出疑窦，既然宏观经济与自己密切相关，甚至就是自己的事，凭什么要政府来管？政府凭什么在对宏观经济调控时可以"动我的奶酪"？政府一减息，自己的钱包立马缩水（当然不排除你心中暗想，政府宣布加息，你的钱包也跟着鼓胀）？对这个问题，法学家、政治学家可以给出很多答案，在本聊天室，我们只能简要地回答说，政府干预经济的权力是包括你在内的民众授予的。正是因为我们在面对宏观经济涨落这种系统风险时需要一个带共同性的应对方法，而市场机制又不能提供这个方法，所以，我们才委托政府承担起宏观调控这一可以“动到你的奶酪”的职责。而且，政府在履行宏观调控时所出台的政策，所花的钱，是需要经过包括你在内的民众同意的。在前面的聊天室我们已经讲过，在我国，你是通过各级人民代表大会表达你的意愿的。

“弄潮儿向涛头立，手把红旗旗不湿。”面对波涛起伏的经济大潮，你不仅仅是一个观潮人，更是个置身潮流中的“弄潮人”。

宏观经济的体温计

既然宏观经济与我们每个人的利益密切相关，那么，我们如何去认识、判断宏观经济的状况、走势？

正如医生需要通过测量病人的脉搏、体温和呼吸频率等方式来了解病人的病情一样，我们也需要通过对宏观经济相关指标的设立，以及相应统计数据的定期与定量测量，来监察整个国民经济的运行。因此，了解宏观经济指标的设置及其运用，具有重要的意义。

一般认为，宏观经济波动是一种周期性的由萧条到复苏再到高潮的循环变动过程，分为繁荣、衰退、萧条、复苏四个阶段，带有一定的规律性。这种带有规律性的变动必然会通过一定的经济现象反映出来。抓住这些现象，我们就可以物色和建立起各种指标，用于衡量宏观经济的状况。

按照相关统计指标的变动轨迹与整体经济变动轨迹之间的关系，用以量度宏观经济体温的指标可分为三类：先行指标、同步指标和滞后指标。

先行指标是指相对于整体经济的周期波动，在变动的时间上领先的指标。它总是在宏观经济波动到达高峰或低谷前先行达到高峰或低谷。这类指标主要用于预测整体经济的走势。为实现对经济的预测，各国建立了林林总总的先行指标。像美国经济咨商局（the Conference Board）发布的先行经济指标指数（Leading Economic Index，简称 LEI），经合组织建立的经济综合先行指标（Composite Leading Indicators，简称 CLI），都是著名的先行指标，LEI 甚至被称为判断美国和世界经济形势的“晴雨表”。我国一般采用的先行指标包括：轻工业总产值、一次能源生产总量、钢产量、铁矿石产量、10 种有色金属产量、国内工业品纯购进、国内钢材库存、国内水泥库存、新开工项目数、基建贷款、海关出口额、经贸部出口成交额、狭义货币 M1、工业贷款、工资和对个人的其他支出、农产品采购支出、现金支出、商品销售收入共 18 项；同时，采购经理人指数等国际广泛采用的指标也得到越来越多的运用。

同步指标是指变动时间与宏观经济的周期变化基本一致的指标，是指代表国民经济周期波动特征的指标。这些指标的转折点大致与国民经济周期的转变同时发生。它们并不预示将来的变迁，只用以表示整体经济正在发生的实时态势，并可用以确定或否定先行指标预示的经济发展趋势。常用的同步指标有个人收入、社会商品销售额等。我国通常采用的同步指标有：工业总产值、全民工业总产值、预算内工业企业销售收入、社会商品零售额、国内商品纯购进、国内商品纯销售、海关进口额、货币流通量、广义货币 M2、银行现金收入共 10 项。

滞后指标是指相对于整体经济的周期波动，在变动的时间上落后的指标。滞后指标有助于确认和检验宏观经济峰值所达到的真实水平。我国的滞后指标主要有：全民固定资产投资、商业贷款、财政收支、零售物价总指数、消费品价格指数、集市贸易价格指数共6项。

但是，对广大民众和政府，或者说对全社会而言，最受关注的宏观经济指标就是三大指标，即经济增长率、失业率与通货膨胀率。

这些指标对应上面的划分，经济增长率与通货膨胀率属于滞后指标，失业率则被越来越多地看成是先行指标。

经济增长率

在日常生活当中，我们经常听到这样的新闻或报道："……200×年，我国经济增长率达到了××%，国民生产总值达到××亿元……"这些数字表示什么意思呢？实际上，它们都是一些常见的衡量经济总量变化的经济指标。下面我们先对这个指标加以介绍。

首先要区分的两个概念是可比价格与不变价格。**可比价格**指在对不同时期的总量指标进行对比时，扣除了价格变动的因素，从而确切地反映实物量的变化。任何一个经济指标都可以按两种可比价格方法计算：一种是直接用产品产量乘以某一年的不变价格计算，另一种是用价格指数换算。**不变价格**则指用同类产品的年平均价格作为固定价格，来计算各年产品价值。按不变价格计算消除了价格变动因素，不同时期对比可以反映生产的发展速度。

经济增长在理论上是指一国商品劳务生产总量的增长。**经济增长率**就是报告期国民经济生产总量与基期国民经济生产总量的比率。衡量国民经济生产总量的指标很多，较著名的有国内生产总值（GDP）、国民生产总值（GNP）、国民生产净值（NNP）等，其中最重要的两个总量经济指标当数国内生产总值和国民生产总值。**国内生产总值**是按市场价格计算的国内生产总值的简称，它是一个国家（或地区）所有常住单位在一定时期内生产活动的最终成果。国内生产总值一般有三种表现形态：价值形态、收入形态和产品形态。其中**收入形态**是所有常住单位在一定时期内创造并分配给常住单位和非常住单位的初次分配收入之和；而**产品形态**则是最终使用的货物和服务减去进口货物和服务。**国民生产总值**是按市场价格计算的国民生产总值的简称，是一个国家所有常住单位在一定时期内收入初次分配的最终成果。国民生产总值等于国内生产总值加上来自国外的劳动者报酬和财产收入，再减去付给国外的劳动者报酬和财产收入。这两个指标都是衡量一个国家（或地区）经济实力的主要指标，但是前者是一个生产概念，后者则是一个收入概念。

而衡量经济增长的快慢，一般就采用国民生产总值或国内生产总值的增长速度。它等于本年度的国民生产总值（或国内生产总值）减去上年的值，再除以上年的值，一般用百分数来表示。如果要比较更长的一段时间，则可以用平均每年增长的速度。在我国，有两种方法表示：一种是所谓的**水平法**（又称几何平均法），是以间隔期最后一年的水平同基期水平对比来计算每年增长的（或下降）速度；另一种是**累计法**（又称代数平均法），是以间隔期内各年水平的总和同基期水平对比来计算平均每年增长（或下降）

的速度。

一般来说，我们用便于国际比较的国内生产总值作为指标。因而，经济增长率应该是报告期国内生产总值增量与基期国内生产总值的动态比率，用公式表示就是：

经济增长率＝（报告期GDP－基期GDP）÷基期GDP

以报告期现行价格计算报告期GNP，得出的增长率是**名义经济增长率**。

以不变价格（即基期价格）计算报告期GNP，得出的增长率是**实际经济增长率**。为切实反映生产的变化，在量度经济增长时，一般都采用实际经济增长率。

理论上说，在收入分配格局为一定的前提下，经济增长率越高，每个公民所能获得的收入也就越高，这种关系我们在现实中也还是能感受到的。

但是，在三大指标中，民众对这个指标却是最不敏感的。我们不妨看一看下面的表6－1：

表6－1　经济变量和政府知名度

经济变量（%）	美国	英国	德国
失业率	－4.2	－6.0	－0.9
通胀率	－1.0	－0.6	－0.7
实际可支配收入增长率	＋0.4	＋0.8	＋0.4

以表中美国情况为例，失业率上升1个百分点，政府的声望就下降4.2个百分点，而实际可支配收入（该指标比GDP更切实地体现了人们实际收入的变化）增长1个百分点，政府的声望只上升了0.4个百分点。

对西方民众的这种感受，你认同吗？

失业率

这里首先涉及的一个问题是经济活动人口的界定。它指在16岁以上，有劳动能力，参加或要求参加社会经济活动的人口，包括从业人员和失业人员。而从业人员则指从事一定社会劳动并取得劳动报酬或经营收入的人员，包括全部职工、再就业的离退休人员、私营业主、个体户等。在我国，一般采用城镇登记失业人员和失业率来衡量失业情况。城镇登记失业人员指有非农业户口，在一定的劳动年龄内，有劳动能力，无业而要求就业，并在当地就业服务机构进行求职登记的人员；而城镇登记失业率指登记失业人数与从业人数、登记失业人数之和的比例，一般用百分比来表示。

如果一个具有劳动能力的人大部分时间用于有酬工作，这个人就是就业者。如果一个人暂时被解雇，正在寻找工作或等待新工作开始的日子，这个人就是失业者。如果一个人不属于前两种中的任何一类，这个人就是非劳动人口，如全日制学生、家务劳动者或退休者。

劳动力就是就业者与失业者之和。失业率就是失业者在劳动力中占的百分比。

失业率＝失业者人数÷劳动力×100％

失业的经济代价

(1) 失业意味着社会上的资源未被充分利用，这会造成国家的实质产出水平下降。

(2) 失业者依赖政府发放救济金度日，加重政府的财政负担。

(3) 失业亦浪费了失业者的技能及工作经验；若长期失业，更使失业者的技能变得落伍。

失业的非经济代价

(1) 失业会使失业者的心理产生问题，如焦虑及自杀等。

(2) 长期失业会使家庭问题加剧，如离婚及虐待儿童等。

(3) 严重的失业情况可能引起罪案增加、社会动荡，甚至政府倒台等。

通货膨胀

通货膨胀是一个一般物价水平持续上升的过程，也是货币价值持续贬值的过程。因而，通货膨胀率的计算是：

通货膨胀率＝（现期物价水平－基期物价水平）÷基期物价水平×100％

就通货膨胀定义而言，我们要注意以下三点：

(1) 价格持续（通常超过 1 年时间）而非短暂的上升才算是通货膨胀。

如果价格上升一轮以后不再上升便不算是通货膨胀。因此，如果某一物品的价格上升是因为短期内需求的增加造成的，这不算是通货膨胀。

在图 6－1 中，某物品的价格由 P_0 上升至 P_1，纯粹是由于短期内需求增加（D_0 至 D_1）而供给价格并没有上升导致的。因此，这不算是通货膨胀。只要供给增加了，物价就可能回落到原有（P_0）的水平。如图 6－2，供给为 S_1 时的情况：

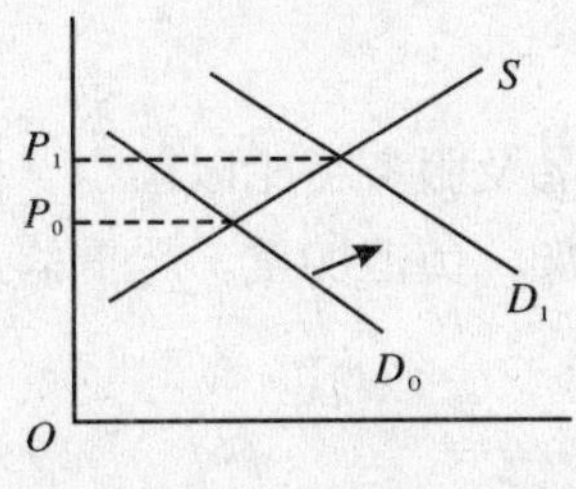

图 6－1　物价的波动（一）

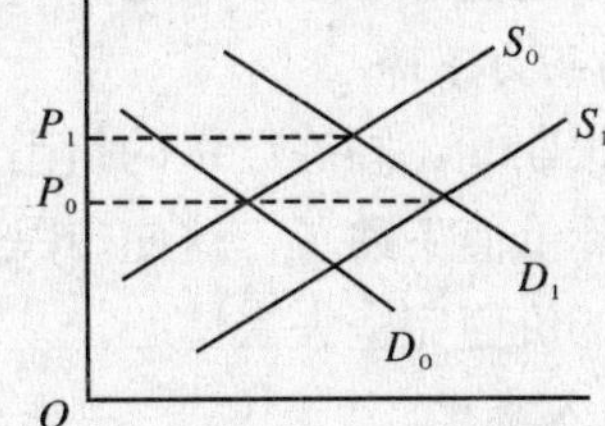

图 6－2　物价的波动（二）

(2) 通货膨胀是指普通物品的价格普遍上升，而非单纯个别物品的价格上升。

(3) 通货膨胀使不同物品之间的相对价格发生变化。

在通货膨胀期间，一般物价水平上升；但由于不同物品的价格并不以同一比例上升，所以在通货膨胀期间，不同物品的相对价格可能维持不变，也可能上升或下降，见下页表 6－2：

表6-2　每单位价格和相对价格的变动

	货币价格 2008年1月至2008年12月	相对价格 2008年1月至2008年12月
牛奶	5元→10元	0.5个蛋糕→0.67个蛋糕
蛋糕	10元→15元	2瓶牛奶→1.5瓶牛奶

表6-2为每单位价格及相对价格的变动。

假设整个经济只有上述两种物品，表6-2显示出所有物品的货币价格及相对价格都持续上升（即出现了通货膨胀），每瓶牛奶的价格由5元升至10元，而每个蛋糕的价格则由10元升至15元。但每瓶牛奶的相对价格（以蛋糕计算）由0.5个升至0.67个，每个蛋糕的相对价格（以牛奶计算）却由2瓶跌至1.5瓶。

通货膨胀对经济的影响

现实生活中，相信每一个人都有过价格变化的感受和体验。在20世纪80年代初期，看一张电影票的价格是4角；到了90年代初，看一场电影的价格就上涨到2元；现在则已经达到了90元。然而，通货膨胀并非必然是坏事情，不同类型的通货膨胀对生产也会产生不同的影响。

轻微的通货膨胀对经济有一定的好处：

1. 提高商业信心及投资

通货膨胀反映出产品的市场需求颇大，这使厂商对未来经济的发展充满信心，因而增加投资，使经济更趋繁荣。

2. 政府税收增加

通货膨胀期间，工资会在工人的压力下增加，引致工人的“名义工资”增加，各种投资的名义回报率也会上升，从而使政府在不提高税率的情形下增加税收。

但通货膨胀也会带来以下问题：

1. 货币购买力下降

在通货膨胀期间，同等数量的货币所能购买的物品及服务将比以前少。换句话说，货币的购买力实际价值下跌了，这使市民的生活费用增加，负担加重。严重的通货膨胀更会使人们对货币的价值完全失去信心。

2. 实际收入减少

市民的名义工资（货币工资）与实际工资的关系如下式：

$$\frac{\text{今年物价指数}}{\text{基准年物价指数}}=\frac{\text{名义工资}}{\text{实际工资}}$$

所以：$\text{实际工资}=\frac{\text{名义工资}}{\text{今年物价指数}}\times\text{基准年物价指数}$

由此可见，若市民的收入未能跟随通胀率上升，市民的实际收入便会减少，生活水平亦随着下降。

3. 财富及收入重新分配

若有非预期的通货膨胀出现（即人们未能准确估计通胀率），财富及收入便会重新分配。一般而言，收取固定金额回报者会蒙受损失，而回报会随着通货膨胀增加者则可避免损失。

表 6－3 列举了一些因通货膨胀而财富转变的人：

表 6－3　因通货膨胀而财富转变的人

因通货膨胀而得益者	因通货膨胀而蒙受损失者
（1）政府在生活福利方面的实际支出会因通胀而减少 （2）雇主在退休金及工资上的实际支出会因雇员合约已规定的固定金额而减少 （3）把财富投资在实物、土地及房屋上的人因房地产价格随通货膨胀上升而避免损失 （4）银行的实际存款负债会因通货膨胀而减少 （5）保险公司的实际承保金额会因通货膨胀胀而减少	（1）领取固定社会福利金额的人的实际所得会因通货膨胀而减少 （2）领取固定退休金或固定工资的雇员的实际所得减少 （3）把财富投资在货币资产（如持有现金）的人会因货币的价值下降而损失 （4）存款者的实际利息回报减少

4. 对贸易平衡有负面影响

通货膨胀会使本地的出口货品的价格上升（导致出口货品的需求量下降）而进口货品的相对价格下降（导致进口货品的需求量上升）。假设市场对进口及出口货品的需求均具有弹性，则出口总量会下降而进口总值会上升，造成贸易赤字。

通货紧缩

与通货膨胀恰恰相反，**通货紧缩**是商品和服务的一般价格水平持续下降的过程，也是货币价值持续升值的过程。早在 20 世纪 30 年代的大萧条时期，恶性下跌的物价就已经向人们展示了其可怕的破坏力：需求萎缩，银根紧缩，金融秩序混乱，生产严重过剩，使资本主义世界的经济陷于瘫痪。但是，如果通货紧缩是由于生产力的快速增长而引起的，那么，通货紧缩可以对经济的发展起到推动作用。

事实上，由于技术进步或者是放松管制而降低了成本和价格，这种生产力驱动的通货紧缩却能够促进经济的发展，因为产品价格的降低也就相当于消费者实际收入的提高。消费者会发现，跟过去相比，现在使用数量相同的钱却可以买到更多的商品，从而提高了消费者的生活质量和生活水平。今天，电子计算机和通信技术的革命同样降低了成本，因特网的发展使信息的交流更为方便，无论是从汽车到书籍，还是从保险到航空旅游，都在享受着科技进步所带来的好处。而这些导致通货紧缩的原因，对于国民经济的发展是有益无害的。然而，我们仍然要警惕恶性通货紧缩的出现，防止 20 世纪 30 年代经济大萧条悲剧的重演。

诺贝尔经济学奖得主、著名经济学家弗里德曼曾经说过，通货膨胀“是一种无处不在的金融现象”，通货紧缩也是如此。因此，各国政府务必正视通货膨胀与通货紧缩问题，积极准备，认真分析，采取有效措施，做好防范工作，保证国民经济的持续、稳定、健康发展。

我国常用相关指标

在我国，**商品零售价格指数**是反映物价水平变动（通货膨胀）的一个重要指标，也是城乡商品零售价格变动趋势的一个经济指标。因为它的变动直接影响到城乡居民的生活支出和国家的财政收入，影响到居民的购买力和市场上供求关系，影响到社会消费和积累的比例，所以它可以从一个侧面反映上述经济活动情况。**居民消费物价指数**则是反映一定时期内城乡居民购买的生活消费品和服务项目价格变动趋势和程度的相对指数，是综合了城市居民消费价格指数和农民消费价格指数计算得到的。它可以用来观察和分析消费品的零售价格和服务价格变动对城乡实际生活费用支出的影响程度。**城市居民消费价格指数**和**农村居民消费价格指数**分别反映城市和农村居民家庭所购买的生活消费品的价格和服务项目价格变动趋势和程度。

农产品收购价格指数是反映国有商业、集体商业、个体商业、外贸部门、国家机关、社会团体等收购农产品价格的变动趋势和程度的相对指数。它可以用于观察和研究农产品收购价格总水平的变化情况，以及对农民收入的影响。在我国，计算这一指数选取了11个大类的商品，包括276种农副土特产品，采用的是加权倒数平均公式。**农村工业品零售价格指数**是反映农村市场工业品零售价格水平变动趋势和程度的相对指数，用它可以观察工业品零售价格变动对农民货币支出的影响。

城镇居民家庭可支配收入是衡量城镇居民生活水平的主要指标，是指被调查城镇居民家庭的全部收入在用于支付个人所得税、财产税及其他经常性转移支出之后余下的实际收入。而对农村居民家庭来说，则用**农村居民家庭纯收入**，它是指从农村常住居民家庭总收入中，扣除从事生产和非生产经营费用支出、缴纳税款和上交承包集体任务金额后剩余的，可直接用于生产、投资、消费和储蓄的那部分收入。该收入既包括生产性和非生产性经营收入，也包括救济、补贴等非经营收入；既包括货币收入，又包括自产自用的实物收入。还有一个指标是**全国城乡储蓄存款余额**，它包括城镇居民储蓄存款和农民个人储蓄存款两部分。而储蓄存款余额则指城乡居民存入银行及农村信用社储蓄的时点数（存入数扣除取出数的余额），比如月末、季末或年末数额。

主题二　潮起潮落看周期

【讨论热点提示】

你怎么看待经济周期？它是一种"规律"吗？

我国存在经济周期吗？

我们应不应该对危机培养起必要的防范意识？

经济周期

经济周期或称商业循环，是指围绕着长期平均增长率的实质国民生产总值增长率的经常性波动。

典型的经济周期模式见图 6-3：

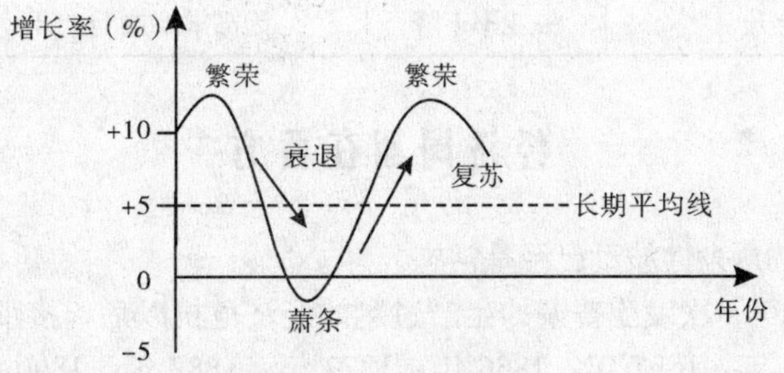

图 6-3　经济周期模式

注：(1) 实际的经济周期是一个不规则的模式。

(2) 长期平均线是指一个经济实体的实质国民生产总值的平均增长率。

经济周期的四个阶段。经济周期包括四个不同的阶段：繁荣期、衰退期、萧条期及复苏期。经济周期的不同阶段是以实质国民生产总值增长率、就业水平、一般物价水平等变动来分辨的。见下页表 6-4。

1. 繁荣期（高峰期）

这是经济最蓬勃的时期。劳动力充分就业，而实质国民生产总值亦达至同时期的高峰。总体需求增加，投资也不断增加。物价水平上升，出现通货膨胀。

2. 衰退期（收缩期）

当厂商及家庭的需求下降时，经济便步入衰退期，实质国民生产总值及就业水平开始下降。投资者对产品将来的需求感到悲观，因此不愿意作进一步的投资，经济便会收缩，出现不景气的现象。

3. 萧条期（急跌期或低沉期）

这时期的特征是失业水平高，由于消费及投资的需求不断下降，厂商减产并大量裁员。实质国民生产总值也不断下降，国民生产总值的增长率更可能跌至长期平均增长率之下。这是经济困难时期，很多公司纷纷倒闭，劳工也只能靠低微的收入度日。

4. 复苏期（增长期）

这时期的投资逐渐上升，产出水平因消费及投资的需求增加而逐渐上升，就业率也逐渐上升。

表 6－4　经济周期的各个阶段与各项指标

阶段	经济指标			
	实质国民生产总值增长率	就业水平	一般物价水平	投资水平
繁荣期	达至高峰	充分就业	因货品及服务的需求增加而逐渐上升	上升
衰退期	下降	失业率上升	因货品及服务的需求减少而逐渐下降	下降
萧条期	下降至长期平均增长率以下	失业率高企	由于缺乏需求而处于低水平	减至最低
复苏期	上升	失业率下降	因需求增加而上升	逐渐增加

经济周期在西方

在西方，经济的周期性波动已经是常态。

自 1825 年英国第一次发生普遍的生产过剩的经济危机以后，接踵而至发生危机的年份是 1836 年、1847 年、1857 年、1866 年、1873 年、1882 年、1890 年和 1900 年。在资本主义自由竞争阶段以及向垄断资本主义阶段过渡时期，差不多每隔 10 年就要发生一次这样的经济危机。换言之，以当时的人口、资源、科技水平条件，经济总量平均每 10 年左右到达一次顶峰。自由市场经济体系的经济总是在最繁荣的时候急剧下降，到了谷底，投资者又重新获得利润，经济又开始上行，周而复始，形成周期。

进入 20 世纪，在 1900 年危机之后，直到“二战”之前，又相继发生了 1907 年、1914 年、1921 年、1929—1933 年、1937—1938 年的经济危机，差不多每隔七八年就发生一次危机。

“二战”后，各主要资本主义国家又发生了次数不等的经济危机。到 20 世纪末，就几个主要西方国家看，发生经济危机的次数分别是：

美国 7 次（1948—1949 年、1953—1954 年、1957—1958 年、1960—1961 年、1969—1970 年、1973—1975 年、1980—1982 年）。

日本7次（1954年、1957—1958年、1962年、1965年、1970—1971年、1973—1975年、1981年）。

联邦德国7次（1952年、1958年、1961年、1966—1967年、1971年、1974—1975年、1980—1982年）。

法国5次（1952—1953年、1958—1959年、1964—1965年、1974—1975年、1980—1982年）。

英国7次（1951—1952年、1957—1958年、1961—1962年、1966年、1971—1972年、1973—1975年、1979—1982年）。

20世纪自“二战”以来西方国家此起彼落的危机中，属于世界性危机的有3次，即1957—1958年、1973—1975年和1980—1982年的经济危机，这3次危机表现了明显的国际同步性。

进入21世纪，从2008年开始，整个西方又一次面临具有国际同步性的危机。由美国次贷危机引发的全球金融风潮，再一次使西方各国经济面临危机的煎熬。

秋风萧瑟话危机

作为每一次经济周期的谷底，经济危给经济、民生带来打击，有时候还会是非常沉重的打击。

在历次危机中，至今令人谈虎色变的，就是1929—1933年的大危机。

爆发于1929—1933年的那次震撼整个西方世界，波及当时所有的殖民地、半殖民地国家的全球大危机，被称为“横扫世界的大危机”。危机以美国纽约股票市场崩盘开始，很快波及全美，进而迅速席卷全球。在长达4年之久的危机期间，生产下降和失业增长都达到了空前猛烈的程度。整个西方世界的工业生产几乎下降了44%，比1913年的水平还低16%，倒退到了1908—1909年的水平；失业人数达到5000万人左右，一些国家的失业率竟高达30%～50%，也就是说，劳动人口中有近半的人失去了工作。西方世界的对外贸易总额下降了66%，倒退到1913年的水平以下。就美国来说，工业生产下降了56.6%，其中生铁产量减少了79.4%，钢产量减少了75.8%，汽车产量减少了74.4%，整个加工工业工人人数减少了42.7%，支付工资总额降低了57.7%，全国失业人数达1200多万人。经济的极度收缩，失业率的大幅攀升，使各国国民收入均大幅下降：美国下降了54.69%，德国下降了40.4%，法国下降了30%，英国下降了14.61%。与收入下降相连的，是人民生活水平的大幅下滑，趋于恶化。

也正是这次危机，催生了“罗斯福新政”，导致了政府职能的重大改变，调控宏观经济，从此成为政府的重要经济职能。

“二战”后的3次全球危机中，较突出的是1980—1982年的危机。这次危机和上次全球危机一样，都是在停滞膨胀的背景下发生的。此次危机首先于1979年7月在英国爆发，紧随其后，加拿大于同年10月经济下滑。转入1980年，相继陷入危机的其他国家有美国（2月）、比利时（2月）、日本（3月）、联邦德国（4月）、荷兰（4月）、法国（5月）、意大利（5月）、爱尔兰（6月）。到各国于1982年底开始走出危机，危机大约持续了3年之久，成为战后时间最长的一次经济危机。其中值得一提的是，在1980—1982年的危机中，有些国家出现了整体经济“W”形的走势，在危机之中经历了较为明显起伏的过程。如美国、加拿大、联邦德国和日本，危机 3 年内经济发生两次下滑，法国和意大利更是数度反复，经济走势呈现锯齿形。但无论何种走势，经济危机同样给各种经济活动主体带来了沉重打击。

经济周期与我国

在过去计划经济体制下，我国经济也有波动，甚至是大起大落式的波动。如从 1958 年掀起了“大跃进”运动，经济“放卫星”式地“上升”，到随后国民经济因受沉重打击而转入 1959—1961 年的“三年困难时期”，是一次大幅度的波动。从我国完成国民经济调整任务，经济运行在上升轨道的 1966 年，到“文化大革命”经济开始走下坡，直到“文化大革命”结束前处于崩溃边缘，又是一次大的波动。但是，这种波动是由于政治原因、行政决策造成的，并非经济学意义上的经济周期性变动。

改革开放以后，在向市场经济转轨的过程中，我国经济的波动继续存在，但已经没有以前的那种大起大落，而且导致波动的原因也在变化，来自经济层面的原因逐渐加大了对经济波动的影响力度。

按照我国学术界、舆论界的通常说法，自 1978 年改革开放以来，我国已进行了 6 次较重大的宏观调控。第一次是 1979—1981 年，持续时间 3 年，主要调控背景是 1978 年出现的经济过热和物价上涨，调控主要采用行政手段。第二次是 1985—1986 年，历时 2 年，主要调控背景是 1984 年出现的经济过热和物价上涨，调控主要采用行政手段。第三次是 1989—1990 年，历时 2 年，主要调控背景是 1988 年出现的经济过热和物价上涨，调控主要采用行政手段。第四次是 1993—1996 年，主要调控背景是 1993 年出现的经济过热。如果说前三次宏观调控基本上是在原有计划经济体制下进行的话，那么从第四次宏观调控开始，已是在推行市场经济体制建设背景下的调控，我国政府所采用的掏空手段，也从过去单纯依靠行政手段的做法，转变为开始注重对经济手段和法律手段的运用。第五次是 1999—2002 年，主要调控背景是 1998 年亚洲金融危机后出现的经济增长相对疲软，主要调控手段是扩大内需。第六次开始于 2004 年，结束于 2008 年初，主要调控背景是固定资产投资的居高不下。在调控中，更注重了调控的预先性和多种经济手段的综合运用，更注重了对经济平稳运行效果的追求。从 2008 年中后期开始，面对美国次贷危机引发的全球金融风潮，我国政府又开始了新一轮的宏观经济调控。

从 1999 年在亚洲金融危机中我国经济的波动，到 2008 年在实际金融风潮中我国经济的变化，都显示我国经济走势与外部世界的动荡具有了某种程度的同步性。市场经济条件下周期性变化的阵阵涛声，看来正在悄悄地接近我们。对此，我们对经济周期变动带来的各种影响，应有足够的思想准备，应该树立起相应的风险意识，掌握应有的应对手段，才不致在将来的经济波动中举止失措。

主题三　谁在驾驭经济的马车

【讨论热点提示】

你认为经济运行应该靠市场还是靠政府？
面对经济周期，市场可以发挥的作用是什么？
面对经济周期，政府可以发挥的作用是什么？

从“口红效应理论”说开去

“口红效应理论”是1929—1933年经济大危机中美国提出的一种经济理论。这种理论试图解释的是一种屡试不爽的经济现象。那就是，每当在经济不景气时，美国口红的销量就会逆市而行，直线上升。如何解释这种想象？“口红效应理论”认为，这体现的是一种危机期间存在的“低价品偏好”。因为尽管在经济不景气的情况下，人们仍然保有不可抑制的消费欲望，所以会转而寻找价格低廉的商品。购买口红这种廉价奢侈品，可以起到一种平抚自己购买冲动的作用。同时，经济衰退尽管会使人们的收入降低，但在人们的购物清单中，主要削减的是那些需大笔开支的商品，诸如买房、买车、出国旅游等，但这样一来，大家手中反而会出现一些小额余钱，这正好可以用来购买那种廉价奢侈品。

如果说“口红效应理论”是一种与经济周期、危机有关的经济理论的话，那么充其量它只是整个经济学大厦中的一个“小不点”。但是，现在的问题是，如果这个“小不点”能对危机中的某种现象作出有效解释的话，那么这种解释能否在整个经济学体系里得到体现？或者说，整个经济学理论体系的“堂堂正正之师”能否对经济周期、经济危机作出有效的解释，进而提出准确的应对方案？

这正是问题的所在。

对于经济周期、经济危机问题，现在的经济学，或者更具体地说，当代的宏观经济学是处于一种仁者见仁、智者见智的状态。经济学家围绕经济危机、经济周期问题，还拿不出一个较为一致的解释。当代经济学的两大理论阵营，后凯恩斯主义阵营和新自由主义阵营对这个问题的看法存在着明显的差异。

这种理论现象，应该是对经济学感兴趣的朋友需要了解的内容。

旗鼓相当的两种理论

当代宏观经济学存在着两大旗鼓相当的理论阵营。其中一个是较强烈地继承了古典、新古典经济学的基本理念，主张限制政府对经济干预的**新自由主义**阵营；一个是从传统凯恩斯学派变化而来的，主张政府仍应对经济作出干预的**新凯恩斯主义**阵营。

从20世纪30年代中“凯恩斯革命”以来，这两大阵营所体现的理论分歧就已经存在。只是，在凯恩斯主义如日中天时，它的反对派或者是以偏居一隅的“芝加哥学派”的方式存在，或以尚未进入主流的“公共选择学派”等形式存在，都达不到与凯恩斯主义分庭抗礼的程度。20世纪70年代在西方经济的滞胀局面中，凯恩斯主义受到冲击，反对派的声音迅速高涨，从而形成了“新自由主义”与“凯恩斯主义”两大阵营不分伯仲的理论格局。到20世纪80年代，两大阵营的对立又转化为现在的格局。

也就是从20世纪80年代以来，这两大经济理论派别在如何看待经济周期的问题上，都出现了值得注意的观点变化。如果说，在此之前他们的理论争议尚且是基于经济波动是一种有规律的周期性变化这一前提而展开的话，那么现在，这两大阵营中的不少学者对经济周期的看法都已出现了程度不同的变化，这种观点变化与如何看待政府干预的作用对象又有着极为密切的关系。

一方面，在新自由主义阵营，例如，作为当代新自由主义阵营的理论中坚、崛起于20世纪80年代的“真实经济周期学派”就认为，政府运用财政手段进行反周期调控，完全是一种有弊无利的行为。因为按他们的观点，有规律的经济周期变动是不存在的，经济波动是随机的，是不可预测的；经济波动完全是由外生的冲击造成的（诸如科技发明、石油提价、自然灾害等）。这些来自外部的冲击都是政策制定者难以准确预料，更是政策制定者难以有效控制的。而所谓的经济周期性变动，则纯粹是人们的错觉，是人们对随机出现的外部冲击所造成的经济波动的误解。如果政府试图对这种具有随机游走性质的经济波动进行调控，那只会产生南辕北辙的作用，使经济波动进一步加剧。据此，他们进一步坚持新自由主义学派向来对政府干预所持的否定态度，认为政府的干预不仅不能对经济进行有效的调控，反而会破坏和扰乱市场机制的作用，进而加剧整体经济的不稳定性。因而，经济的稳定运行，只能依赖于市场机制的作用。

另一方面，在新凯恩斯主义阵营中，对经济周期的看法也发生了一些微妙的变化。同样崛起于20世纪80年代，并同样已经成为当代凯恩斯主义阵营理论中坚的“新凯恩斯主义经济学派”，对经济周期问题的基本看法是：导致经济总量扰动的冲击之源是外生的，这种冲击可能来自于供给或需求方面，也可能来自于真实经济周期学派所说的那些外部冲击。但该学派更为强调的是，在经济运行中存在着一种机制，该机制可以放大各种外部冲击，使各种中、小程度的冲击扩展为整体经济的大规模波动。而且经济在自身运行中不仅仅会扩大外部冲击，它还会在这些冲击因素消失之后，使这些冲击造成的影响持续相当长的时间，使放大了的经济波动继续进行。因此，对经济波动问题，重要的不在于冲击的根源，而在于经济本身是如何对这些冲击作出反应的。既然经济本身会对外部冲击产生这种反应，而且按他们的看法，“市场失灵”又是确凿存在的，在此情况下，如果没有政府的紧缩政策，通货膨胀将会更加严重；同样，如果没有政府的扩张政策，通货紧缩和失业也

会更加严重。因而政府对经济波动，特别是严重的经济波动进行干预，仍然是具有意义的。

对市场作用的不同解读

导致两大阵营对政府干预的看法形成差异的根本原因，就在于对市场作用的不同解读。

综观西方相关理论的演化，从以斯密、李嘉图、萨伊等为突出代表的“古典学派”，到19世纪70年代“边际革命”以后的“早期新古典学派”，再到19世纪末20世纪初以马歇尔为代表的“新古典学派”，他们都普遍认为，通过自由经济条件下市场机制的作用，就可使整体经济得到有效的调节，从而实现宏观经济在充分就业条件下的较平稳运行。到1936年“凯恩斯革命”后，传统的凯恩斯主义否定了单靠市场机制就可对经济进行有效调节的观点，从而提出了通过政府对宏观经济的调控以维系经济平稳运行的理论和政策主张。随后，在“二战”后的1/4世纪时间里，凯恩斯主义在西方经济理论中一直居于突出的主流地位，其有关政府干预的理论、政策主张也得到不断的补充发展。然而，20世纪70年代西方出现的滞胀局面，使传统凯恩斯主义受到明显冲击，并导致西方经济理论的进一步分化、演变。在如何看待政府对经济的调控作用问题上，形成了新凯恩斯主义和新自由主义两大理论阵营分庭抗礼、相持不下的局面。

在两大阵营中，新自由主义学派之所以信誓旦旦地坚持要以市场为主，要限制政府的干预，就在于他们坚守亚当·斯密古典经济以来的信念，认为寻求个人私利的经济活动主体在市场机制这只“看不见的手”的作用下，可以合理作出自己的选择。这种选择的结果，又会使全社会的福利得到推进。由于这种结果是靠追寻个人利益的主体来实现的，因而经济发展的动力将永远不会枯竭，经济活动主体也会为了私利而对市场信号作出及时的反应，使资源得到合理配置。“市场之手”是一只远比政府聪明、敏捷、有效之手。

反观凯恩斯主义，他们并不否认市场的作用。例如，他们认为政府干预能起作用，关键在于通过“乘数效应”、“加速原理”等机制的放大效果，使政府的调控发挥出杠杆作用，从而撬动整个经济。那么，这种放大效果如何实现呢？在他们心目中，还是要靠市场。从传统凯恩斯主义到今天的新凯恩斯主义，特别是今天的新凯恩斯主义者，他们之所以仍然坚持政府干预的主张，其最强硬的支撑就来自市场失灵理论。正是基于这种理论，他们认为市场还不是一盏有求必应的“阿拉丁神灯”，“老虎还有打盹的时候”，当人们需要解决公共产品提供、克服信息不对称、缩小收入分配、熨平宏观经济波动等问题时，人们还是要依靠另一只“看得见的手”，发挥这只手的作用。

再回过头来看，新自由主义也并非一概否认政府作用，除要求政府做好“守夜人”的传统本分工作之外，当代新自由主义阵营中的每一个具体流派都有自己对待宏观经济的政策主张，如货币学派的单一货币政策主张、供给学派的减税主张等，而这些政策主张，正是要通过政府来实施的。因此，他们所主张的，实际上是尽量限制在他们看来不必要的，甚至是错误的政府干预，让政府在尽可能小的范围内发挥“有限政府”的作用。

主题四　熨平经济波动的抓手

【讨论热点提示】

你认为总供需中的主导方面是什么？

宏观调控的目标是什么？

政府靠什么手段实行宏观调控？

我国宏观调控实例一瞥

政府如何调控宏观经济？让我们的介绍从我国的一个实例开始。

1997年下半年，我国国内经济出现较明显的下行现象，绝大多数产品价格呈现下跌趋势。2000多元钱一台的彩电在短短几个月内跌到1000多元，市场上的肉价、蛋价以及各种蔬菜价格也一路下跌，各类服装店开始大打折扣，小店里的衣服更是便宜得惊人。也许大家会认为这是好事：东西便宜了，花费相等的钱可以买到更多的东西，尤其是那些耐用消费品价格的下降，更是增加了消费者对高档享受的购买力。

这种想法站在购买者角度是对的；但若从整体经济考虑，结果却并非完全如此。价格是市场供求关系的指示器，某种商品价格上升，说明市场对这种商品的需求大于供给；反之，说明市场需求小于市场供给。当绝大多数商品价格出现下降，意味着市场中绝大多数商品的供给大于需求，由此带来的直接后果是大量产品将库存积压，销售不出。这种情况若持续下去，则许多工厂、企业会被迫停工、歇业，社会上的下岗失业人数会不断增加。1997—1998年我国整体经济就处于这种状况。现实中，在整体经济处于这种不景气状况时，消费者的购买欲望也同样呈现不景气。在各种商品价格一路下跌的情况下，消费者没有表现出高涨的购物热情，而倾向于把钱存在银行。1997—1998年，我国居民储蓄存款就达到5万亿元的高水准。消费者购买需求的整体不足，使社会总供给大于总需求的状况进一步恶化。

为扭转经济下行势头，国家采取了一系列措施。从1997年下半年开始至1998年，国家先后6次调低银行存款利率，以促使民间投资，推动居民取钱消费。在降息的同时国家还启动消费信贷，增加对住房、小汽车等商品的消费贷款力度；随后又于1998年8月增发1000亿元国债，扩大政府财政支出。

政府这一系列政策举措逐渐显现效果：1998年底，我国国内生产总值在亚洲金融危机以及全国性特大洪涝灾害的侵袭下，仍实现了7.8%的增长速度，部分商品的价格也放

慢了下降幅度。为进一步推动经济掉头，1999 年 3 月，中国人民银行再次宣布减息。到年中，国家再次调整预算，增发 600 亿元国债。在这些政策促动下，国内经济逐步松动，商品价格普遍下降的局面得到遏制，宏观经济逐渐向有利于增长的方向转化。随着这些政策效应的发挥，国内生产总值 1999 年增长 7.6%，2000 年增长达到 8.4%，经济运行走上了上升通道。

宏观调控与需求管理

在 1997—1998 年这轮调控中，我国政府为什么要采取这些政策，这些政策对整体经济又会有什么作用呢？下面我们对一般性的原理进行必要的介绍。

经济活动每年都有波动。在大多数年份，物品与服务的生产量增加了，由于劳动力增加、资本存量增加以及技术知识进步，能生产的东西越来越多。但是，在一些年份并没有出现这种正常增长。企业发现无法把它们提供的所有物品与劳务出售出去，因此，它们削减生产，工人被解雇，失业增加，而且工厂被闲置。由于生产的物品与劳务减少了，实际国内生产总值和收入的其他衡量指标就下降了。如果这种收入减少和失业增加较为缓和，这个时期就被称为衰退；如果较为严重，就被称为萧条。

既然经济波动与商品、服务的供需有关，那么，出现供需不平衡时，我们应抓那一头呢？不同的经济理论有不同的解答。但是，自“凯恩斯革命”以来，主流答案是应该抓需求，通过调控需求量来实现供需的平衡。

就国内而言，总需求主要由三部分组成：个人的消费需求、企业的投资需求以及政府的购买需求。

在宏观经济下行、总需求不足时，政府减息就是为了刺激企业的投资需求和居民的消费需求。当个人、企业需求仍然不足时，扩大政府购买支出会增加国内总需求。这种增加不仅表现在直接增加社会总需求，还表现在通过其特殊的乘数效应使社会总需求得到间接增长。例如，政府通过购买商品和劳务，将 1000 亿元转移到所购买商品和劳务的供给者手中，这些供给者便增加了 1000 亿元收入。由于收入的增加，他们会增加对商品和劳务的购买。这样，一方面可以直接增加社会总需求，另一方面又会带动另一批商品和劳务供给者收入的增加。这种链条式的影响重复循环下去，社会总需求会以倍数增长。

同时，对一国的总需求而言，来自海外的需求也是重要方面。为扩大海外需求，政府可以采用加大出口退税等政策。

当然，如果是经济上行，出现过热，政府又可以采用相反的政策，通过抑制总需求，使经济趋于平稳。

由此可见，针对不同经济形势，政府可以运用不同政策实施有效调控，在保持经济稳定发展中扮演重要的角色。而在经济发展过程中，增长过热或不景气是经常存在的事实，这就需要政府相机抉择，发挥调控手段的杠杆作用予以矫正。

但是，我们这里说的只是对经济增长速度的调控，除此之外，还有两大方面，即失业率与通货膨胀率的调控。上面已经谈到，在西方，民众对这两个指标的重视程度甚至高过对经济增长率的程度，这无疑也是宏观调控中必须注重的方面。这样，**政府宏观调控的目标**就可大致表述为：政府通过一定的方式，使总供给和总需求趋于平衡、经济周期波动趋于平缓，实现充分就业、物价水平稳定条件下的经济增长。

宏观调控目标述要

在履行调控职能时，为什么政府的宏观经济目标通常包括充分就业、物价稳定与经济增长三大方面？其意义何在？

维持充分就业，在宏观经济目标中居于极其重要的地位。充分就业是指经济中的各种经济资源都得到了充分有效的利用，这也就意味着任何有能力工作并且愿意工作的人都可以找到一个有报酬的职位；否则，劳动者未能充分就业，社会中就存在着失业现象。

失业对于整个社会经济有着重要的影响。首先，失业表明社会中的一部分资源没有得到充分的利用，一批愿意工作并且有能力工作的人力资源并没有用于生产，因而造成了资源的浪费。跟一般的生产要素相比，劳动是一种非常特殊的资源。举个例子来说，假定某工厂有 100 台机器，使用寿命为 10 年，并且已经使用了 9 年，那么按原有的计划本来还可以使用 1 年。该工厂之后因故闲置了 1 年，然而一般来说，这些机器的寿命并没有相应缩短 1 年，它们仍然可以在原有计划内的 1 年使用寿命周期内继续发挥作用，也就是说，机器设备的闲置并没有影响到它们的功能。但是如果有 100 人失业 1 年，那么在其失业期间内，这些人全年的劳动也就永远失去了，这些劳动所能创造的国民收入和社会财富也就永远失去了。其次，失业造成了劳动者的贫困。对于失业者及其家庭来说，失业意味着经济来源的失去，如果劳动者长期失业，他们的亲人也许不得不忍饥挨饿，过着悲惨的生活。再者，失业滋生了社会不稳定的不利因素。倘若一个国家的失业人数剧增，失业人员的生活得不到保障，就容易造成社会的动乱。近年来东南亚某国动乱频仍，其主要的原因之一就是该国国内经济不景气所导致的严峻就业形势。我们一般使用失业率来作为衡量一国失业程度的指标。失业率指的是失业人员与社会全体劳动者人数的比率。失业率越高，表明社会失业问题越严重，政府所面临的解决失业问题的压力就越大，反之亦然。

物价稳定也是宏观经济目标的主要组成部分，政府维持物价的稳定有着重要的意义，如果社会物价极其不稳定，将非常不利于国民经济的持续、健康发展。可以想象，如果今天可以用 1 元买到的东西，到了明天却要 10 元才能买得到，那种慌乱的感觉是多么的难受呀！每个人都忙于盘算自己口袋里的钱到底能够买到什么。这种担心对于工薪阶层来说更是强烈，因为他们多年来辛辛苦苦、节衣缩食而积累起来的、仅有的一点积蓄很有可能会在一夜之间化为乌有。假如那一天真的来临，对于他们自己以及他们的亲人来说，往后的日子该怎么过呢？因此，维持物价的稳定，是政府的一项重要任务。

我们一般使用价格指数来衡量物价变化的程度。现行的经济统计中存在着几种不同的价格指数，如通过消费者所购买的、具有代表性的商品组合的价格计算而得出来的**消费价格指数**，用来测量生产者卖给批发商的商品平均价格水平的**生产价格指数**，以及用来测量批发商卖给零售商的商品价格水平的**批发价格指数**，等等，它们分别从不同的角度反映了价格水平的变动程度。

经济增长是政府的另一重要宏观经济目标。经济增长主要分析的是在充分就业的情况下，国民收入的变化趋势。然而，经济增长并不简单地意味着国民收入的增长，更具体地说，它不是指现存生产能力利用率的提高所带来的国民收入的增长，而是指社会生产能力

的提高所带来的国民收入的增长。人们从经济增长中所获取的收益是人民生活水平的提高，然而经济增长的成本也是不容忽略的，这主要是工业化发展的环境污染给人类社会带来的一种负面效应。美国 20 世纪 50 年代的经济发展就是一个典型的例子：1950—1958 年，美国的实际国民生产总值增加了 1 倍，但是国内的环境污染状况却迅速恶化，付出了惨重的代价。统计数据显示，在同一时期内，累计于空气和水源的一氧化碳、二氧化碳、碳氢化合物和铅、汞等有毒物质的含量也增加了 1 倍，严重威胁着美国国内居民的健康。经济增长一般使用国内生产总值来作为测量指标。国内生产总值表示一国居民在某一特定时期内生产的所有商品和服务的货币价值总和。因此，无论是商品生产还是服务行业，公共部门还是私人部门，社会的一切经济活动都无一例外地被包含在该指标内。

宏观经济政策工具简介

为了保证国民经济的顺利运行，政府需要推行适当的宏观经济政策，采用适当的政策工具，以配合充分就业、物价稳定和经济增长等宏观经济目标的最终实现。值得注意的是，宏观经济政策必须要与宏观经济目标相匹配，才能够达到预期的效果。打个比喻来说，每一个会走路的人都享受过穿鞋的乐趣。我们知道，无论鞋子过大还是过小，走起路来总会感到别扭，因此，人们都懂得根据自己的脚的尺寸来选择鞋子的型号。而只有与自己的脚大小配套的鞋子，才是最舒服的。如果我们把宏观经济目标看作是人的脚，宏观经济政策就好比是各种可供选择的鞋子。因此，宏观经济政策必须与宏观经济目标相适应，否则就会出现各种各样的问题，甚至还有可能适得其反。同时，就像鞋子是用来走路的工具一样，宏观经济政策也被称为是经济目标的政策工具。宏观经济政策可以分为财政政策和货币政策两大类。选择正确的政策工具，并且将其有效地组织起来，成为政府的工作重点之一。

财政政策指的是政府通过改变支出和税收来解决国内所遇到的经济问题的措施，它包括财政支出政策和财政收入政策。**财政支出政策**主要通过改变政府的支出政策来稳定经济，例如在经济萧条时期，政府将增加支出，如建造水库、公路等公共工程，增加失业救济金并延长发放年限，等等；同时政府还可以减少税收，如实施降低个人所得税，增加投资豁免税额等措施。**财政收入政策**则主要通过改变税率来稳定经济，例如在通货膨胀严重的时期，政府会想尽一切办法减少支出，增加税收。由此，政府通过有意识地增加或抑制总支出，保证了国民经济的稳定发展。

货币政策则主要是利用中央银行的专项职能来达到政府的政策控制意图的。中央银行可以通过调整存款准备金、调整再贴现率以及进行公开市场业务等方式来实现政府的宏观经济目标。其中，公开市场业务是最为常用的货币政策。

财政政策、货币政策，就是我们通常说的政府调控经济的两大杠杆、两大工具。

不同的政策工具的内容不同，形成作用的速度不同，它们对国民经济的影响也不同。正如医生给病人开药方时所面临中药和西药的组合选择一样，西药见效快，但是副作用多；中药副作用轻，见效却相对较慢。中药与西药的不同组合，对病人的康复起着至关重要的影响。同样道理，政府也面临着相类似的抉择，如何使各种政策工具合理组合起来，发挥最佳的效果，是政府工作的重要内容。

主题五　货币政策主要工具述略

【讨论热点提示】

什么是货币政策？
你受到过货币政策的影响吗？
公开市场业务是一种什么业务？

作为反周期杠杆的货币政策

货币政策包括广义、狭义两个层次。**狭义货币政策**是指中央银行实施的为实现调控目标而运用各种工具调节货币供给和利率的方针和措施的总合。**广义货币政策**是指政府、中央银行和其他有关部门共同实施的有关货币方面的规定和所采取的影响金融变量的一切措施的总合。

货币政策是通过政府对国家的货币、信贷及银行体制的管理来实施的。货币政策的性质（中央银行控制货币供应，以及货币、产出和通货膨胀三者之间联系的方式）是宏观经济学中最吸引人、最重要，也最富争议的领域之一。

货币政策的调控对象是货币供应量，即全社会总的购买力。作为反周期的政策，**扩张性的货币政策**是通过提高货币供应增长速度来刺激总需求。在这种政策下，取得信贷更为容易，利息率会降低。因此，当经济下行，总需求低迷时，常采用扩张性的货币政策。反之，**紧缩性的货币政策**是通过削减货币供应的增长率来降低总需求水平。在这种政策下，取得信贷较为困难，利息率也随之提高。因此，在经济过热、通货膨胀较严重时，常采用紧缩性的货币政策。

货币政策**工具库的内存**主要包括公开市场业务、存款准备金、再贷款或再贴现以及利率政策和汇率政策等。

本聊天室择要介绍传统的三大货币政策工具，即公开市场业务、存款准备金和再贴现。

公开市场业务

公开市场业务是指中央银行通过买进或卖出有价证券，吞吐基础货币，调节货币供应量的活动。根据宏观经济走势，当经济趋热，需要收缩银根时，便卖出证券，相应地收回

一部分基础货币，从而减少金融机构可用资金的数量；相反，当经济下行需要放松银根时，便买进证券，扩大基础货币供应，直接增加金融机构可用资金的数量。

公开市场业务与其他货币政策工具相比，因其可随时调节、改变有价证券买卖规模和买卖方向，所以具有突出的主动性、灵活性和时效性。同时，由于公开市场业务中涉及的交易对象包括了占很大比例的公债，所以，公开市场业务是一个与财政政策，特别是其中的公债、赤字政策紧密相连，互相贯通的政策。

存款准备金

存款准备金是指金融机构为保证客户提取存款和资金清算需要而准备的在中央银行的存款。中央银行所要求的存款准备金占各金融机构存款总额的比例就是**存款准备金率**。由于调整存款准备金率可以影响金融机构的信贷扩张能力，从而间接调控货币供应量，所以调整存款准备金率成为中央银行货币政策的重要工具。

在施行反周期政策时，在经济下行的情况下，中央银行降低存款准备金率，金融机构可用于贷款的资金增加，社会的贷款总量和货币供应量就相应增加，从而促使经济增温；反之，在经济趋热的情况下，提高存款准备金率，社会的贷款总量和货币供应量相应减少，就可促使经济降温。

存款准备金率的变动对货币供应量的作用迅速，一旦确定，各商业银行及其他金融机构都必须立即执行，往往被看成是货币政策工具中的一剂“猛药”。

再贴现

所谓**贴现**，是指远期汇票经承兑后，汇票持有人在汇票尚未到期前为获取现款而向银行等受让人转让，受让人扣除贴现利息后用现金将票款付给出让人的行为；或者说，是银行等购买未到期票据的业务。**再贴现**，是商业银行或其他金融机构将贴现所获得的未到期票据，向中央银行所作的票据转让；或者说，是中央银行通过买进商业银行持有的已贴现但尚未到期的商业汇票，向商业银行提供融资支持的行为。中央银行在对商业银行办理贴现贷款时所收取的利息率，则称为**再贴现率**。

从反周期的角度说，再贴现政策就是中央银行通过提高或降低再贴现率来影响商业银行的信贷规模和市场利率，以实现货币政策目标的一种手段。再贴现率不仅影响商业银行筹资成本，制约商业银行的信用扩张，控制货币供应总量，而且可以按国家产业政策的要求，有选择地对不同种类的票据进行融资，从而促进经济结构的调整。

主题六　财政政策工具览要

【讨论热点提示】

财政政策工具有哪些？
如何用好财政政策工具？
税收为什么是“自动稳定器”？

政府运用的财政政策

人们常常把市场机制称为“看不见的手”。与之相应，财政则是这只“看不见的手”发挥作用时所使用的重要工具，是政府调节控制经济的重要杠杆之一。

从总体上来说，**财政政策**是指国家根据一定时期政治、经济、社会发展的需要而制定的在财政方面的政策，是国家整个经济政策的重要组成部分。作为宏观调控的政策工具，财政在政策实施上主要通过财政支出与税收政策来调节总需求。经济下行时，政府所实行的反周期的财政政策，扼要地说就是“增支减收”，即增加政府支出，降低税收，以刺激总需求，从而推动经济增长；反之，当经济过热时，实行“减支增收”，以抑制总需求，减缓国民收入增长速度。

财政政策工具主要有税收、国债、公共支出、政府投资、财政补贴等。在实施经济调控时，政府一般会组合式地使用这些工具。如经济萧条时，会同时使用减少税收、增发国债、增加支出、扩大公共工程投资、扩大赤字等办法，这些财政支出将产生乘数效应，数倍地扩大社会总需求，从而促进经济增长。

税收的作用

税收对宏观经济波动而言是一种“自动稳定器”，因为税收本身是一个“逆周期”变量。当经济过热时，虽经济总量增加，税收收入也自动增加，这与此时政府要实行的“减支增收”调控原则刚好一致。因为增加政府税收，把私人部门的资金收束起来，就可以抑制消费、投资需求，从而减缓经济速度。反之，当经济下行时，税收收入也自动减少，这与此时政府所要实行的“增支减收”调控原则又刚好一致，从而可刺激总需求增加。

联系调控经济的三大目标，政府的税收主要有如下作用：

（1）提供政府资金。税收提供资金，使政府能供应公民所需的物品及服务。

（2）重新分配所得。课税能把所得从一个所得组别转移到另一个组别，使贫富的差距缩小。

（3）稳定经济的总体需求。课税能影响个人消费、储蓄及投资。如整体经济已接近或达至充分就业，通货膨胀便会加剧。增加课税则可以减少个人消费及商业投资，从而降低总体需求，减低通胀的压力。同样，当实际产出下降及失业率上升时，减税便可以增加个人消费及商业投资，从而刺激总体需求。

税收对个人及整体经济的影响

（1）降低消费水平。征税会使个人的可支配收入减少，在同样的总收入下，人们能够购买的东西减少了，生活水平便会下降。

（2）改变消费习惯。直接税收使人们的可用所得减少，并因此改变其消费习惯，如减少在奢侈品方面的消费。此外，政府可有针对性地向对人本身或社会有害的物品，如烟草、烈酒等征税，使其价格上升，成交量减少，以达到理想的水平。

（3）影响工作量。累进的个人所得税制度可能改变人们工作的态度，使人们的劳动时间减少，从而影响经济的发展。

（4）影响物价。直接税如工资薪金税会使个人纳税后可用所得减少，对货品及服务的整体需求减少，物价水平随之降低。间接税则主要是针对货品及服务征收税款，生产商会借提高货品及服务的价格，从而把税务负担转嫁到消费者身上。

（5）影响政府收入。短期来说，开征重税可使政府的收入增加；长期来说，重税会使个人工作的意愿大减、投资减少，各种经济活动也因而减少，公民所得下降，政府的税收最终降低。

政府的公共支出

政府的财政支出对社会总需求有明显影响作用。作为政策工具，一般在国内经济不景气时，采取积极的财政政策，多发行国债、扩大政府支出能够有效启动国内需求，保证经济稳定增长。当经济增长过热，社会总需求大于社会总供给，物价大幅上涨出现通货膨胀时，采取另外一种财政政策，即减少财政支出的紧缩财政政策，能够有效抑制物价上涨，同样起到保持经济平稳增长的作用。

联系三大目标的实现，政府的公共支出对社会的影响可以说是全方位的。较突出地表现在：

（1）提高生活水平。若政府在公共设施如图书馆、公共娱乐设施、交通网络及社会福利方面增加开支，公民可享用的服务的数量和质量就会提高，公民的生活水平就会得到改善。

（2）提高生产力。若政府在劳工培训、通信设备、基本建设方面增加支出，生产要素的效率会得以提高，有助于经济长期增长。

（3）提高就业率。政府在公共建设及为公众提供的服务上增加开支，会制造大量的就业机会。社会的就业率提升以后，公民的收入增加，便会增加消费，从而使百业兴旺，进一步改善就业情况。

（4）重新分配所得。政府在社会福利、医疗及教育方面增加开支，可使底层的人们生活质量改善。而这些开支的来源正是富裕的纳税人所交纳的税款，这样社会上贫富悬殊的现象便会得到改善。

（5）造成通货膨胀。若整体经济已达到全民就业的水平，则政府的支出会使社会对物品及服务需求激增，最终可能使物价水平上升，造成通货膨胀。

政府筹集资金的方式及其弊端

为了应付庞大的政府公共开支，筹集资金便成为一门很重要的学问。然而，各种方法都有其弊端，政府只能因时制宜。见表6－5：

表6－5　政府筹资的方法及弊端

筹资方法	弊　端
增加税收	（1）增加直接税会削弱消费力，拖慢经济增长 （2）增加间接税会使物价水平上升，造成通货膨胀
动用储备	储备减少可能无力应付突发危机
举借债务	举债会加重国家的利息负担，严重的外债会导致在政治上受外国操纵
增加收费	增加各项公共服务的收费（如水费、学费、电费等）会加重公民的负担
印发钞票	此举会使货币供应量增加，造成通货膨胀

第七聊天室

经济发展趋势

【版主的话】

你你知道，今天你随手丢弃的一个快餐盒，对我们的生活会有什么影响吗？也许你没有想到，这么一个小小的泡沫垃圾，焚烧时将产生大量有害的气体，而如果不这样处理，它又将永久性地存在地球上，不断地污染着环境，影响着我们的生活。事实上，它不仅影响我们这一代的生活，而且还将影响到下一代甚至以后每一代的生活。而这仅仅只是目前日益严重的环境污染中一个相当小的例子，也是我们这里将要接触到的话题之一。在这里，我们将从一个重要的视角来审视我们这个世界。这个视角所涉及的问题，也许是你以前有所思考，但仍想更深入地探讨的，也可能是你以前没有接触到的，或者平时没有注意到的，甚至是还没有思考过的。

在本聊天室，我们将要讨论经济发展的源泉以及什么是工业化，也会讨论经济发展为何必然要突破地域的限制，当然，这也是我国为什么要加入世界贸易组织（WTO）的基本原因所在。我们还要讨论：为什么现在对人才要求越来越多，也越来越高；同时，网络的高速发展也离不开我们的视野。实际上，我们正生活在一个由日趋活跃的网络构筑的世界中。

总归到一句，我们要接触到的话题，都是在探索这样一个问题：未来经济的发展趋势到底是怎样的？

主题一　经济增长和经济发展

【讨论热点提示】

你知道什么是经济增长吗？

如何实现经济增长？

经济增长与经济发展有什么区别与联系？

钱从哪里来

岁月如歌。细心的朋友回顾一下我们的生活，你是否能感受到你所经历的每一天都处于变化之中？例如，结婚是件喜事，也是件大事，许多人都想趁这个机会风光一下，办套体面的嫁妆就是最好的表现了。不过在不同的时期，这嫁妆可是不一样的。以前有“四大件”之说，也就是结婚一定要办齐手表、自行车、缝纫机和收音机，这四样东西可是当时有钱的象征。后来，“四大件”慢慢就被彩电、冰箱、洗衣机和电风扇所取代了；现在恐怕应该是汽车、房子等了吧。以后呢？不知道。既不知道将来人们生活水平会达到什么地步，也不知道到时还会有什么东西出来。

从手表到彩电到汽车，东西可是一样比一样贵。嫁妆能有这样的变化，原因很简单：老百姓口袋里的钱多了，腰包鼓了，出手当然就阔气了。不过，钱这个东西既不能平白从天上掉下来，也不存在一个聚宝盆，扔钱进去就能源源不断地生出钱来。那么，钱从哪里来呢？

这一切就要归功于经济增长。我们的生活发生了翻天覆地的变化，就在于改革开放以来，我们国家的经济取得了突飞猛进的增长。由于经济增长，东西一天比一天多，我们得到的收入也是一天比一天多，也就能够买得起越来越多、越来越好的东西。

经济增长，也就是一个国家一定时期内生产的商品和劳务的增加，可以用特定的指标来衡量，一般用的是国内生产总值。因此，看一个国家是否实现了经济增长，就看这个国家的国内生产总值是否发生了变化；增长多少，就看国内生产总值变化多少。

自从 1978 年我国实行改革开放政策以来，我国的经济取得了长足的增长，但是与发达国家相比，我国的整体经济水平还是比较低下的，只能算是发展中国家的水平；如果要比较人均收入的话，那就更落后一大截。此外，我国地域辽阔，地区的增长情况差异很大。因此，为了提高人民的生活水平，满足人民日益增长的物质与文化需要，促进各地共同富裕，增强我国的整体经济实力，缩短与发达国家的差距，实现经济的增长是我国进行经济建设必须始终面对的重要任务。只有实现经济增长，我国才有可能跻身于世界强国之林，中华民族才有可能实现长久以来的富国梦想。

经济增长三要素

一个国家通过经济增长能够提高老百姓的生活水平，增强国家的经济实力，那么，经济增长又是如何实现的呢?

经济增长无非是商品越来越多，那么，就先来看一下商品是怎么生产出来的吧。要生产出一件商品，首先必须要有人的参与，没有人的参与，商品可不会自动生产出来，这时我们赋予人以一个特定的概念，即“劳动力”。但是，光有人劳动还不行，你能不能赤手空拳地把商品生产出来？肯定不行。这时我们还需要一些别的东西，例如必须播下种子才能收获粮食，必须投入钢材才能生产出汽车。对于这些投入生产中的物品，我们也赋予它一个特定的概念，称为“资本”。

好，我们现在就具备了实现经济增长的一些基本要素。一般而言，投入生产的劳动力和资本越多，我们能得到的产出也就越多，经济也就能够得到增长。在广阔的田野上，越多人劳作，收获的粮食也就越多；在一间工厂里，投入越多的铁矿石，炼出来的钢铁也就越多。

除了劳动力和资本以外，我们可能还忽略了一些重要的因素。会是什么呢？先看这样一个例子。

假定去年的钢材产量是 50 万吨，投入提炼的铁矿石是 100 万吨，今年要实现 10%的增长，也就是要将钢材的产量提高到 60 万吨。为了实现这一目标，我们可以加紧采矿，争取今年采到 120 万吨的铁矿石用于提炼钢材，这样我们就可以将钢材的产量提高到 60 万吨。这就是前面说过的，通过增加资本或劳动而实现了经济增长的方法。那么，我们还有没有别的方法呢？要注意到，从 100 万吨到 50 万吨的过程中，有 50 万吨的铁矿石变成了铁渣，那么，是不是这些铁渣一点用都没有，或者说，这些铁渣是否就只是铁渣呢？有可能是，但也有可能不是，也许是我们方法不对，火候不够。于是通过精心研究，我们改进了提炼方法，提高了煅烧技术，结果奇迹出现了：今年我们依旧投入 100 万吨的铁矿石，然而却炼出了 60 万吨钢材，同样实现了 10%的经济增长目标。这就奇怪了：我们并没有增加资本或劳动力，为什么产出也会增加呢？是什么东西有那么大的魔力？原来，这个神秘的东西就是我们在生产过程中改进了的方法，我们把它称为“技术”，正是它使我们同样实现了经济增长。

劳动力、资本和技术就构成了经济增长的三个源泉。经济能够得到不断的增长，无外乎这三种要素投入的增加。不过，从上面的例子可以发现，三种要素对于实现经济增长的作用过程并不是完全相同的。相应地，也就形成了两种增长方式：一种以劳动力和资本的投入为基础，期望投入越多，产出就越多，从而增长越快；另一种则以生产过程中技术的使用为基础，通过不断改进生产过程中的工艺，提高生产效益。在这两种方式中，前一种是依靠不断扩大生产规模和数量来实现经济增长，因而被称为外延型的经济增长方式，也

称粗放型的经济增长方式；后一种则是通过内部效益的提高来实现的，也就被称为内涵型的经济增长方式，或称集约型的经济增长方式。

比较这两种增长方式可以发现，外延型的经济增长需要不断地投入资本和劳动力。这就面临两个问题：首先，要投入的资源（例如矿石或劳动力）总是有限的，也就不可能通过无限制的投入来实现经济增长，也就是说，经济增长最终会受到资源的约束；其次，资本和劳动力的使用还存在一个边际效用递减的问题，即到了一定的规模，投入更多的劳动力和资本，产出的增长速度反而会下降，因而资源也就会被白白浪费掉。由此看来，外延型的经济增长并非是一种理想的增长方式。过去几十年，我国实现的经济增长都是以高投入为基础的，现在这种增长方式已经显示出越来越大的弊端，我们必须把经济的增长转变到由内涵型的增长方式来实现。经济增长是我国进行经济建设的重要任务，这种经济建设必须是以科技抓效益，以效益促生产，这是实现经济增长正确和有效的途径。

经济增长的局限和经济发展

也许大家正沉湎于经济增长给我们的生活所带来的充实、富裕和便利的喜悦中。我们也说过，要不断地提高人民的生活水平，促进人民的共同富裕，增强国家的实力，必须通过经济增长来实现。但是一国经济增长了，是不是就一定能实现这些目标呢？这并不一定。经济增长是实现这些目标的必要条件，但却并非是一个充分条件。如果考虑到别的一些因素的话，经济增长也许并不如我们想象的那么完美，那么令人羡慕了。让我们来看一看下面几个问题，大家可以先作出自己的回答。

经济增长了，人们的收入就能提高吗？

经济增长了，每个人都能提高很多收入吗？

经济增长了，国家的实力就一定增强了吗？

首先看第一个问题。如果你还不能确定的话，就先来看一下如何来衡量一个国家人们的收入水平。显然，人们收入水平的高低并不是以收入总量来确定的。一个人拥有100元与5个人拥有100元，生活水平肯定是不一样的。因此，要确定人们的生活水平，一般以人均收入来比较，这样问题就清楚了。经济增长了，人均收入是不是就能提高呢？来看一下：

人均收入＝总收入÷人口数量

经济总量的增长带来总收入的增加，可以促进人均收入的增长，但是这有一个限定条件，就是不考虑人口的数量变动情况。如果人口数量也变动的话，结果就会不同了。以数字来说明：假定去年总收入是2000万元，人口是20万人，则人均收入为100元；今年经济增长10%，总收入就达到了2200万元，如果人口数量也增长10%的话，那人均收入是多少呢？简单的数学计算可得：人均收入为100元，与去年的收入水平一样。也就是说，经济的增长并没有带来人们收入的提高。那经济增长的部分都到哪里去了呢？原来都用到新增加的人口上去了。细心的读者还会发现，如果人口增长比经济增长的速度更快，那么人均收入反而会下降。大家可以自己来验证一下。

再来看第二个问题。平均收入只是说明一种平均状况，并不能说明每个人的真实水平，收入最终总是在每个人手中进行分配的。经济增长了，每个人得到的收入都能增长吗？仍以上面的例子为例，如果这 20 万人中 50%是富人，50%是穷人，去年富人收入都是 150 元，而穷人收入仅为 50 元，显然人均收入是 100 元。为了简单起见，假定今年经济增长了 10%而人口没有增加，因此人均收入变成了 110 元；但是这并不能说每个人的收入都增加了，很可能的结果就是收入都增加到富人身上去了，而穷人根本没有什么变化。例如富人现在收入都是 170 元，而穷人仍然是 50 元；人均收入 110 元是比去年增加了，但是穷人与富人之间收入的差距却从去年的 100 元增加到今年的 120 元。经济增长的背后是人们收入分配的不公平，这也是社会的不公平。如果经济增长只是使财富越来越集中到富人的身上，那么这种增长是可怕的。

继续假定，如果一个国家人均收入增加了，而且不管是穷人还是富人，每个人的收入都增加了，也就是说，不存在着分配的不公平现象。那么，这样的经济增长会不会带来一国实力的增强呢？这就是第三个问题。典型的例子是，20 世纪 70 年代，石油价格猛涨，像科威特、卡塔尔和阿拉伯联合酋长国等产石油的国家人均收入大大超过了美国，但是，这是不是说这些国家的经济实力开始超过美国了呢？完全不是。这些国家收入的增加只是依靠石油一样东西，如果石油没有了，如果石油不重要了，那么这些国家还有可能取得这么高的收入吗？除此之外，亚洲、非洲、拉丁美洲一些国家，经济是依靠一两种产业来推动的，生产出来的产品也大多是一两种初级产品或者是原材料，例如有的国家就被称为“香蕉国家”。这样的经济增长只是一种畸形的增长，经济越增长，对外国的依赖程度就越深，当然也就更谈不上一国经济实力的增加了。

由此可见，利用经济增长的指标来衡量一国的经济状况存在着很多局限性。其实这种局限性还有很多，例如，经济增长了，生活富裕了，但是经济却又带来了环境污染，从而危害了人们的健康，使人们不得不在活得好一点与活得长一点之间选择，这种增长是痛苦的。经济增长所表现出来的这种局限性主要体现在发展中国家和不发达国家上。在 20 世纪六七十年代，尽管发展中国家取得了较快的经济增长，然而各国的贫穷和分配不公平却始终存在，出现了所谓“富人的钱越来越多，穷人的孩子越来越多”的现象。从世界经济来说，经济增长也是有局限的。在过去的几十年里，世界经济总体上是在增长的，但是贫富分化的现象也在加剧，占世界人口 20%的富人占有世界总财富的 83%，而占 80%的穷人却只拥有总财富的 17%。

为了克服经济增长这个概念的局限性，需要一种新的概念来表达一国经济状况的改善。利用它，不仅能够表示一国经济增长了，而且能够表示随着经济的增长，总的收入、平均收入、每个人的收入都得到了增加，人们生活质量得到了改善，以及产出结构、分配状况、社会福利、文教卫生、消费模式等都得到了优化或提高。如果这些目标都实现了，我们就称之为**经济发展**。

由此可见，经济发展是比经济增长要广泛得多的概念。经济增长可以用国内生产总值这个指标来衡量，而经济发展则必须用一个指标体系才能反映出来，例如人均收入水平、分配的均等程度、产业结构状况、识字率、健康水平和就业状况等。因此，经济发展已经不仅仅只包括经济上的目标，而且包含了社会、政治等方面的多重目标。要取得经济发展，也要采取除经济增长之外更多的措施，包括制度变革、收入调节、福利保障、产业调

整等。例如，人口就是经济发展所要考虑的重要问题，必须控制住人口的过快增长，使人口的增长与经济的增长相协调，以免损害到经济增长带来的成果。在我国，人口数量是制约我国经济发展的突出问题，因此我国提出了计划生育的基本国策。如果不这样的话，让人口无节制地增长，现在我们的生活并不见得会比二十几年前要好。

我国现在还是一个发展中国家，经济增长与经济发展的矛盾在我国仍然可能长期存在。因此，今后在追求经济增长的同时，还需要注意经济的全面发展。

主题二　迎接工业化的多重挑战

【讨论热点提示】

如何对产业进行划分？产业结构的变动呈现怎样的趋势？

怎样实现产业结构的高级化？

我们应如何应对工业化的多重挑战？

产业与产业的划分

19世纪以来，一场以蒸汽机的发明为标志的工业革命最早从英国开始，席卷世界各地，人类从此进入了工业化的发展阶段。现在工业化的过程在许多国家还是方兴未艾，但是发达国家又开始掀起了一股信息化的浪潮，发展更为迅猛，把许多欠发达国家又远远地抛在了后面。其实，所谓这种化那种化，无非就是强调一种东西的作用越来越大，运用到这里，就是说，一种产业在整个国家经济中占了很大的比重。不过，从工业化到信息化又代表了什么意思呢？

首先，让我们来了解一下什么是产业。产业指的是既有投入也有产出的行业，一般是同类产品生产行业的统称。例如，种植稻麦和打鱼狩猎被称为农业，而以大机器生产的部门则被称为工业。当然，一个产业包括的范围可大可小，一种特定的行业也可视为一种产业。

其次，由于产业包括的范围可以不同，这就存在一个对产业如何划分的问题，也就是说，如何将不同的行业进行归类，划分为不同的产业。一个国家总有许许多多的行业，而每种行业都有许多特点，因此存在多种的产业划分方法。

把整个经济部门分为农业、工业和商业是很早以来就存在的产业结构划分方法。古代中国实行过的“重农抑商”政策，可以说是这种划分方法较早的体现了。在农、工、商三大行业划分中，农业是一种广义上的含义，包括种植业、林业、牧业、渔业和副业；工业是以大机器生产为主的行业，包括采矿和制造业等；而商业则是从事商品购销服务的行业。在一个产业内部还可以继续细分，例如工业还可以再分为轻工业和重工业两个部门。

不同的行业所需要的资源是不同的，按照不同资源对产品生产的重要性不同，也可以对产业部门进行划分。由于产品的生产主要依靠的就是劳动力、资本和技术，因此也就可以将不同的产业划分为劳动密集型产业、资本密集型产业和技术密集型产业。由于技术是知识的一种，因此技术密集型产业也常称为知识密集型产业。依据这个方法可以对不同的行业进行归类：鞋子的生产主要依靠的是人们的劳动，因此是劳动密集型产业；汽车则主要是依靠投

入大量作为资本的原材料，例如钢材才能生产出来，因而是资本密集型产业；而对于电子计算机软件的生产，则主要是以技术的进步为基础，所以属于知识密集型产业。

现在应用最为广泛的是三次产业的划分法。三次产业，也就是将全部的行业划分为第一产业、第二产业和第三产业。第一产业包括种植业、牧业和渔业等，第二产业则包括采矿业、制造业、建筑业以及煤气、电力等工业部门，第三产业包括运输业、通信业、金融业、房地产、公共行政、广播、国防以及其他各项事业。这种划分方法是以产业产品的发生以及生产过程的特征进行的。第一产业的生产过程是直接从自然界获取产品，直接对自然资源进行开发和利用，生产出初级产品，是人类自古以来赖以生存的基础；第二产业则对初级产品进行加工和再加工，提供满足人们进一步需要的产品；第三产业则不是对有形的产品进行加工，而是生产出非实物形态的产品，提供各种各样的服务。

三次产业的划分法全面地反映了一国整个国民经济各个部门的发展和相互关系。随着社会经济的发展，通信、金融、保险、教育等行业在国民经济发展中所起到的作用越来越大，第三产业所占比重不断升高，为人们认识产业结构变化规律提供了方便的分析途径。因此，三次产业的分类法是目前各国普遍采用的方法。

上述的几种划分方法存在着一些差异，这并不是说这些划分方法之间存在矛盾，仅仅只是分析问题的角度不同而已，几种划分方法之间还存在一些关联。农业是第一产业，也可属于劳动密集型产业；工业是第二产业，工业很多部门都是资本密集型产业。依据不同的方法还可以比较不同国家产业之间的差别。在我国，农业人口占了整个人口的大部分，农业是典型的劳动密集型产业；而在美国，农业普遍实现了机械化，农业人口只占了很小的比例，因而劳动密集型的表现并不突出。

由于一国经济中存在不同的产业，不同的产业在整个国民经济中所占的比例也不一定是一致的。产业结构指的就是国民经济中各种产业的结合状况和比例关系，用来反映一国的国民经济是由哪些产业构成，各种产业在整个国民经济所占的比重又是多少等。产业结构的比例关系一般用各种产业在国内生产总值占的比例，或者各种产业里就业人数占总就业人数的比例来说明。以表 7－1 为例，两种比例数字可以反映目前我国产业结构构成的一些基本状况：

表 7－1　我国三次产业变动趋势

单位：%

年份		1952 年	1962 年	1978 年	1990 年	2000 年	2008 年
第一产业	产值占国民生产总值比例	51.0	48	27.9	26.9	14.8	11.3
	就业人数比例	83.5	82	70.5	60.1	50.0	39.6
第二产业	产值占国民生产总值比例	20.8	36	47.9	41.3	45.9	48.6
	就业人数比例	7.4	8	17.3	21.4	22.5	27.2
第三产业	产值占国民生产总值比例	28.2	16	24.2	31.8	39.3	40.1
	就业人数比例	9.1	10	12.2	18.5	27.5	33.2

我们在前面说过，经济的发展要求一国的产业结构得到改善，说的就是一国不能只是发展一种产业，尤其是不能只发展落后的产业，而应该形成种类齐全的产业结构，并且随着经济的增长，各种产业所占的比重也应相应地改变。

工业化与产业的升级换代

狭义的工业化，可简要定义为工业部门在整个国民经济中发展并取得主导地位的过程。这种意义上的工业化，通常是以工业（或第二产业）产值在国民生产总值中比重的不断上升，以及工业就业人数在总就业人数中比重的不断上升来体现。

因此，工业化首先可通过一国产业结构的变化表现出来。

产业结构反映了国民经济中各产业部门的对比关系。这种对比关系不是一成不变的，而是一种动态变化的过程。随着生产力的发展和技术的进步，各种新的资源，包括自然资源、人力资源和技术资源不断被人们开发和利用，生产出新的产品，形成新的产业。同时人们的需求也在向各个方面扩展，如果新的产品正好满足了人们不断增长的各方面需要，这些不断涌现的新产业就能够得到发展；原先在国民经济中起着重要作用甚至主导作用的产业，其主导地位在逐渐消失，所占的比例在缩小。这些新的产业在国民经济中所占的比例越来越大，则有可能取代旧有产业而成为国民经济中起主导作用的产业。也就是说，随着经济的发展，一国的产业结构的构成和比例关系在不断变化，从而使产业结构经历着一个演进的过程，表现为各种经济发展趋势，工业化就是反映工业部门在国民经济中所占比重越来越大的这样一种趋势。

由于把工业划分为一个产业部门只是许多方法中的一种，因此，工业化只是反映经济发展的趋势之一。依据不同的产业结构划分方法，经济的发展趋势可以有不同的表现形式。

就工业内部的产业构成而言，如果将工业分为轻工业和重工业，那么工业化一般是从轻工业起步，随着工业的发展，重工业，包括生产如钢材一类的生产资料的工业和耐用消费品的工业比重会不断地提高；而轻工业如纺织业的比重则在不断地下降。如果将工业分为加工工业和基础工业，则加工工业的比重趋于增加，使工业出现向深加工、高附加值方向发展的趋势。

以资源要素的密集程度划分的产业结构而言，产业结构呈现从以劳动密集型产业向资本密集型产业再到技术密集型产业为主的演进趋势。在发达国家，各种高新技术产业不断涌现，知识技术含量最高的信息产业已经成为国民经济的主要产业，从而使经济的发展出现了工业化之后的信息化趋势。

以三次产业进行划分，三种产业所占的比例也在经历着不断的变化。第一产业所占的比重一直在下降；第二产业所占的份额，首先是迅速增长，出现一种工业化的趋势，然后比重的增加趋缓到稳定，甚至转而下降；而第三产业所占的份额，无论是产值还是就业的人数，都在一直增加。从农业到工业，从劳动密集型到知识密集型，从低附加值到高附加值，是当今世界经济发展的一般趋势，称为产业结构的高级化。也就是说，随着生产力从低水平到高水平的发展，产业结构也经历了一个从低层次到高层次的演进过程。

产业政策和主导产业

从世界上很多国家的经济发展过程来看，产业结构的高级化是由两种途径形成的。对于一些发达国家而言，产业结构的高级化是一种自然、平稳、循序发展的渐进过程。例如，英国是最先进行工业革命和最早实现工业化的国家。工业化初期，该国纺织业从手工生产开始向机械化生产转化，并形成了以轻纺工业和相关交通、运输、采矿业为主的产业结构，实现了由第一产业向第二产业的转变；到了20世纪30年代，工业以基础工业为主开始向重加工工业转移，同时第三产业份额呈迅速增加的趋势，产业结构开始以服务业为主。英国大约花了150年的时间实现了工业化，使得产业结构从低级向高级演进。美国是现在产业结构最为高级化的国家，这也是美国几十年经济逐渐发展的结果。

除了这种自然渐进的发展过程以外，还有一种人为的发展过程，也就是采用超前配置产业或是几个发展阶段同时进行，从而实现产业结构的高级化。之所以要超前配置或几个阶段同时进行，这是因为在这个世界上，总是发达与落后并存。一些国家由于各种原因没有形成工业化，如果依旧按照发达国家产业结构演变的过程，所需要的时间是漫长的。而且，随着产业结构的高级化，产业更新换代的速度也在加快，按照传统的发展历程，不仅永远赶不上发达国家，而且只会使发达与落后的差距越来越大。按照这种方法演变比较成功的例子是日本和韩国：日本从20世纪50年代中叶到80年代初，以30年左右的时间实现了发达国家100多年才能实现的从第一产业到第二产业再到第三产业为主的产业结构的转换；而韩国从20世纪60年代初到90年代初，快速实现了从以轻工业为主向以重工业为主，再到以技术密集型为主的高级产业结构的转换。

就我国而言，目前我国的产业结构整体水平还是较低的，与发达国家相比，我国与工业化的时限仍有一定距离，第三产业所占的比重还是很小。再从就业人口比例看，就可以清楚地反映我国与发达国家的差距了。而现在发达国家已经开始由工业经济向知识经济转变，掀起了信息化的浪潮，而且发展更为迅猛。如果要赶上发达国家的水平，至少不落后，就必须如同日本、韩国一样，超越产业结构发展的自然顺序，采取国家宏观调控的方式，按照超前配置产业或者几个发展阶段同时进行，多管齐下的政策来实现产业结构的高级化。例如，工业化的进程要加快，同时也要考虑到现在信息化的趋势，加大对高技术产业，尤其是信息产业的投入，培育起新的产业主体。

采取国家宏观调控的方式来实现产业结构高级化，一个重要的手段就是实行产业政策，这是日本、韩国实现快速工业化的秘诀之一。产业政策就是政府为了实现特殊的经济目的，对产业部门实施的经济干预，包括对产业的保障、扶持、调整和限制等。例如日本为了加速工业化的过程，提高工业在国民经济中的比重，就为工业部门的发展提供了多种扶持措施，1958年出台了《机械工业振兴临时措施法》，1971年颁布了《特定电子工业及特定机械工业振兴临时措施法》等。韩国也通过一些法令条文来保证工业部门的优先发展。

产业结构的高级化也就是不同产业部门在整个国民经济中所占比重的变化过程，或者说是占国民经济重要地位的产业部门的不断替代过程。一般而言，一种产业部门占了重要地位，不仅反映它在国民经济所占的比重是最大的，而且反映其在经济增长过程中的作用也是主要的。这种在国民经济中占据重要地位的产业，也就被称为主导产业。主导产业的变化是经济发展的自然趋势，不过，由于主导产业在经济发展中能起到特别重要的作用，因此一个国家也可以有意识地选择扶持被确定是主导产业部门的发展，以促进产业结构的变化。产业政策对产业进行扶持，指的是对主导产业进行扶持。例如在未来知识经济中，信息产业将是主导产业，因此，加大对信息产业投入的力度，扶持信息产业的发展，是推动工业经济走向知识经济的可行方法。

利用产业政策，扶持主导产业的发展，事实上就是人为地加速产业结构演进，以便能够在较短的时间内达到预期的目的。这就存在一个产业结构合理化的问题。如果优先发展主导产业变成了片面发展主导产业，那么，由此形成的产业结构就会不合理。一种产业的发展总不能离开其他产业的发展，而且一种新的产业成为主导产业，往往也是在传统产业得到充分发展后的一种变化。而在我国过去的经济实践中，却是片面地优先发展重工业，关系到广大人民生活的轻工业却长期得不到发展；与工业相比，农业的发展更是缓慢，由此形成的产业结构就会不合理，对经济的发展也起不到积极的促进作用。因此，产业结构的合理化，对于如我国这样要加速实现产业结构高级化的国家来说，同样具有重要的意义。

产业结构的高级化和合理化，一般被统称为产业结构的优化，这是一国经济发展的途径，也是经济发展的重要目标。

积极应对工业化的多重挑战

工业发展固然是工业化的重要特征之一，但是，工业化并不仅仅由第二产业的发展所完全代表。从较广义或更一般的意义说，工业化是社会经济形态的历史性转变，是传统农业社会向现代工业社会的转化。这个意义上的工业化，既是整个社会经济现代化的核心内容，也是个系统的、多维的变化过程。在工业化的推进过程中，工业部门的扩大和工业产值的提高，是一个与高新技术的运用、劳动生产率的提高相辅相成的过程；是一个与农业的现代化、服务业的发展、新兴部门的涌现共同发生的过程；是一个与城镇化水平的提升同步进行的过程；是一个与市场力量的扩张、市场经济制度的建立互相推动的过程；是一个与现代政治、社会、文化制度的建立与完善紧密相连的过程。

即使单单从经济这个层面着眼，工业化作为一个复杂、系统的变化过程，也从包括城市化、市场化、信息化在内的多个方面向我们提出了积极的挑战。

从城市化的角度看。城市化是全国人口由农村向城市转移、农村地区逐步演变成城市地区的过程。而城市化正是工业化的必然结果。一方面，工业化在提高农业生产机械化水平、解放农村劳动力的同时，为农村剩余劳动力提供了大量进城就业的机会，从而促成了经济形态从传统农业经济向现代城市经济的转化。另一方面，伴随着农村地区转变为城市地区的过程，在城市基础设施和公共服务设施不断完善的同时，因生产力进步所引起的经济活动主体在生产方式、生活方式以及价值观念的转变也在发生。这种变化，正是工业化所需要的条件。

从市场化的角度看。市场化是指市场机制作用不断扩大的经济体制演变过程。市场化与工业化是在互相促进中共同发展的。一方面，工业化的过程是一个推动分工发展、交换

扩大的过程是一个促使市场发育的过程。另一方面，市场发育的过程不仅仅是一个在交换扩大中推动工业发展的过程，伴随着市场经济发展而来的，必然是经济组织的变革、经济结构的重组、人与人之间生产关系的调整，以及各种相关制度的变迁，从而成为一个为工业化提供制度条件的综合过程。

从信息化的角度看。信息化是指培育、发展以智能化工具为代表的新的生产力并使之造福于社会的过程。在当代经济条件下，工业化与信息化是紧密结合在一起的。一方面，工业化为信息化提供了物质技术层面的支持，为信息化提供了用武之地；另一方面，信息化改变了工业化的面貌，使工业化过程中渗透了信息化和现代科学技术所带来的能量，对工业化发挥了有力的带动作用。

因此，工业化的过程也就是积极面对包括城市化、市场化、信息化在内的全方位挑战的过程。现在，工业化、信息化、城镇化、市场化和国际化，往往被合称为中国现代化进程中的“五化”，这“五化”实际上是紧密相连的。我们应该在努力推进“五化”的过程中，应对好来自工业化的多维挑战。

主题三　贸易自由化的趋势

【讨论热点提示】

为什么不同的国家之间会出现贸易？
保护贸易可以采取怎样的措施？
不同的国家之间，是自由进行贸易好，还是应该实行保护贸易？

分工与自由贸易

以前一段时间，有人以炫耀拥有的进口家电为荣。现在每个家庭都应有一些大大小小的进口东西了，使用进口的产品已经不再是什么稀罕的事情。至于什么是名牌的进口产品，则更是脱口而出了。其实，产品的进口与出口自古有之，著名的丝绸之路，就是把中国当时的丝绸珍品源源不断地运到日本、欧洲和世界其他地区，引致许多封建贵族、王公都以能穿戴中国的丝织品为荣。现在只不过是情况倒过来而已。不过，不管是中国的产品运到国外，还是外国的产品运到中国，都是商品在一个国家与另一个国家之间的交换，这就是国际贸易。前面我们已经对它有所了解，现在，为了说明国际贸易的意义，我们进一步分析：为什么不同的国家之间要进行贸易？自已生产不是更好吗？

为了最直观地分析问题，我们来个最简单的假设：假定世界上只有两个国家：A国和B国。投入资源只生产两种产品：小麦和布匹。同样的产品在两个国家不存在着差别，唯一不同的是两个国家同样产品的成本不同，见表7-2：

表7-2　两国产品的单位成本（一）

产品 国家	小麦	布匹
A国	4	5
B国	5	4

在A国，4表示生产单位小麦所需要的资源投入量，5表示生产单位布匹所需要的资源投入量。资源投入量也就构成了一种产品的生产成本。在B国，生产同样的小麦单位成本是5，而生产布匹的单位成本是4。两国同样产品的生产成本是不同的。再假定两国用来生产产品的资源总量都是120。

如果两国都实行闭关锁国的政策，不与外国发生任何关系，则两国只有同时生产两种产品。按照生产成本，A 国能生产的两种产品产量是 30 单位的小麦或 24 单位的布匹，或者满足 4×（小麦产量）＋5×（布匹产量）＝120 这个等式的任何两种产品产量组合。B 国则是 24 单位小麦或 30 单位布匹，或者满足 5×（小麦产量）＋4×（布匹产量）＝120 这个等式的任何两种产品产量组合。

现在假定 A 国选择的产品生产和消费组合是（15，12），即生产和消费 15 单位的小麦和 12 单位的布匹；而 B 国选择的组合是（12，15），这与前面的要求是相符合的。

但是两国的成本是不同的：在 A 国 1 单位小麦只能换到 4/5 单位的布匹，而到了 B 国同样 1 单位小麦却能换到 5/4 单位的布匹。A 国精明的商人很快会发现这点，同样的小麦到 B 国将会换到更多的布匹。如果现在进行贸易，那么在 A 国生产布匹将是不现实的，因为从 B 国运来的布匹还更便宜。同样，B 国的小麦更贵，与其自己生产，不如拿布匹与 A 国交换。于是，出现了国际分工：A 国专门生产自己成本具有优势的小麦，B 国完全生产布匹，然后再进行交换。结果会是如何呢？

A 国进行专业化生产，可以生产出 30 单位的小麦，而 B 国则可以生产出 30 单位的布匹，然后两国进行产品交换。现在要确定的是交换比率。如果交换比率是 1∶1，对 A 国来说，1 单位小麦本来只能换到 4/5 单位的布匹，现在能换到 1 单位的布匹，当然肯干；而对 B 国来说，1 单位布匹本来只能换到 4/5 单位的小麦，现在能换到 1 单位的小麦，当然更高兴。因此，1∶1 是两个国家都能接受的比例。A 国给自己留下 15 单位的小麦，用剩余的 15 单位小麦按 1∶1 的比例跟 B 国交换 15 单位的布匹。B 国用 15 单位的布匹换来了 15 单位小麦后，自己还有 15 单位的布匹。这时，A 国生产小麦和布匹的情况是（30，0），而能消费的却是（15，15），比不进行贸易能消费的（15，12）要更多。B 国的生产情况是（0，30），而能消费的是（15，15），比不进行贸易时能得到的（12，15）也要多。于是，分工生产再进行贸易给双方都带来了利益。

事实上，只要小麦与布匹的交换比例在 4∶5～5∶4 之间，贸易都能给双方带来利益。有兴趣的朋友可以自己动手试试。如果交换比例是 4∶5 或者5∶4，那么只有一个国家能从中得到好处，而另一个国家利益既不变多也不变少。如果交换比例在这范围之外，则一个国家能得到利益，而另一个国家的利益就要受损。因此，交换比例实际上决定了贸易利益在进行贸易的国家之间分配的状况。

A 国生产小麦的成本比 B 国低，B 国生产的布匹成本比 A 国低，这就被称为**绝对优势**。由于成本的不同产生了生产的分工，由分工再进行交换能得到利益是贸易产生的原因。

在上面的例子里，要求每个国家都有一种产品的绝对优势，但是如果一个国家两种产品的成本都比别国要低或高，那么贸易还会不会进行呢？对上面的例子稍作调整，得表 7－3的形式：

表 7－3　两国产品的单位成本（二）

国家＼产品	小麦	布匹
A 国	4	5
B 国	8	6

A国两种产品的成本都要比B国低，也即A国在两种产品上都有绝对优势。按照绝对优势的道理，那么两种产品都应在A国进行生产，B国什么都不生产，但现实却并非如此。

仔细观察一下可以发现，A国小麦成本是B国的1/2，而布匹的成本A国是B国的5/6。也就是说，虽然A国两种产品的成本都比B国低，但是小麦的成本优势更为明显。同理，B国两种产品的成本与A国相比都处于劣势，但是布匹的劣势（6/5）要比小麦的劣势（2/1）要小。从这种思路出发，A国就可以把所有的资源用于生产自己优势较大的产品，而B国则选择自己劣势较小的产品进行生产，然后进行交换。结果又会是怎样的呢？

如果不进行贸易，A国能生产和消费的情况与前面未变；B国能生产和消费的是15单位小麦或20单位的布匹，或者满足8×（小麦产量）＋6×（布匹产量）＝120这个等式的任何两种产品产量组合。假定A国选择的是（15，12），B国选择了（9，8）。

现在分工生产，A国只生产30单位的小麦，而B国只生产20单位的布匹，然后进行交换，假定交换比例依旧以1∶1进行。B国自己留下8单位的布匹，把剩下的12单位布匹用于从A国换取12单位的小麦；A国将12单位的小麦换到12单位的布匹之后，自己还剩下了18单位的小麦。这时A国所能消费到的小麦和布匹组合是（18，12），比不分工时的（15，12）要多。而B国得到的是（12，8），同样比不进行贸易时的（9，8）要多。也就是说，通过分工和贸易，两国都从中得到了利益。

据此可见，一国生产某种产品的机会成本（即为此所须放弃的另外种类产品）低于他国生产该产品时的机会成本，则该国对这种产品的生产具有相对优势。比较优势更准确地说明了两国之间进行贸易的理由。只要两个国家产品成本的比例不一样，即使处于绝对的劣势也可以进行分工并能从贸易中得到利益。这时，处于绝对优势的国家选择自己优势更大的产品进行专业化生产，而处于绝对劣势的国家专门从事自己劣势更小产品的生产，即“两优相权择其重，两劣相衡取其轻”。

比较优势是国际贸易的基础，那么，比较优势又是从何而来呢？一国在产品生产成本上的优势，来自于各国所拥有的资源优势，这种优势既可能是先天的，也可以是后天形成的。例如：几个阿拉伯国家富产石油，它们生产石油的成本当然比在海底千方百计采油要小得多；在气温寒冷的地带种植葡萄生产葡萄酒，肯定要比在温带地区生产的成本高得多；土地辽阔的国家（如加拿大）比土地匮乏的国家（如日本）种植粮食的成本要低，而日本劳动力富裕，在劳动密集型产品如纺织产品生产上的成本就比人口较少的加拿大要低。美国经过几百年的发展，现在已是世界上科技最发达的国家，也就成为世界上主要的高科技产品出口国；而中国劳动力很多，出口的还是一些劳动密集型的初级产品和低值加工产品。所谓“靠山吃山，靠水吃水”，说明的正是这一道理。

当然，前面所举的例子是非常简单的，事实上，其他一些因素，例如运输成本、生活习惯等都会对分工和贸易产生影响。但是，贸易会产生，首先就在于不同国家之间因生产产品成本的不同所带来的优劣势差别，这时如果对贸易采取任何限制性的措施，都会改变这种成本比例状况，从而损害从贸易中得到的利益。因此，主张自由贸易，也就是国家之间的贸易应该不受任何限制而自由地进行，是随着贸易而产生的必然要求。

与自由贸易唱对台戏——保护贸易

不同的国家生产不同的产品然后再进行交换，彼此都能从中得到好处，这是主张国家之间的贸易应当自由地进行的最大理由。

然而，双方都能从中得到好处，就是一个皆大欢喜的结局吗？还是让我们从一个简单的例子说起。假如世界上还是只有A、B两国，A国因为土地、劳动力资源丰富，因而生产出的农产品很便宜；而B国因为技术更为先进，因此生产的工业品具有比较优势。这样A国向B国出口农业品而B国向A国出口工业品，两国就都能从彼此的贸易中得到利益。但是，这样发展下去的结果会是怎样？A国一直生产农业品，这意味着A国将永远只是一个农业国，而B国则不断地生产工业品，成为一个工业国。这样发展的结果对A国显然是不利的。A国虽然从交换中得到暂时的眼前利益，但却是以未来永远停留在农业国的水平为代价的。也就是说，自由贸易也许会促进各国经济的发展，但是可能的结果却是差距越来越大。

A国之所以会一直是个农业国，在于本国生产的工业品，由于技术水平低，成本太高，面对自由贸易下的B国产品的竞争，显得心有余而力不足。我们可以假定：A国生产的农业品是小麦，而B国生产的工业品是汽车。A国如果不甘心只是种植小麦，也可以生产与B国一样的汽车。但是汽车是一种对资本技术要求很高的产品，如果技术水平低，开发、设计、建造的能力都比别人低，结果导致成本要比别人高。如果B国生产的汽车成本是1万元，那A国生产汽车的成本至少要2万元。在自由贸易下，即使A国汽车的功能与B国汽车功能一样，大家也只会买进口车——B国的汽车更便宜，为什么不买呢？这样一来，A国就惨了，本国的汽车工业很快就会垮掉，也就难以实现向工业化的过渡，产业结构得不到提高，也就只能始终是一个农业国。

由于自由贸易对一国的经济发展可能产生如此严重的后果，因此很多人主张对自由贸易进行限制，实行保护贸易。**保护贸易**就是在贸易过程中，对从外国进口的产品实行各种限制性的措施，以达到保护本国产品的目的。

那么，怎么进行保护呢？我们知道，每个国家都有海关，外国进口产品只有经过海关才能进入本国市场。如果对经过本国海关的外国进口产品进行征税，而且按较高的税率征税，就能达到保护本国产业的目的。这种保护贸易的措施称为**关税壁垒**。那么，关税又是怎么实现保护的目的的呢？以前面的例子为例，A国的外国汽车价格是1万元，本国汽车是2万元，如果对外国进口汽车征收100%的关税，那么进入A国市场的外国汽车的价格就是2万元。这样一来，外国汽车与本国汽车价格一致，由于功能基本一致，而且如果从维修服务的方面考虑，本国的汽车就具备竞争力了，A国的人们肯定都会选购本国的汽车，从而促进本国汽车工业的发展，如此就达到了保护本国汽车工业的目的。

除了关税这种保护贸易的措施外，还有许多保护贸易的措施，统称为**非关税壁垒**。这些非关税措施名目繁多，包括进口配额、进口许可、外汇管制、进口押金、技术性壁垒、环境壁垒、海关壁垒、反倾销政策、进口替代、贸易制裁等，各种措施都能达到一定的保护效果。其中较重要的是进口配额。**进口配额**，即对进口的商品进行数量限制。例如，本国汽车需求量为20万辆，现在规定只能进口5万辆，那么，除了一些人以1万元能买到外国汽车外，其余的人就只能以2万元的价格来买国产车。而且，如果大家都去抢购那5万辆进口车的话，进口车的价格自然而然也会上升，这样就达到了保护本国汽车工业的目的。**进口许可**，就是规定某些商品必须取得许可证才能进口到本国市场。如果外国车取不到进口许可证，就根本不可能到本国市场上与国产车竞争，当然也就能保护本国的汽车产业。**技术性壁垒**，就是出于保护的目的，利用各种技术性标准对进口产品设置各种障碍，包括包装标签、卫生检疫、安全检查等。例如，为了保证产品的安全性，对进口产品要求达到一定的标准也是合理的，但是各国有各国的标准，各行业有各行业的标准，这使得许多出口商疲于奔命。更重要的是，一些标准是刻意的，也是苛刻的。如法国葡萄酒的度数低，而德国的葡萄酒度数高，法国就曾对葡萄酒的度数限定了上限，从而限制了德国葡萄酒的进口。再如有的汽车门向前开，有的汽车门向后开，德国就曾规定，进口汽车的车门必须向前开，从而有效地限制了意大利一些流行汽车的进口。甚至一些法律条文也能达到保护的效果，例如韩国规定，本国的官员一律不得乘坐进口汽车，从而对从外国进口汽车的需求造成了极大的影响，也就保护了本国工业。如此等等，不一而足。事实上，在当代，保护的政策可以说是层出不穷，花样百出。

通过关税和非关税壁垒保护本国的产业，理由有了，手段也有了，那么，目标是什么呢？保护的产业应该是什么产业呢？

保护贸易是要保护在自由贸易中本国没有竞争力的产业。在工业化过程中，这些本国尚不具备与外国竞争的产业，一般被称为**幼稚产业**，保护贸易就是要保护这些幼稚产业。在一些国家的新兴工业刚起步时，就如幼儿一样没有自立能力，在自由贸易、自由竞争的环境下，必然会被国外同行业的产品打垮而永无成长的可能。因此，本国政府必须限制国外同类产品的竞争，保护本国幼稚产业的发展，等幼稚产业成熟起来并具有竞争力后，再取消保护，提倡竞争，从而享受自由贸易带来的好处。

贸易自由化的趋势

如果单从各自的观点来看，自由贸易和保护贸易可谓是“公说公有理、婆说婆有理”。不过，既然保护贸易的理论认为自由贸易有很大的缺陷，那保护贸易有没有不足呢？

保护贸易的措施虽能起到作用，但是利益总是互惠的，不可能自己对别国的产品采取的是保护贸易措施，却希望别国对自己的产品采取自由贸易措施。而且，一国采取保护性的措施，别国可能出于报复而采用更严厉的保护贸易措施，结果双方的利益都受到了损害，从而使贸易无法进行。

保护贸易虽然能保护本国产业，但结果却可能是保护落后。竞争可能导致淘汰，但是竞争却是促进进步的最好手段。实行保护贸易的政策以后，由于国内工业得到了国内政府的保护与扶持，缺乏国外的竞争，就会失去改进生产和管理、提高经济效益的动力，不思进取，产业的生存只能完全依赖于高额的关税来维持。从现实来看，一些实行“进口替代”这种保护贸易策略的国家，关税曾高达100％、200％，这说明该国工业生产的效益是极端低下的。

保护贸易还有一个问题是对保护对象的选择上。保护的对象应是受到国外竞争的、有前途的幼稚产业，但是，如何判断哪一种幼稚产业是有前途的呢？这并不存在一个客观的

标准。如果由于技术上的判断错误，或者出于其他一些因素的考虑，错误地选择了保护对象，例如选择保护了一些永远长不大的产业，或者选择保护了所谓的“夕阳产业”，结果都将造成严重的经济损失。

事实上，从保护贸易的用意来看，保护贸易并不是说要保护本国的产业一辈子，而是保到本国产业具有竞争力时，就不再采取保护措施，而要其参与自由竞争，开始自由贸易。从这点来看，保护贸易的政策中，保护只是手段，自由才是真正的目的。

因此，从20世纪中叶以来，虽然一些国家的贸易保护主义时有抬头，保护贸易的政策和手段不断翻新，保护贸易的花样和理由也层出不穷，但是在世界经济的交往中，贸易自由化作为一种趋势，一直在向前推进。相应地，就是保护贸易的政策不断被削弱，贸易保护主义一直在受到抨击。1948—1994年，在世界贸易组织（WTO）前身“关税与贸易总协定”（GATT）的主持下，参与国共举行了8个回合的多边贸易谈判，通过谈判使得缔约方的进口关税水平不断下降。缔约国中，发达国家的关税水平从45%下降到了4%左右；发展中国家的平均关税水平也下降到13%左右。此后，关税水平的下降仍然是主流方向。根据世界银行发布的《2008年世界贸易指标》报告，从20世纪90年代中后期到2007年的10年间，全球各国间的关税保护持续减少，特别是发展中国家的关税，降幅更为明显。

贸易的自由化极大地带动了国际贸易的发展。而国际贸易就是各国的进口和出口，进口和出口又是一国经济的重要组成部分。国际贸易的迅猛发展，代表了出口的急剧增加，出口的增加又标志着一国经济的快速增长。因此，贸易自由化带来了国际贸易规模的扩大和世界经济的增长。据统计，1948年以前的35年里，世界工业生产年均增长率为2%，世界出口量年均增长0.2%；而1953—1990年，世界工业生产年均增长率为4.4%，世界出口量年均增长为5.8%，大大超过了以前的增长率。从以前贸易的增长显著低于生产的发展，到以后贸易的增长速度大大高于生产的速度，说明贸易对一国经济增长的拉动作用越来越大。

从将来的发展情况来看，关税作为传统的保护贸易政策受到越来越多的限制，作用正在逐步减小，日后世界贸易走向零关税是一种趋势。从世界经济的现状和发展趋势来看，经济的全球化和一体化，使得保护贸易政策的空间越来越小，世界贸易走向自由化已是大势所趋。

WTO与贸易自由化

尽管现在世界贸易组织（World Trade Organization，简称WTO），被炒得沸沸扬扬，但事实上，如果与其他的国际性组织例如联合国相比，它还是一个非常年轻的组织，1995年1月1日才开始正式运作。但是，如果要追溯它的历史的话，那可就长了。WTO的前身就是“关税与贸易总协定”（GATT）。在1947年10月，由23个国家签署了《关税及贸易总协定临时议定书》，“关税与贸易总协定”由此成立。但是，这一议定书就此“临时适用”了47年。一直以来，“关税与贸易总协定”只是一个临时性的组织，而非一个正式的国际性组织。随着世界贸易形式与规模的变化，“关税与贸易总协定”已经显示出它的先天性不足。因此，1995年在“关税与贸易总协定”基础上成立了WTO，成为独立于联合国的永久性国际经济组织。

但是，无论是临时性也好，永久性也好，WTO 和它的前身“关税与贸易总协定”的宗旨和目标就是贸易自由化。不过，WTO 并不是一开始就是完全的贸易自由化，这个目标是通过一种被称为“回合”的贸易谈判来取得的。在 WTO 成立以前，“关税与贸易总协定”就举行过 8 个回合的多边贸易谈判。通过这些回合的谈判，才取得了一系列有利于贸易自由化的重要协议。

从前面知道，各个国家为了达到贸易保护的效果，通常采取的措施就是利用关税，从而抬高其他国家产品在本国的销售价格，或者采取其他一些非关税的措施，例如实行配额，限制其他国家产品进入本国的数量。针对这些贸易保护的措施，WTO 要求加入 WTO 的成员要达成互惠互利的协议，彼此之间大幅度削减关税和其他贸易壁垒，取消相互贸易中的歧视性待遇，逐步开放市场，实行贸易自由化。因此，WTO 与贸易自由化是息息相关的。事实上，前面说世界上正出现贸易自由化的趋势，正是由 WTO 及其前身“关税与贸易总协定”体现出来的。

在非歧视性待遇中，WTO 确定了一个重要的原则，即最惠国待遇原则。所谓**最惠国待遇**，指的就是 WTO 的任何一个成员国，现在或者将来，给予另外一个成员国在贸易上的特权、利益、优惠和豁免，也同样给予其他所有的成员国。例如，如果美国允许英国某一产品以零关税进入美国市场，那也就意味着和英国一样，其他所有 WTO 成员国的这类产品也自动拥有以零关税进入美国市场的特权。

但是，由于每个国家的发展阶段不一样，贸易自由化的程度对不同国家的影响也是有差别的。市场开放的程度较大，对发展中国家而言，可能贸易自由化带来的害处要大于自由化所带来的好处。以前有个流行的说法称“关税与贸易总协定”是“富国俱乐部”，主要是指因为“关税与贸易总协定”过多地考虑了发达国家的利益，只以发达国家为标准，片面追求贸易自由化。现在随着发展中国家成员的增加，WTO 也积极考虑发展中国家的经济发展，给予发展中国家成员以照顾。例如，允许发展中国家用较长的时间履行义务，或有较长的过渡期，并给予最不发达国家特殊优惠，它们几乎不承担任何义务；同时规定，发达国家成员应对发展中国家，尤其是对最不发达国家提供技术援助。当然，随着一国经济的发展，享受的这种“特权”也应相应地减少。

从“关税与贸易总协定”到 WTO，它们对世界贸易的自由化作出了很大的贡献。“关税与贸易总协定”主持下的 8 轮谈判，在降低各国间的贸易壁垒方面取得了重要的成果。其中，关税减让的效果特别显著：9 个发达国家工业品的平均税率从“二战”后的 47%削减到现在的 4.7%左右。今后，在 WTO 的主持下，世界贸易自由化的趋势将得到进一步加强。

主题四 经济全球化和一体化

【讨论热点提示】

什么是经济全球化？

什么是经济一体化？

欧元是什么？它有什么作用？

美国波音公司可以专门进行飞机的设计、核心部件的制造以及飞机的组装等工作，而一些只靠劳动的工作则可以让别的国家进行生产。例如将机翼的生产放到一些劳动力丰富的国家里去生产，这样成本将降低很多。至于这些部件的质量，大家不用担心，因为这些工作需要的技术含量不高，一般的工人都能适应，而且波音公司还可以派人专门进行监督。这样，波音公司就可以在世界上不同的国家生产飞机的不同部件，从而以最低的成本生产出质量最好的飞机。

大家也不要以为只有飞机这样的庞然大物才会形成产业内分工，事实上，任何一个行业都存在着这种趋势，例如汽车、家电等行业。即使是鞋的生产，也可以进行分工。按说鞋这种小小的东西，也形成不了什么国际化的分工，而且又主要是劳动密集型的产品。但是美国著名的鞋业制造商耐克公司就突破了这种看法。如果你现在正穿着耐克的鞋，千万别以为你这双鞋就是美国运来的产品，它极有可能就是在本国生产的。几乎所有的耐克鞋都不在美国国内生产，显然这是因为美国的劳动力成本高昂。鞋纯粹是一种劳动密集型产品，如果只是在美国生产，成本将会很高，而在劳动力丰富、劳动力成本很低的国家，例如我国，生产一双鞋子的成本将要低得多，从而使耐克鞋更具有优势。那么，美国的公司干什么？主要就是致力于鞋子的设计、品牌的维护。例如保证鞋子的质量不因在不同的国家生产而有所下降，同时致力于产品的营销。因此，简简单单的一双鞋子，也成为国际分工的完美结合。

这种由产品间的国际分工到产品内的国际分工，说明经济的发展已经不只是限于一个国家之内，而是向全球化蔓延。作为例子，我们这里主要说的是生产一个产品的全球化，事实上，任何一个行业的发展都是趋向于国际化的。例如麦当劳、肯德基这些闻名世界的快餐行业纷纷在中国安家落户，大街上出现了外国银行，开公司到外国银行去借钱，等等，都说明服务贸易、金融行业正在趋于全球化。

经济的全球化是以自由贸易为前提的。设想一下，如果一个国家实行贸易保护主义的话，结果会是怎样？一双鞋子在东南亚等国生产成本假设需要 10 美元，而在美国生产一双鞋子要15美元，如果美国实行贸易保护主义的话，譬如采取关税保护的措施，对进口到美国的产品征收100%的高额关税，这样在东南亚生产的鞋子运到美国，如果不计运费的话，也要20美元。如此，在别的国家生产鞋子不仅没有优势，而且只会是劣势。

经济的全球化与自由贸易带来的贸易全球化影响有所不同。一个产品主要是经过生产和销售两个阶段，贸易自由化最主要是销售阶段的全球化，而经济的全球化却包括生产过程的全球化。正是由于生产阶段的全球化，从而将世界经济紧紧地联系在一起，一个国家出现了经济问题，将产生一系列的连锁反应，就如同多米诺骨牌效应一般，将导致许多国家的相应变化。

在经济全球化过程中，这些在不同国家生产出产品的一部分，再形成自己最终产品的公司，一般被称为**跨国公司**。跨国公司在本国的总公司称为母公司，而在其余国家设立的公司称为**子公司**。这些子公司具有一定的独立性，但由于生产环节的全球化，子公司又很难离开母公司而独立发展。这种母子体系的跨国公司是当今推动经济全球化的主要力量。据统计：跨国公司控制着全球生产总值的40%左右，国际贸易的60%，全球技术转让的70%和国际投资的90%。由此可见，经济的全球化与跨国公司的发展是紧密相连的。

追寻经济一体化的足迹

在经济向全球范围扩展的同时，经济发展的另一种趋势——一体化进程也正在形成和加速。

在贸易自由化的过程中，一国的经济开始向别的国家渗透，带来了产品的分工和生产环节中的分工。无论是哪一种分工，一个国家的经济变动不仅只是影响自己的经济，还会波及与自己关系密切的国家。执行一些经济政策也不仅只是改变本国的经济状况，还会影响到别的国家，而且还可能是严重和有害于经济发展的。为了防止这种情况的出现，一些国家之间就开始签订一系列条约，组成一个集团，建立一整套国际或超国家的组织机构；实行政策协调和紧密合作，在不同的国家里制定和执行共同的政策。在这个集团内部，就好像不存在国家之间的界限，各个国家就如同在一个国家内部一样，从而使经济的发展走向一体化。

在这个过程中，共同采取的减少或取消国家之间贸易壁垒的贸易政策最初的形式是一种优惠贸易安排，也就是几个国家之间相互给予对方出口商品以特别的优惠关税。在这个基础上，随着相关国家之间交往的日益增多和密切，成员国之间逐步减少至最后彻底取消了一切贸易壁垒，相互之间的商品可以完全自由流动，这时这几个国家就形成了自由贸易区。进一步发展的话，几个国家利益越来越一致，它们开始进一步协调各自的对外贸易政策，使得各成员国之间的商品可以完全自由流动，而且对非成员国实行统一的关税税率，形成关税同盟，这时成员国之间的海关就可以取消了。这些还不够，当人们发现在不同的国家生产不同部件更有优势的时候，这时不仅需要商品在成员国之间自由流动，还需要生产商品的要素如劳动力、资本也实现完全的自由流动，此时，一个共同的市场，不仅是商品的共同市场，而且是要素的共同市场就形成了。在这个基础上，成员国进一步制定和执行某些共同的经济政策，组成了“用一个声音说话”的经济同盟。继续发展的话，那么几个国家剩下一项差别——在不同的国家流通不同的货币制度——也将灰飞烟灭，在整个集

团里面使用同一货币。同时，成员国的政策也完全实现了统一，传统观点中国家之间应有的一些区别将不复存在，整个集团就如同一个新的国家一样，从而把不同的国家紧紧地结合在一起，实现了经济的高度一体化。

我们可以发现，经济一体化同贸易自由化的步子是一致的。其实，经济一体化最初也表现为贸易之间的自由化，例如自由贸易区。但是经济一体化又不只是贸易自由化，例如集团内部是自由的，但是集团作为一个整体，对外则可能又是存在贸易保护，只是这时成员国对外采取的贸易保护措施一致而已。显然，只有全世界的国家都联结为一体时，才不会存在贸易保护。而且，经济一体化的发展又比贸易自由化的含义要深远得多，它不仅包括贸易，还包括其他一切交流的自由化和统一化，例如执行共同一致的经济政策。

经济一体化又不同于经济全球化。不知你有没有发现，无论在讲国际贸易还是在了解经济全球化的时候，都存在同一个问题：如果一个发展中国家始终只是生产和出口一些初级产品或部件，而发达国家却总是生产技术要求高的产品或部件，就会造成各国经济发展的不平等并将一直维持着。经济一体化尽管也包含了经济全球化的含义，但是经济一体化更要求各个国家执行共同的政策，追求共同的发展，这就能克服经济全球化所难以避免的发达国家与发展中国家垂直分工的弊端。

由于存在着一些限制，目前经济一体化不可能如经济全球化发展那么迅猛，可以在短时间内把整个世界都联结为一体。经济一体化最初总是在经济发展处于同一阶段、彼此生活习俗相近的几个国家之间形成。而且经济一体化还有一个重要的因素是地理限制，处于同一地区的国家当然更容易实现彼此之间的一体化。当今世界上的经济一体化正是以区域的划分在世界上进行着实验，经济一体化表现为区域经济的一体化。如最早出现一体化过程的是在西欧，现在整个欧洲都在出现一体化的迹象。世界上其余地区如北美的自由贸易区、东南亚国家联盟等，都是经济一体化在不同地区的实现形式。

经济一体化不仅可以使参与国从经济联合中得到巨大的利益，如果能够通过联合减少不同国家之间的摩擦，使世界走向和平与稳定，那将是经济一体化给人类带来的最大福音。

多元一体的欧盟

维克多·雨果有一句令人印象深刻的话："总有一天，到那时……所有的欧洲国家，无须丢掉你们各自的特点和闪光的个性，都将紧紧地融合在一个高一级的整体里；到那时，你们将构筑欧洲的友爱关系……"

这句话是一句文学家的"放浪之言"吗？让我们从欧洲货币的产生开始说起。

说起货币，在这世界上可以说是太多了。每个国家都有货币，例如人民币、日元、美元、英镑等。一个国家的不同时期有不同的货币，同一时期也可以有几种货币，例如我国除了人民币以外，还存在流通于香港特区的港币、流通于澳门特区的澳币和流通于台湾地区的台币。这些货币都有一个共同的特点，就是每种货币都只能适用于一定的地区，例如港币到了内地就不能流通。不过，随着经济的全球化尤其是金融的全球化以来，货币的适用范围正在扩大，许多货币都已经实现了自由兑换。例如美元，已经可以在许多国家流通，基本上可以说是一种世界货币了。但是，你可知道，在这些传统的货币之外，还存在着一种特别的货币吗?

1999年1月1日，一种崭新的货币——欧元正式诞生。说它是一种崭新的货币，听名字就知道它不是某一个国家的货币，而是欧洲的货币。不过，目前它并不是整个欧洲的货币，而是欧洲一部分国家共同的货币。即使如此，欧元与前面说过的任何一种货币都存在很大的差别。欧元的诞生是货币史上的一次革命，它不是某一个国家的货币，而是几个重要欧洲国家共同的货币。在这几个国家里面，没有一个国家可以独自占有，但是每一个国家都可以制造和发行，这就与前面说过的种种货币不同。欧元可以在很多国家使用，因此它一开始就是一种世界性的货币。这与美元又不同，美元是随着美国国家实力的增强，当人们觉得有了美元就等于有了财富时，才逐步确立了其作为国际性货币的地位的。

欧元的出现，也是欧洲一体化过程中重要的里程碑。

欧洲是世界上经济开始走向一体化最早的地区，也是目前经济一体化程度最高的地区。欧洲走向经济一体化除了自由贸易带来的巨大好处和地理上的接近以及欧洲共同的发展历史以外，还有一个原因是，由于两次世界大战都首先在欧洲爆发，因此欧洲人普遍有谋求和平的强烈愿望。1954年，6个欧洲国家成立了煤钢联合体，从而开始了欧洲经济一体化的进程；1958年，在这基础上成立了欧洲经济共同体。1993年，《马斯特里赫特条约》(简称《马约》)正式生效，欧洲联盟取代了欧洲经济共同体，标志着这个联合体从经济实体向经济政治实体过渡。1973年后，英国、丹麦、爱尔兰、希腊、西班牙和葡萄牙先后加入欧共体，成员国扩大到12个。1995年，奥地利、瑞典和芬兰加人，欧盟成员国扩大到15个。此后，随着2003年塞浦路斯、匈牙利、捷克、爱沙尼亚、拉脱维亚、立陶宛、马耳他、波兰、斯洛伐克和斯洛文尼亚10个中东欧国家的正式入盟和2007年罗马尼亚与保加利亚两国的入盟，欧盟成为一个拥有27个成员国，总人口超过4.8亿、国民生产总值高达12万亿美元的当今世界上经济实力最强、一体化程度最高的国家联合体。

这些组织形式的变化，也就是欧洲经济一体化的发展。欧洲经济一体化首先实现的就是关税同盟。在这个同盟内部取消了内部关税，统一对外关税，使共同体内部市场成为一个大的非关税工业品和农业品自由贸易区，并实行共同的外贸政策和农业政策。在此基础上，经济一体化的表现也日益增多。在1992年底建立了欧洲统一大市场，取消了成员国之间的边界，实现了人员、商品、服务和资本的完全自由流通。例如在欧盟内部，人员过境时，取消对护照、身份证的检查，个人的人身保险、汽车执照不受国别的限制与约束，任何一个成员国的公民都可以到其他任何成员国工作，他们在国外旅行时受到成员国的外交保护，等等。

货币一向被人们认为是一国经济主权的象征。设想一下，如果一国钞票的发行掌握在别国的手中，那么就等于把整个国家的经济控制大权拱手让人，实际上就可能成为别国的经济傀儡。但是，对于走向一体化的欧洲而言，不同国家之间不同的货币却是一个重要的障碍。因为即使什么都可以自由流动了，但是不同国家货币之间换算不仅费时费力、带来很大的不便，而且可能会破坏成员国之间统一政策的实施。因此，实现欧洲货币的统一便成为欧洲能否走向真正一体化的关键因素。由于这种共同的认识，在欧元出现以前，就存在一种欧洲货币单位，这种欧洲货币单位作为成员国中心的汇率标准，亦是各国的信贷标准和结算标准。但这显然与统一货币相差甚远。1998年，欧洲中央银行正式成立，它又与各国的中央银行不同，是一个超国家的中央银行，专门负责欧元的事务。1999年1月1

日，欧元在众所期盼下闪亮登场，从而实现了欧洲组建货币联盟、向更高程度一体化过渡的梦想。不过，这时并没有有形的欧元在市面上流通，即你不可能有一张欧元钞票，欧元这时还只是一个银行账户上的概念。到 2002 年 1 月 1 日，欧元正式取代了奥地利、比利时、法国、德国、芬兰、荷兰、卢森堡、爱尔兰、意大利、葡萄牙和西班牙 11 个国家的货币。在欧盟中形成了一个联系更为紧密的“欧元区”。随后，希腊于 2000 年加入欧元区，斯洛文尼亚于 2007 年加入，塞浦路斯与马耳他于 2008 年一起加入，斯洛伐克于 2009 年 1 月加入，从而使欧元区成员国增至 16 个。也就是说，到目前，欧盟 27 个成员国中，已有超过半数的国家加入了欧元区。其涵盖的人口超过了 3.8 亿。

在欧洲经济走向一体化的同时，欧洲在其他方面也开始走向一体化。欧盟用一个声音说话的场合越来越多，欧盟的成员国不仅执行共同的经济贸易政策，同时实行共同的外交与安全保障政策，并协调各国内政与司法事务。这样，欧盟不仅只是一个经济共同体，而且也是一个政治、外交和内务等多方面全面联合的共同体。

到目前为止，欧洲一体化的进程是顺利和成功的，而且还在向更广的范围和更深的程度发展。

“东盟方式”

“东盟方式”（the ASEAN Way）是另一个经济一体化国家组织——东盟——盟歌的标题。

“东盟”，全称“东南亚国家联盟”（Association of South East Asian Nations，简称 ASEAN），其前身是马来亚（现马来西亚）、菲律宾和泰国于 1961 年 7 月 31 日在曼谷成立的东南亚联盟。1967 年 8 月 7～8 日，印度尼西亚、泰国、新加坡、菲律宾 4 国外长和马来西亚副总理在曼谷举行会议，发表了《曼谷宣言》，正式宣告东南亚国家联盟成立。1976 年 8 月 28～29 日，马来西亚、泰国、菲律宾 3 国在吉隆坡举行部长级会议，决定由东南亚国家联盟取代东南亚联盟。20 世纪 80 年代后，文莱（1984 年）、越南（1995 年）、老挝（1997 年）、缅甸（1997 年）和柬埔寨（1999 年）5 国先后加入该组织，使东盟的成员国扩大到 10 个。

东盟的宗旨是，以平等和协作精神，共同努力促进本地区的经济增长、社会进步和文化发展；遵循正义、国家关系准则和《联合国宪章》，促进本地区的和平与稳定；同国际和地区组织进行紧密和互利的合作。

为了早日实现东盟内部的经济一体化，东盟国家不断加快了合作机制的建设。东盟自由贸易区于 2002 年 1 月 1 日正式启动。自由贸易区的目标是：促进东盟成为一个具有竞争力的基地，以吸引外资；消除成员国之间关税与非关税障碍，促进本地区贸易自由化；扩大成员国之间互惠贸易的范围，促进区域内贸易；建立内部市场。在此基础上，东盟国家间的合作程度进一步向上提升，其重要标志就是《东盟宪章》的签署。2004 年 11 月，东盟领导人签署《万象行动计划》，正式将制定《东盟宪章》列为东盟的一个目标，以加强东盟机制建设。2005 年 12 月，东盟领导人签署《吉隆坡宣言》，并指定一个由 10 人组成的“名人小组”负责为宪章的制定提出建议。2007 年 1 月，东盟领导人确认了“名人小组”提出的关于制定《东盟宪章》的具体建议，同时签署了关于制定《东盟宪章》的宣言，并指定一个由10人组成的“高级别特别小组”负责起草宪章文本。2007年7月，“高级别特别小组”向东盟外长会议提交宪章草案；同年11月20日，东盟领导人在新加坡签署《东盟宪章》。在当天，东盟10国领导人还签署了《东盟经济共同体蓝图宣言》、《东盟环境可持续性宣言》以及《东盟关于气候变化宣言》等重要文件，为东盟加快一体化建设，寻求进一步的发展奠定了基础。2008年12月15日，《东盟宪章》正式生效。《东盟宪章》对各成员国具有约束力，并赋予东盟法人地位。

目前，东盟拥有人口5亿多，地域面积超过450万平方公里，已是一个在国家间、地区间竞争合作关系中具有相当影响力和竞争力的区域性组织。

上合组织与“上海精神”

上合组织是一个正在发挥着越来越重要作用的、永久性政府间国际组织。

上合组织全称上海合作组织（The Shanghai Cooperation Organisation，简称SCO），其前身是“上海五国”元首会晤机制。而“上海五国”机制则发源于20世纪80年代末开始的、以中国为一方和以俄罗斯、哈萨克斯坦、吉尔吉斯斯坦、塔吉克斯坦4国为另一方的关于加强边境地区信任和裁军的谈判进程。由于首次会晤在上海举行，该机制被冠以“上海五国”的称谓。

冷战结束后，国际和地区形势发生很大变化。中、俄、哈、吉、塔5国为加强睦邻互信与友好合作关系，加紧就边界地区信任和裁军问题举行谈判。1996年4月和1997年4月，5国元首先后在上海和莫斯科举行会晤，分别签署了《关于在边境地区加强军事领域信任的协定》和《关于在边境地区相互裁减军事力量的协定》。此后，5国元首年度会晤形式被固定下来，轮流在各国举行。1998—2000年，先后在阿拉木图、比什凯克、杜尚别召开5国峰会。杜尚别会晤时，乌兹别克斯坦总统应邀以客人身份与会。会晤内容也由加强边境地区信任逐步扩大到探讨在政治、安全、外交、经贸、人文等各个领域开展全面互利合作。

进入21世纪，面对全球化趋势，世界各国都在加快区域合作步伐，以更有效地把握和平与发展的历史机遇，抵御各种风险与挑战。与此同时，冷战结束后，恐怖主义、分裂主义和极端主义活动日益猖獗，严重威胁各国的安全与稳定。中、俄、哈、吉、塔、乌6国都面临发展自身经济、实现民族振兴的艰巨任务，也有进一步加强区域合作的共同愿望和迫切需要。在此背景下，2001年6月，“上海五国”成员国元首和乌兹别克斯坦总统在上海举行第六次会晤，乌兹别克斯坦以完全平等成员的身份加入“上海五国”。在此次会晤中，6国元首共同发表《上海合作组织成立宣言》，宣布在“上海五国”机制基础上成立上海合作组织。上合组织正式宣告诞生。

2002年6月7日，上合组织成员国元首在圣彼得堡举行第二次会晤，签署《上海合作组织宪章》。宪章对上合组织宗旨、组织结构、运作形式、合作方向及对外交往等原则作了明确阐述，标志着该组织从国际法意义上得以真正建立。

2003年5月，上合组织成员国元首第三次会晤在莫斯科举行，讨论了在新形势下如何抓住机遇、应对挑战、加强协调、扩大合作、促进地区和平与发展等重大问题，并达成广泛共识，签署了《上海合作组织成员国元首宣言》。2004年6月，上合组织成员国元首第

四次会晤在乌兹别克斯坦首都塔什干举行。塔什干峰会标志着成立3年的上海合作组织正式结束初创阶段，进入全面发展的新时期。在这次峰会上，蒙古国被吸收为上合组织观察员。2005年7月，上合组织成员国元首第五次会晤在哈萨克斯坦首都阿斯塔纳举行。6国元首签署了《上海合作组织成员国元首宣言》等重要文件，并决定给予巴基斯坦、伊朗、印度观察员地位。

上合组织对内遵循“互信、互利、平等、协商、尊重多样文明、谋求共同发展”的“上海精神”，对外奉行不结盟、不针对其他国家和地区及开放原则。上合组织的宗旨是：加强各成员国之间的相互信任与睦邻友好；鼓励成员国在政治、经贸、科技、文化、教育、能源、交通、旅游、环保及其他领域的有效合作；共同致力于维护和保障地区的和平、安全与稳定；推动建立民主、公正、合理的国际政治经济新秩序。

主题五　赶乘知识经济的快车

【讨论热点提示】

什么是知识经济？
知识可以买卖吗？
创意产业是什么产业？

知识与经济的联姻

美国有一家杂志从20世纪80年代开始对世界上的富豪进行排名。最初排名前10名的几乎都是所谓的石油大王、钢铁大王，然而，到了20世纪末和21世纪初，排名前列的世界富豪却发生了变化。美国一家以生产操作系统软件出名的微软公司总裁比尔·盖茨连续几年被评为世界首富。同样在美国，排名前几位的富豪大多都是从事计算机和软件等高科技事业的人士。

从石油大王到软件巨头，说明当今世界经济的发展已经发生了实质性的变化。在过去的工业经济里，石油和钢铁是整个经济的命脉，谁掌握了这两样，谁就等于拥有了财富。而现在，经济命脉已经不再掌握在石油、钢铁这些工业经济最重要的资源手中，而是掌握在一种更为重要，也更为有效的资源——知识手中。谁掌握了知识，谁就拥有了财富，比尔·盖茨拥有的财富就体现在消费者购买的计算机软件这样的知识上。

从经济的角度讲，知识就是在生产中运用的一切技术、劳动者技能以及各种发明创新，凡是人们脑力劳动的成果都是知识。其实，知识作为推动经济增长的要素之一，一直在经济增长中起着重要的作用。很多人也都意识到知识的重要性，从培根著名的“知识就是力量”到邓小平提出的“科技是第一生产力”的论断都反映了这一点。但是在以前，知识常常有意无意地被人们所忽视。因为在以前的经济模式中，经济的增长最主要是由劳动力和资本这些资源推动的。但现在不同了，不仅是知识推动经济增长的作用越来越大，最重要的还在于形成了完全的知识型产业，直接以知识为要素，生产出知识产品。知识型产业创造了越来越多的产值。例如软件，它是人们脑力劳动的结晶，属于一种知识成果，这种知识成果已经创造出了惊人的财富。著名的微软公司，创造出的产值相当于美国三大汽车公司产值的总和。这种直接以知识的生产、分配和使用为主导的经济就是**知识经济**。当经济的发展主要由知识来推动时，人类就由工业经济走向了知识经济。

当今世界的经济发展正日益依赖于知识的扩散和应用。在一些发达国家，计算机、微

电子等知识密集型产业是所有产业中增长最快、产值最高的产业。联合国经合组织成员国50%以上的国内生产总值是直接以知识为基础的。作为知识产品的一种体现，高新技术产业在美国经济增长中所起到的作用越来越大。20世纪90年代中期，高新技术产业对美国经济增长的贡献率就已经达到27%，远远超过了传统重要部门如房地产业14%和汽车工业4%的贡献率。1997—2007年，美国全国员工创造的增加值从人均8万美元上升到了9万美元左右，而作为高新技术的代表，硅谷地区员工所创造的增加值从人均11万美元上升到了13万美元左右，体现出了高新技术对经济增长的有力拉动作用。

知识能在经济中发挥越来越大的作用，这与知识的特点有很大的关系。知识经济是相对于工业、农业经济而言的。工业或农业经济都需要大量自然资源的投入，是一种资源经济。而资源，无论是钢材还是石油，都是消耗性资源，一个人使用就不能让别人使用，使用到一种产品的制造上就不能使用到另一种产品的制造上。同时，地球只有一个，地球上的资源总是有限的，经济增长最终会受到资源枯竭的限制。而且，资源的投入并不是说越多越好，资源的产出效率面临着一个边际效率递减规律的约束。知识则不同，知识是一种非消耗性资源，同一类知识可以由用于很多产品的生产，同一类知识也可以由很多人共同使用，一个人使用并不会限制另一个人使用，使用于一种产品的技术也并不会限制这种技术在别的产品上的使用。知识还可以反复使用。更重要的是，知识具有自我的增值性。知识作为人们脑力劳动的成果，是无穷无尽的，知识并不受到现有知识的限制，从旧的知识中可以不断地创造出新的知识来。将这种无穷无尽、可以自我增值的知识用于生产，知识的产出效率出现了边际效用递增的规律：知识使用越多，创造出的效用也越多。这是现在知识能对经济起到强大推动作用的最重要原因。

以电子计算机的生产为例。作为电子计算机的核心部件，CPU是典型的知识型产品。在电子计算机界有一个摩尔定律，即每隔18个月，电子计算机芯片上的晶体管数量将增加1倍，芯片产品也就会更新换代一次。这是人类知识产品的奇迹。在工业经济里，没有一种产品能有这样的更新换代速度。现在摩尔定律已经用来表示高科技产品的更新换代速度了。

知识经济并不否定工业的存在，就如同人类进入工业经济以后，农业的生产仍是经济生活的重要组成部分，只是经济的推动主要由机器和能源来实现。同样，在知识经济中，工业生产和农业生产仍将继续发挥作用；但是，经济的增长将主要以知识的投入为基础，并且最终通过知识经济来实现持续的经济增长。在知识经济中，主导产业是信息产业，因此知识经济的具体化就是经济的信息化，也即信息产业在国民经济中所占的比重日益增长，作用逐渐增强。

切实保护知识产权

既然知识在经济发展中发挥着越来越重要的作用，那么，如何培育这种能力，保护好这种能力，就成为我们必须重视解决的问题。

知识也是财产，也有与这种财产相应的权利，即知识产权。保护知识产权已成为当代经济条件下一项重要的内容。

知识产权（Intellectual Property），是指经济活动主体依据法律的规定，对其从事智力创造性活动而形成的知识产品所享有的权利。知识产权是一种无形财产，通常分为“工业产权”和“著作权”两个大类。其中，工业产权是专利权和商标权的统称，像发明专利、实用新型、外观设计、商标、服务标志、原产地名称等，都属于工业产权。工业产权是一种“独占权”，具有严格的地域性和时间性，如要在别国境内得到承认和保护，必须通过该国的法律程序才能实现。为了巩固工业产权的权利和维护独占权的利益，国家可用商标法来规定工业产品及其他任何商品的登记。著作权又称为版权，是相关主体对文学、艺术或科学作品依法享有的财产权利和人身权利的总称。

作为一种法定权利，知识产权具有三项较为突出的特征：

（1）地域性。即只在所确认和保护的地域内有效。除签有国际公约或双边、多边协定外，依一国法律取得的权利只能在该国境内有效，受该国法律保护。

（2）独占性或专有性。即权利的垄断性和不受他人侵犯性。知识产权只有权利人才能享有，他人未经权利人许可不得享有或行使该项权利。

（3）时间性。即根据一国法律取得的权利只能于一定期限内有效，期满后则权利自动终止。

同时需要指出的是，由于知识产权具有高度的公共性，在经济社会的发展中具有重要作用，不宜为个别活动主体长期独占，所以知识产权在几个方面又会受到法律的限制。较突出的如：

（1）在权利的时效上，各国法律对知识产权都规定了一定期限，超过期限后就成为“公知公用”的知识。

（2）法律往往规定权利人负有一定的使用或实施的义务，对著作权还规定了合理使用制度。

（3）大部分知识产权的获得需要符合法律规定的条件，经过规定的程序。这实际上是一种协调个体利益与公共利益关系的制度安排。

基于对保护智力劳动成果重要意义的认识，为了促进经济活动主体的发明创新，早在100 多年前，国际上已开始建立保护知识产权制度，订立了一系列国际公约：1883 年在巴黎签署了《保护工业产权巴黎公约》，1886 在瑞士伯尔尼签署了《保护文学艺术作品伯尔尼公约》，1891 年在马德里签署了《商标国际注册马德里协定》。此外还相继签署了《工业品外观设计国际保存海牙协定》（1925 年）、《商标注册用商品和服务国际分类尼斯协定》（1957 年）、《保护原产地名称及其国际注册里斯本协定》（1958 年）、《专利合作条约》（1970 年）、《关于集成电路的知识产权条约》（1989 年）等公约。

在 100 多年的时间里，从事知识产权保护的国际组织也得到不断发展。1893 年，依据《保护工业产权巴黎公约》成立的国际局与依据《保护文学艺术作品伯尔尼公约》成立的国际局联合起来，组成了“国际知识产权保护联合局”。在此基础上，1967 年在斯德哥尔摩成立了“世界知识产权组织”。1974 年，该组织成为联合国专门机构，以促进在全世界范围内保护知识产权，保证各知识产权同盟间的行政合作为活动宗旨。

从 20 世纪 80 年代开始，我国逐步加快了建立和完善知识产权制度的步伐。在《中华人民共和国商标法》（1983 年）、《中华人民共和国专利法》（1985 年）、《中华人民共和国著作权法》（1990 年）相继颁行的同时，我国于 1980 年加入了世界知识产权组织，1985 年参加了《保护工业产权巴黎公约》。到 1994 年 5 月，我国已经加入了《商标国际注册马

德里协定》、《专利合作条约》、《保护文学艺术作品伯尔尼公约》、《世界版权公约》等保护知识产权的主要国际公约。

为了推动我国经济结构的升级换代，为了不断完善市场经济制度，不断加强知识产权制度的建设是摆在我们面前的一项重要任务。要通过知识产权制度的建设，使人们更加自觉尊重知识产权，更加注重对知识能力的培育，更加努力于发现和发明新的知识，更加发奋于发明创新，使我国经济社会的发展得到更多来自知识的推动。

走进知识经济新时代

从农业经济到工业经济是人类经济发展过程中的必然趋势，因为工业经济能够创造出更高的生产力，推动经济更快地增长。现在，知识经济正在创造出比工业经济还要高的生产力，推动经济的速度比工业经济还要快，因此，人类必将走进知识经济新时代。从目前的发展趋势来看，21 世纪将是知识经济的时代，以美国为首的发达国家，已经向知识经济的社会迈进。面对这样的一个新时代，我们该做些什么呢?

知识经济以人为本。知识总是人的知识，知识的生产和使用，总是拥有知识的人将知识投入生产和使用；知识对经济的推动作用总是离不开人的参与，知识经济实际上就是人才经济。因此，要实现知识经济，人才的培养是摆在我们面前最重要的任务。

教育作为人们接受知识的最初场所，在培养人才方面有着至关重要的作用。美国之所以能走在知识经济的前列，这与它在教育上的巨大投入是息息相关的。美国提出了“确保教育优先”口号，实现普及 14 年教育，即不仅包括小学与中学的教育，而且还要普及大专教育，以此培养适应知识经济要求的学生。教育，尤其是高校教育，不仅是传播信息与科技的场所，更是生产知识的场所。高等院校可以利用自己的人力资源和科技优势进行高技术产业的开发。现在许多国家科学技术的发明、发现和创造都是由高等院校完成的。因而，优先发展教育，确保教育投入，转变办学模式，让教育能够为知识经济的发展培养一大批掌握知识的创造性人才，是国家的一项重要任务。

知识经济也就是对人才需求的经济。未来经济发展需要的是高素质的、掌握多技能的人才。在美国前 30 位就职人数最多的职业中，高智能职业占了 12 位，而在信息技术方面的人才更是供不应求，从业人员的收入比其他产业要高 70%以上。同时，随着生产的高度自动化，体力劳动者的需求不断下降，脑力劳动者将取代体力劳动者成为社会劳动力的核心。在美国，蓝领工人阶层下降到占劳动力的 20%左右，而白领阶层已经占到 60%以上。因此，到了知识经济的时代，如果不掌握知识，就个人而言，是没有什么前途的。掌握知识，就应该是对我们自己最基本的要求。而且，知识是不断更新的，知识量也在急剧地增长，即使是掌握了知识的劳动者也必须时时更新自己的知识。要做到这一点，终身教育是保证一个国家拥有高素质并且不落后于经济发展的重要途径。因此，无论是对国家还是对个人而言，都必须把终身教育作为培养高素质人才的必由之路。

知识经济中，推动经济发展的最主要动力是不断发明和创造出来的科学技术。知识经济的竞争也就是科学技术之间的竞争，因而科学和技术的研究开发已经成为知识经济的基础。发达国家呈 2/3 的投入都用在知识的研究与开发上，投资正在流向高新技术产业，特别是信息和通信技术领域。作为知识经济的带头人，美国又占了全球信息产业总投资的近

1/2，享受着对科技研究与开发的高额投入所带来的丰厚回报。我国与发达国家的最大差距就在于科技相对落后，因此，保证科学技术研究与开发的投资就成为我国知识经济成长的重要保证。

培养人才是基础，吸引人才是关键。我国科技落后别人几十年，这并不是说中国人培养不出高科技的人才。在美国著名的大学里，最优秀的学生之中，华人占了 30%；在美国硅谷，华人也大约占了 30%。可是，为什么一些中国人能在外国显示出很好的创造才能，而在国内到现在还没有出现一个高科技人才的群体呢？一方面我们在许多地方宁愿出高价到外国吸引人才，另一方面却是大量的可造之材、可用之材没有得到充分利用，甚至造成人才的大量流失。造成这些现象很重要的一个原因在于没有一个人才成长和发挥才能的良好环境。因此，必须创造一个能让人才留在国内的机制，让他们能够好好地工作，有充足的经费以及其他条件使他们发挥长处，保证高素质人才的生活水平。这样才能留住人才，才能促进我国科技进步，中国才能紧紧地跟上知识经济的步伐。

创意产业在发展

创意产业是一种与知识经济紧密相连的新的产业形态。联合国教科文组织（UNESCO）对创意产业的定义是：“来源于创意或文化的积累，通过知识产权的形成与运用，具有创造财富与就业机会潜力，并促进整体生活环境提升的行业。”

创意产业的核心竞争力源于创新。在信息化的条件下，创意产业借助高科技手段将文化创意和其他产业实行对接、渗透、融合、再创造、再提高，产生巨大的经济效益。创意产业处在产业链、价值链的高端，具有跨越多个行业的特点，与其他产业互动，形成令人瞩目的生产形式和发展模式。它的出现使当代世界经济的竞争方式发生了重要的转变，也导致经济资源的概念发生了深刻的变化，成为经济增长的重要推动力，并由此形成新的国际分工体系。因此，世界各个国家和地区纷纷把发展创意产业作为后工业化时代实现经济发展的战略举措，创意产业已成为不少发达国家的支柱产业。据联合国 2004 年举行的贸易和发展会议统计，创意产业的产值已经占世界国民生产总值的 11%。目前全世界创意产业产值以每年 5%的速度递增。

跨入 21 世纪，创意产业已成为国际经济合作中的重要经济领域，成为经济全球化条件下国际间的重要竞争领域。

主题六　追求可持续的经济发展

【讨论热点提示】

如何评价工业文明？
什么是经济的可持续发展？
我们面对环境污染应做些什么？

工业文明：天使还是恶魔

近年来，广州的冬天实在不能被称为冬天了，即使是以往最冷的12月和翌年1月，穿衬衫也是寻常的事情。走在广州的大街上，还有一个变化是戴口罩的人越来越多，如果觉得这样不好看，捂着鼻子过马路应该已是大家养成的好习惯。这样做，为的就是躲开汽车屁股冒出的阵阵黑烟，而这也正是造成气温不断升高的罪魁祸首。不仅广州这样，全国这样，全世界也这样；不仅天气变化，人们喝的水，种粮食的土地也在发生着可怕的变化。人们不禁要问，我们的生活环境到底变得怎么样了？

自从工业革命以来，短短几百年的时间创造出来的财富，是以前几千年的总和都不可比拟的。上天揽月，下海探底，居家有彩电、空调，出外有汽车、飞机。千里眼、顺风耳这些古代人们凭丰富想象力才想出来的奇迹现在都是普普通通的事实。偌大一个地球，以前称为天下，现在被叫做一个村落。我们每一个人都得到工业文明巨大的生产力发展给我们带来的方便、快捷和丰富多彩的享受。然而，在工业文明取得巨大成就的背后，留给我们的却是不容忽视的祸害。

工业经济是以资源的投入和消耗而支撑起来的经济，是一种资源经济。资源经济要取得增长与发展，要靠不断的投入才能得以实现。然而不幸的是，地球只有一个，在地球上的各种资源尤其是各种化石资源，包括石油、煤、天然气等，是经过几十亿年的地质变化才形成的不可再生性资源；而且数量极为有限，用一斤少一斤，用一吨少一吨。而资源消耗却在不断地增加。1900年世界平均每天只消耗几千桶石油，而今每天的消耗高达8400万桶。对金属的使用量，1900年是2000万吨，而现在每年12亿吨。总的来说，100多年里资源消耗增长了75倍。一方面是资源存量的不断减少，另一方面是资源消耗的不断增加，这一减一增，使得资源的枯竭在加速进行。据估计，以目前探明的石油储量，石油的生产大概只能维持到21世纪50年代左右；而天然气按目前的消费水平也只能维持到70年代左右。数十年时间对人类的发展过程而言实在是太短了，一旦这些资源都没有了，我们靠什么生存和发展？

环境污染是工业文明带给我们的又一后遗症。工业生产出来了产品，往往还有一些附属品，也就是所谓的废弃物，有些废弃物则是有毒有害的物质。不断增加的废弃物正在对我们的环境造成越来越严重的污染。这些污染包括水质污染、大气污染和固体废弃物污染。工业废水不仅对饮用水造成了污染，而且使本来就匮乏的水资源捉襟见肘；由工业废气包括汽车尾气所造成的大气污染，正在恶化我们的生存空间。工业化所消耗的能源 95％是矿物燃料，这些燃料所产生的二氧化碳形成了温室效应，最终导致全球气温升高；而消耗能源所产生的硫氧化物和碳氧化物与水结合就产生了酸雨，酸雨区正在全球的范围内扩展。目前大气层出现的臭氧洞，正是大量使用氟利昂等化学物质的后果。而臭氧层是用来防止紫外线进入的，如果任凭紫外线从越来越大的臭氧洞长驱直入的话，人们的生命健康将受到严重的威胁。事实上，排入到大气中的许多废气正在影响着人们的健康，例如烟尘和二氧化硫，已经导致了城市中呼吸系统疾病发病率的上升。而食用被有害物质污染了的食物，甚至影响到人们的生育能力；固体废弃物，也就是一般所称的垃圾，不仅占用宝贵的土地资源，而且本身也在污染地下水资源，同时释放出有害气体。

与环境污染相关的是生态受到了严重的破坏。由于过度砍伐和过度放牧，森林面积剧减，土壤日益荒漠化。与人类共生息的许多物种正在呈现锐减的趋势，每年都有上万个物种绝迹，许多物种在我们还没有认识之前就已经遭到灭顶之灾。一个物种的消灭将是永久性的，如果大量的生物都已不复存在，到最后只剩下人类这一个生物物种，那么人类本身的命运也就可想而知了。人类在以前所未有的速度毁灭大量生物物种和它们的生存环境，同时也就是在破坏人类自身的生存环境。

由此可见，工业化有其天使面目的另一面，即恶魔的化身。传统的工业化道路是以自然资源的极大消耗和生态环境的巨大破坏来实现的。能源枯竭和生态环境恶化的后果，使经济的发展并不具备可持续性。也就是说，当代人的经济发展已经威胁到后代人的发展能力。因此，传统的工业化道路是一条不可持续的发展道路，是一条自杀性、自我毁灭的黑色道路。面对这种发展模式，我们该怎么办，值得每一个人深思。

功在当代、利在千秋的选择

日益严重的不可持续性经济发展问题，受到越来越多的国家重视，追求可持续性的经济发展已经成为很多国家的共识。1972 年召开的人类环境会议，就开始重视由经济发展引发的环境问题。1980 年，可持续发展的思想第一次被明确表达出来。这一年，多国政府官员与专家参与并制定的《世界自然保护大纲》不仅强调资源保护，而且注重将它与人类发展结合起来。1992 年，联合国环境与发展大会通过的《环境与发展宣言》和《21 世纪议程》，则开始将可持续发展的概念和理论付诸行动。自此以来，可持续发展的问题一直受到各国政府和人民的关注。

可持续发展问题的核心在于如何将经济发展与资源利用、生态环境保护以及人口增长协调起来，以实现人与人、人与自然之间的和谐统一。要实现经济的可持续性，必须把现代经济的发展建立在节约资源、开发新能源、增强环境支撑能力、实现生态环境良性循环以及控制人口的过快增长的基础之上。节约资源就是要改变传统经济发展中高投入、高产

出的增长模式，转向效益型的经济增长。开发新资源就是要利用高效、清洁的能源，尤其是可再生性的资源。例如，现在广州许多车辆开始使用天然气取代石油作为燃料，以减少对大气的污染。但是天然气也是有限的，于是有的国家又发明了一种燃料电动车，燃料是氢，而氢可以从水分解中获得，可以说是无穷无尽的。而且每克氢所提供的热能为汽油的3倍，再加上燃烧后排出物是水，因而这种车实现了终极无害的愿望。增强环境支撑力、实现生态环境良性循环，就是要控制污水、废气的排放，加强污染治理，禁止乱砍滥伐和滥捕滥杀，提倡垃圾的回收利用。控制人口的过快增长就是要使人口的增长以经济的增长为限制等。总而言之，经济的发展不能以牺牲人类的生存环境为代价，更不能以牺牲后代人的生存发展为代价。只有这样，经济才有可持续发展的能力，社会才能不断地进步，人类也才能在地球永远地生存下去。因此，追求可持续性的经济发展是人们功在当代、利在千秋的必然选择。

我们必须认识到，在造成目前严重影响可持续发展的问题上，不同的国家责任是不同的。以美国为代表的发达国家对资源的消耗尤其巨大。这些国家已经实现了工业化，但是消耗的资源也占了世界资源总消耗量的一半以上。直到现在，这些发达国家的资源浪费现象也是非常严重的，如世界粮食的产量能够养活100亿印第安人或50亿意大利人，但只能养活25亿美国人。造成环境污染方面，发达国家也是“遥遥领先”。目前严重的环境问题主要还是这些发达国家在工业化过程中造成的。美国作为最发达的工业国，所排放的温室气体占到世界总排放量的1/4。因此，发达国家对于世界经济的可持续发展负有更大的责任。

发展中国家在经济的可持续发展问题上任务特别艰巨。这一方面体现在发展中国家落后的经济发展水平上，要保证一定的增长速度，使得发展与保护的平衡问题更为突出；同时，发展中国家越来越突出的人口问题，也使经济增长与可持续发展的矛盾更为严重，因而任务也更为艰巨。

因此，可持续的经济发展是人类为了自身的生存，为了子孙后代的生存所必然作出的选择。而在这样的选择中，发达国家应该负起更大的责任，作出更多的贡献，帮助发展中国家一起实现经济的可持续发展。如果发展中国家难以实现经济的可持续发展，最终也会影响到发达国家的发展。只有追求全球的可持续发展，才是最终的经济可持续发展。

我们的肩上沉甸甸

作为世界上最大的发展中国家，我国面临的可持续发展问题比其他任何一个国家都要艰巨得多。

和其他所有的发展中国家一样，经济的增长对我国来说，是一个重要的任务。我们要把国力和人民生活提升到发达国家的水平，即使是中等发达国家的水平，考虑到我国庞大的人口基数，经济增长的压力也是巨大的。如果过去一些国家以2%的年增长速度在50年内达到了发达国家的水平，那我国就要以几倍于此的速度才能在50年内达到这样的水平。这还没有考虑到一些因素的相对变化，例如人口的增长现在比以前快，在我们发展的同时发达国家同样在增长，从而使得以后中等发达国家的标准不断提高，等等。考虑到这些相对变化，经济增长对我国而言更具紧迫性。

然而，就在经济高速增长的几十年时间里，我国的可持续发展问题就已经到了相当严重的地步。

首先，资源的消耗是显而易见的。我国经济的高速增长很大程度是以资源的高投入为基础，资源的高投入就势必以资源的过度开采为前提。解放初期，我国矿石开采量不足 1 亿吨，现在超过 50 亿吨，居世界第二。目前，我国的煤、石油、天然气和钢铁开采量不是世界第一就是名列前茅。这些第一实在是没有什么值得骄傲的，开采得越大，穷得越快。同时，虽然我国号称地大物博，一些能源储存量世界第一，但是只要以人口一平均，立刻滑到世界的中等水平以下，因此充其量只能算是一个资源贫国。在一个缺少资源的国度开采出惊人的产量，结果就是资源的加速枯竭。

其次，环境的污染同样触目惊心。我国几个发展较快的地区，同时也是污染严重的地区。七大水系近一半河段遭到不同程度的污染，流经城市的河段有 80％水质超标。大气质量下降，我国工业排放的二氧化硫占据世界前列。目前我国酸雨覆盖面积已超过国土面积的 30％，已与欧洲、北美并列为世界三大酸雨区。在经济发展的很多方面，我国都未能赶上发达国家的水平，但在环保方面却已背上了沉重的负担。

再次，生态状况恶化，水土流失、土地荒漠化、草原退化、生物物种减少是其中的主要问题。我国每年土壤的流失量为 50 亿吨，约占世界年流失量的 1/5；荒漠化土地面积共 17.6 万平方公里，占国土面积的 18％；水土流失面积共 356 万平方公里，占国土面积的 37.1％；90％的草原已经或者正在退化，其中严重退化的草原已近 1.8 亿公顷，而且比例还在不断地增加。生物多样性同样受到威胁，许多土著、古老的动植物品种受到排挤、减少甚至灭亡。

由此看来，与发达国家相比，我国的能源、生态环境问题堪忧。而且发达国家已经实现了工业化，可以腾出手来专心解决这些问题，而我国却还面临着经济增长的压力。与发展中国家相比，经济增长与人口控制的任务同样繁重，但我国又多了一个棘手的能源环境问题。两方面都要兼顾，两方面都有压力，这使得我国与任何一个国家，无论是发达国家还是发展中国家相比，可持续发展的任务都要艰巨得多，压在我们肩上的担子实在是沉甸甸的。

造成我国可持续发展问题如此严重的根本原因，在于我们的经济增长长期走的是传统工业化过程“高投入、高产出、高污染”的道路。面对经济的可持续发展问题，我们别无选择，现在我们没有条件，也不应该继续沿着这条黑路走下去。我们应义无反顾，要用长远、整体的眼光来看待和解决经济的可持续发展问题。事实上，我国自从实行计划生育政策以来，一共少出生了 4 亿多人，这是对世界上解决人口问题所作出的最大贡献，也为解决可持续发展问题提供了有益的经验。今后，我们将通过各种可持续发展的政策和措施，来实现经济增长和资源利用、生态环境保护的和谐统一，以达到经济可持续发展。

主题七　驶上信息高速公路

【讨论热点提示】

什么是信息高速公路？

网络经济有什么特点？

网络对我们未来生活有什么影响？

网络时代与数字化革命

有这样一幅漫画，描写两条狗在互联网上对话。一条狗坐在电子计算机前，给它的同伴打了一行字："在互联网络上，没有人知道你是条狗。"更有人依此发挥，认为只要善于掌握工具和利用机会，即使是条狗，也可以在互联网上经商成功，成为"百万富狗"。这当然只是个玩笑，但是，这又真真切切地反映了这样一个事实：除非你去告诉别人，否则在网上没有人会知道你到底是谁。这就是互联网。网络已经形成了不同于现实的另一个虚拟世界，它已经和正在改变着我们所生活的现实世界的面貌，并且形成了自己独特的空间。人类已经开始走入网络时代。

互联网通过通信技术将不同地方的计算机联结起来，是当今世界发展最为迅速的一项技术。联网技术其实早就已经存在，在20世纪60年代，美国就开始将计算机的联网技术应用于国防军事领域，以实现资源共享和保障通信的可靠性。但是在20世纪90年代以前，网络的发展过程是缓慢的，而且范围也比较狭窄，主要是在学术、军事和政府高级部门里使用。直到20世纪90年代，美国国家科学基金会才取消了互联网的商用限制，把网络推向商业化和大众化，立刻互联网就以其强大的魅力，像藤蔓一样向全球的每一个角落延伸。

1993年，美国政府提出了"国家信息基础结构"的行动计划，宣称：国家信息基础结构是一个能给用户随时提供大量信息的，由通信网络、计算机、数据库以及日用产品组成的完善网络。通过最新技术建立起的这个网络，可以实现将一大批计算机联结起来，并高效、快捷互相传递信息。因此国家信息基础结构也被称为信息高速公路，意思就是信息在网络的传输就像汽车在高速公路奔驰一样，畅通无阻、四通八达。互联网是信息高速公路的基本形式。自美国提出信息高速公路的计划以来，世界各国也纷纷开始建立自己的信息高速公路，随之而来的是网络惊人的发展。例如在美国，加入网络的用户在1993年每月增加10%，到了1994年就以每月15%的速度增加。1995年，几乎是一年的时间，互联网以异乎寻常的速度进入了整个世界。现在，互联网上网人数每年都以成倍的数量增加；网上的主机，即提供互联网内容的服务器，也以每年翻番的速度递增，而且趋势有增无减。世界正在飞速进入网络时代。

“网络就是计算机”，网络的形成与计算机的发展是息息相关的。自从1946年问世以来，相当长的时间内计算机主要用来解决大量的科学和军事问题。到20世纪80年代，个人电子计算机的出现，使计算机应用开始走向办公自动化、财务、出版、电子娱乐等多方面的日常工作和生活。但是直到网络的普遍实现，计算机与网络技术的完美结合，才最大限度地发挥了计算机的潜能，同时使网络发展成为当今世界最重要的基础结构之一。计算机能够处理一切信息，但是计算机所能识别的只是0和1两种形式，这是计算机处理信息的最基本单位，称为比特。也就是说，计算机处理的大量信息是经过一定的编码转化，形成一连串的0或1这两个数字的组合。因此，利用计算机处理信息，无论是什么内容，包括声音、图像和文字，都被转化为数字的形式，这就被称为信息的数字化。计算机能够利用0或1来表现一切信息，而网络通过计算机来传输信息，所传输的信息就是一连串的数字组合，因此，网络一开始就是数字化了的网络。

信息的数字化改变了储存和传送信息的方式。信息的储存由物质的基本单位原子，转化为计算机的基本单位比特，由此可以实现信息的大量储存。一张600M左右的光盘，可以容纳得下一部卷帙浩繁的百科全书。而信息的网络传送，通过电话线、卫星通信等方式进行，可以实现光速的传输速度，大量信息的传送只是几秒钟的时间。因此在网上，可以大量、迅速地传递信息。由此带来的信息传递的极低成本，是信息高速公路能对世界产生巨大影响的根本所在。

互联网是以计算机、通信、多媒体技术为基础，提供电子邮件、万维网、文件传输、网络论坛等多种服务的场所，其中又以万维网（WWW.）为最主要的内容。通过计算机的联结以及互联网上丰富多彩的内容，互联网已经形成了新的网络空间。在这个空间里，网络以其快捷、方便以及低成本的信息传输，打破了时空限制，地球已经成为名副其实的一个村落。

网络经济与网络生活

数字化的网络正在以其大量、快捷、方便和低成本的特点，把触角伸向世界的每一角落，形成了自己的网络世界。这个全新的世界正在以前所未有的速度和无穷的魅力，改造着传统世界的面貌，使人们的工作、生活方式发生革命性的变化。

网络之所以迅速发展，在于网络的商业化运用，因此，网络对经济发展的变化是最重要的，也是最突出的。网络经济就是网络的兴起对经济增长方式变化的一种新的概括。

网络提供的信息传送技术，对企业的经营决策有着重要的影响。企业采用的传统联络方式包括会议、电话、信函和传真机，企业内部的信息传递是通过从上到下或者从下往上多层次进行的。而企业与外部的联络，例如与一个客户打交道，也是多环节进行的。这些方式往往显得不是费时费力，就是花钱、效率不高。现在通过网络发送电子邮件（亦即E-mail）进行信息的传递，无论是企业内部之间还是企业与外部之间，都可以省却许多中间环节和层次，而且速度快、效率高。在企业内部，只要发封电子邮件，几秒钟内就可以

立刻把信息传达到每个人的手中。对企业而言，要把握商机，时间是最重要的，电子邮件为企业和客户之间的沟通提供了最快捷的渠道。通过这些快捷的联络方式，企业可以随时了解市场变化的动态，及时作出正确的经营决策，并使决策能够迅速执行，从而为企业的成功奠定坚实的基础。

网络传送信息的低成本，是网络经济高速发展的又一基础。企业所考虑的问题除了时间以外，无非就是成本，而利用电子邮件可以实现比以往任何一种方式更低成本的联络。例如，传真机是日本人的发明，在电子邮件出现以前，传真机是传递信息最快和最好的工具，本来日本人可以借此好好发一笔财，但是电子邮件的诞生，却使这个好梦难以成真。发一万封传真函件与发一万封电子邮件，不仅时间相差很大，而且所需的成本差别可能就是一辆汽车和一顿快餐的比较。

网络为企业获取信息提供了巨大的空间。互联网就是基于资源共享的观念而建立起来的，最初的目的就是要使研究人员能共同利用昂贵的超级计算机资源。什么是共享？以图书馆为例，到传统的图书馆去借书，看到书架上有自已想要的书，就可以把它借回去慢慢读；如果没有，就只好等别人还回来再借。同样，你把书借了，别人想借这本书，就只有等你还了才能借。网上电子图书馆则不同，把一本书的内容放到网上，你找到这本书，就可以把它下载下来阅读，但这并不妨碍别人也上网把这本书的内容下载下来再来欣赏。也就是说，一个资源可以在很多人之间共同享用，从而也就实现了资源的高效利用。在网络出现以前，企业内部的各个部门都是相对独立的，更别说企业与外部之间的信息交流。而到了网络时代，企业内部通过局域网实现内部联结，可以方便地实现整个企业内部的资源共享。而且，对于信息的收集而言，网上什么都有，商情信息尤其丰富，企业往往可以得到第一手资料。

企业还可以充分利用网络这个打破时空限制的媒介实行网上经营，电子商务是企业上网经营最重要的模式。电子商务是一种新型的贸易方式，实现了整个交易过程的网络化，包括看货、洽谈、订货、发货以及结算等网上一条龙服务。由于网络可以即时实现企业与客户之间的响应，因此交易得以迅速进行。电子商务正在以网络所具有的所有优点而成为未来贸易的发展方向。

如果说跨国经营是通信技术和交通工具发展的结果的话，那么网络的出现，更使得跨国经营的空间限制进一步缩小，经济全球化的趋势表现得将更为明显。

网络在改变企业经营方式的同时，也在改变人们的工作和生活方式。

由于网络便利和快捷的联系，人们可以从传统的上班模式中解脱出来，在家办公成为可能：凭一台计算机与电话线，再加上互联网，就可以随时了解公司重要的信息，随时与公司保持联系。而且，随着通信技术的进步和通信器材的改变，以卫星通信等无线方式接入互联网，就可实现用类似于手机的联络工具，在世界上任何一个地方上班。

不仅在家可以办公，未来我们在家还可以享受一切，而且更为方便、舒畅：在网上浏览信息，可以“秀才不出门，能知天下事”；在网上旅游，一天之内能游遍全世界的名山大川；通过远程教育，可以在家中享受到世界上最好的教育，也使终身教育成为可能；通过远程医疗，可以同时接受最著名医生在不同的地方对病情的会诊；在网上购物，不用走路奔波，就可以在全国甚至更广的范围内选购自己喜爱的商品；使用 IP 电话，也实现了通话的数字化，而成本只有传统电话的几分之一到十几分之一；通过网络点播，可以任意随时播放自己喜爱的影片，使家中成为名副其实的家庭影院；等等。未来的生活将是网络生活。

构筑生存的网络空间

网络的高速发展是迄今为止最为引人注目的奇迹。随着网络向世界各地的延伸，越来越多人选择上网，网络已经形成区别于我们身边现实世界的另一个虚拟世界。说网络空间是一个虚拟的空间，这是因为网络世界完全是由电线、无线电波构筑起来的，就如大气一样，无所不在，但你又看不见、摸不着。而且，在网络交流中，彼此近在咫尺，恍如两个世界的人在交往，与我们身边的现实世界完全不同。未来人们将有一半的时间花在虚拟空间里，因此，加强网络的建设至关重要。

互联网最重要的特点是人人平等，没有至高无上的权力。然而这也恰恰存在着巨大的隐患，如何处理网络上可能发生的法律纠纷成为关键。例如，网络是一个信息共享的空间，但这又可能与知识产权保护的原则格格不入，因此，在网上如何保护知识产权？网上是一个虚拟空间，人人都有言论的自由，但是又可能被人利用这个自由的网络散布谣言，因此，如何制止网上言论对别人的诽谤？电子商务是一种新型的贸易方式，但是如果消费者付出了钱，得到的货不对板或者收到的货质量不过关，那么消费者的权利如何得到保障？这些问题，都需要相关法律环境的建设。

互联网是一个开放型的网络，因此，网络的安全问题一直备受关注，尤其是计算机黑客、网络侵犯已经成为一个社会政治问题。如果互联网系统被别人破坏，损失将是不可估量的。病毒的传递，以前主要是通过磁盘这个媒介，现在正在以网络进行传输，速度之快令人瞠目。对我国而言，计算机系统安全尤为重要，因为我国计算机中硬件和软件的核心部分都是国外生产的，不管是有意还是无意，别人都有可能将一些重要信息截取出去，如果这些信息被一些别有用心的人利用，后果将是不可想象的。因此，加强网络的防范措施，开发自主的软件和硬件是我国的当务之急。

网络空间的形成基础是联络。构建国家信息基础结构，修筑信息高速公路是基础中的基础。要将网络延伸至全中国而且形成容易上网的机会，变贵族游戏为全民化，上网费用是一个困扰广大网民的问题。网络不仅是信息通行的公路，还应该是高速公路，尤其是对于对传输速度要求较高的即时传送、网络点播、网络直播等，如果没有较高的传递速度，上网是不能带来实质性的改变的。因此，要加快通信技术的改造，确保网络信息高速公路的畅通和高速，组建更高宽带的网络是信息高速建设的基本内容。

在世界贸易组织新的一轮谈判中，已经规定各国在贸易中对信息技术产品免除关税，同时要求各国开放电信市场。面对国外虎视眈眈的电信行业，我国的电信产业有责任提高自己的技术，提供更快捷和更低廉的服务，这就需要开展竞争，提高自己的技术能力。只有这样，才是消费者之福、企业之福、国家之福。

信息化已融入我们的经济生活

随着信息网络的快速发展，信息化已深深地融入了我们的经济生活。我们从几个较突

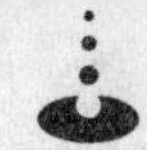

出的方面就可清楚地看出来。

IT产业的发展。伴随着信息网络经济的发展，IT产业成为一个快速成长的产业。**IT**（Information Technology），即信息技术，IT产业即信息技术产业。IT大致包括三个层次：第一个层次是硬件，主要指数据存储、处理和传输的主机和网络通信设备；第二个层次是软件，包括可用来搜集、存储、检索、分析、应用、评估信息的各种软件，如我们通常所用的视窗软件、企业所用的管理软件、网络游戏中的游戏软件等；第三个层次是对IT的应用，包括运用软硬件从事搜集、存储、检索、分析、评估使用各种信息的活动。现在，围绕着硬件生产、软件开发生产以及信息技术的运用，已经形成了规模庞大的产业群。

电子政府成为政府施政的重要方式。在我国，随着金税工程、金贸工程、金关工程、金企工程、金宏工程、金卡工程、金卫工程、金桥工程、金智工程、金安工程、金社工程、金农工程、金旅工程、金审工程等一系列“金字号工程”的开发建设，信息技术在提高政府施政效能，加强民众与政府的互动等方面，发挥着越来越重要的作用。

人们对网络已形成深深的依赖。单从网民数量这个简单的例子就可看出来：截至2009年9月底，中国网民数量已达到3.38亿，半年增长了13.4%。中国已成为世界上网民最多的国家。

第八聊天室

在经济现象的背后

【版主的话】

欢迎光临本聊天室!

漫步于前面几个聊天室，各种市场活动、金融、贸易、投资、政府、税收等这些五彩斑斓的经济现象，是否已经让你目不暇接、无所适从了呢？你也甭着急，所谓万变不离其宗，请你静下心来进入本聊天室，通过进一步的交流，我们会帮你揭开这些纷繁复杂的经济现象神秘的面纱，让你看得清清楚楚、明明白白、真真切切。

在本聊天室，各位朋友可以了解隐藏在各种经济现象背后最基本的经济学原理。按一般常规，初入经济学殿堂的探讨者往往会视烦琐的数学推导和定理证明为“洪水猛兽”，所以这里没有那些工具、手段，有的只是最浅显的语言，讨论的也只是最常用、最重要的一些经济学概念和原则，如最基本的消费者理论、成本分析、利润最大化、通货膨胀等。从中大家可以发现，经济学中这些最基本的效用和利润最大化、成本最小化原理，其实反映的都只是一些很直观的道理：如何花同样的钱得到最大的利益以及如何花最少的钱达到同样的目的。另外，本聊天室还给大家准备了一些较新的经济学理论，比如博弈论和信息经济学。它们有多重要，听听著名的经济学教授的话吧：“……如果不懂得博弈论和信息经济学，可以说就不懂得现代经济学……”本聊天室试图建立一些知识的链接点，让有兴趣的朋友朝着这些链接所形成的方向，作更深入的探寻。

其实，说到底，经济学只是一种思维方式，它使大家更聪明、睿智，使大家在看问题的时候更透彻和一针见血。

一句话，进入本聊天室一定不会让你空手而归，你会发现自己也可以将经济现象说得头头是道了。再一次感谢大家的光临。

主题一　消费与预算约束

消费，在一个人的生活中占有极其重要的地位。吃饭、穿衣服、看电影、读书等都是消费行为，离开了它们我们就根本无法生存。因而，消费决策对每个人而言都是十分重要的。消费什么商品、每种商品消费多少、消费哪一种商品，每个人（或者说消费者）都可以自己进行选择。然而，这并不意味着消费者可以随意进行选择，因为有的物品并不存在，或者对某些消费者而言某些商品不存在。比如说，你想要天上的月亮，这是完全不可能的。再比方说，你身在广州，但是你突然想吃北京烤鸭，而且指明是要在北京做的，这个要求也很难满足。所以说，消费者的选择总是受到一定客观条件的限制。我们把消费者能够从中进行选择的商品集合叫做**机会集**。

消费者的机会集除了受上面所提到的因素限制外，最常见的因素是时间和金钱。我们把由于消费者的时间受到限制的机会集称为**时间约束**，把由于消费者的金钱受到限制的机会集称为**预算约束**。不同消费者受到的约束会有所不同。显然，一个亿万富翁会觉得他的消费选择主要受到时间的限制，而一个身无分文的人在进行消费选择时却总是为囊中羞涩而发愁。我们经常考虑的是预算约束，它说明了一个消费者面临的典型机会集。

我们举个简单的例子来加以说明：张三有 200 元，他可以用来买书，也可以用来买他喜欢听的 CD 唱片。假设每本书的价格平均为 20 元，每张 CD 的价格为 40 元。那么，如果张三将所有的钱都花在买书上，他一共可以买 10 本书；如果他将所有的钱用于买 CD，他最多可以买到 5 张 CD；如果他决定要买 4 本书，那么他就还可以购买 3 张 CD。张三能够选择的一些可能组合如表 8－1 所示：

表 8－1　张三的机会集

书（本）	CD（张）
0	5
2	4
4	3
6	2
8	1
10	0

如果我们假设书和 CD 都可以无限分割，也就是说存在 0.5 本书或 0.1 张 CD，那么我们还可以用图 8－1 来说明。图中纵轴表示购买 CD 的数量，横轴表示书的数量。线段 *BL*

就是张三的预算约束线，线上的每一点表示张三购买书和 CD 的某一组合，而张三的机会集则是图中的三角形区域。预算约束线只是其边界，它说明的是张三购买特定数量的书时，他最多可以购买到 CD 的数量；或者说他购买特定数量的 CD 时，最多可以购买书的数量。换句话说，张三完全可以只购买 1 本书和 1 张 CD，而将剩余的钱用于其他方面，这就要取决于他的偏好了。

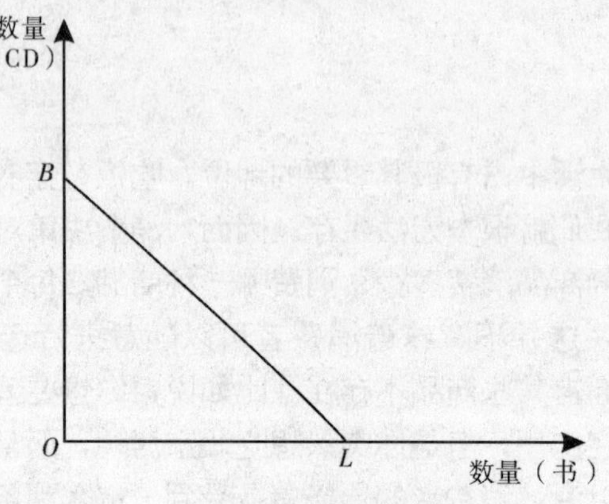

图 8－1　张三的机会集区域与边界

主题二　如何衡量消费者的偏好

前面说过，消费者最终的消费选择取决于他的偏好，也即消费者对不同商品组合的喜爱程度、需要程度等。这种商品组合一般称为消费束。比方说，你更喜欢苹果、香蕉，还是雪梨？或者说，现在有几种选择：第一种是10千克苹果、8千克香蕉和5千克雪梨；第二种是7千克苹果、10千克香蕉和6千克雪梨；第三种是8千克苹果、11千克香蕉和4千克雪梨。你会选择哪一种？实际上，你的选择就代表了你对不同商品束的偏好。

要研究消费者的偏好，通常我们只需要考虑两种商品的情况就可以了。设x和y代表商品的数量，x_1和x_2表示一种商品的数量，而y_1和y_2就表示另一种商品的数量。那么我们就有了两个消费束：(x_1，y_1)和(x_2，y_2)。然后消费者就可以根据自己的情况对这两个消费束作出判断，看到底是一个消费束比另一个要好，还是两个消费束没有什么区别。假设消费者认为(x_1，y_1)比(x_2，y_2)要好，我们就说消费束(x_1，y_1)优于(x_2，y_2)，或者说消费者更偏好于消费束(x_1，y_1)。要是消费者认为两者根本没有区别，那么我们就说消费束(x_1，y_1)与(x_2，y_2)无差异。如果我们对偏好作一定的假设，并将一种商品的数量用横轴来表示，另一种商品的数量用纵轴来表示，那么我们就可以在平面直角坐标系中描绘出某个消费者的无差异曲线。任一无差异曲线上的点所表示的由两种商品组合所形成的消费束，对该消费者来说其满足程度都是无差异的。而消费者对不同无差异曲线上的点所表示的消费束的偏好是不同的。

无差异曲线是表示消费者偏好的一种很好的方法。任意给定两个消费束，我们可以根据消费者的无差异曲线判定消费者对它们的偏好程度。同样，我们还可以根据无差异曲线的形状来判断不同商品的性质。如果消费者愿意按某一固定的比率用一种商品代替另一种商品，那么我们就说这两种商品是完全替代品。比方说，某个消费者喜欢吃雪糕，越多越好，但是她不在乎是草莓味儿(x)，还是巧克力味儿(y)，那么对她来说，5个草莓雪糕+5个巧克力雪糕与4个草莓雪糕+6个巧克力雪糕、3个草莓雪糕+7个巧克力雪糕……都是无差异的。从图8-2A来看，该消费者的无差异曲线是所有斜率为-1的平行直线。相反，如果消费者始终按同一比例一起消费两种商品，那么这两种商品就称为完全互补品。最明显的例子是左脚鞋与右脚鞋。每个人都需要鞋子，并且一般而言我们总是要左右脚一起穿的。如果少了一只鞋，那么剩下的那只鞋对我们来说就毫无用处了。从图8-2B看，无差异曲线就是“L”形的折线。

有了无差异曲线，我们也可以很容易将消费者偏好的变化表示出来。从无差异曲线的形状或位置的变化，我们就可以知道消费者的偏好发生了什么改变。比如，在图8-2A中，如果无差异曲线C_0和C_1斜率变为-2，即其绝对值变大为原来的两倍，那么我们就知道，消费者更喜欢草莓味儿的雪糕，而不那么喜欢巧克力味儿的雪糕了。因为，对这个

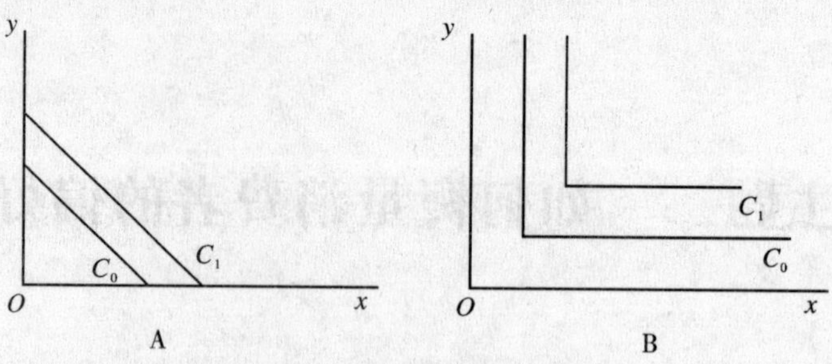

图 8－2　消费者偏好曲线

消费者而言，两个巧克力雪糕才相当于一个草莓雪糕。无差异曲线的斜率－1 或－2，就代表了消费者在两种消费品之间转换的比例，我们称之为边际替代率。也就是说，边际替代率表示，在不改变消费者的满意程度的条件下，如果要消费者放弃 1 单位的 x，需要增加多少单位的 y 作为弥补。

除了无差异曲线外，我们还可以用**效用**来衡量消费者的偏好。如果消费者对消费束（x_1，y_1）的偏好超过对消费束（x_2，y_2）的偏好，这就意味着前者的效用大于后者的效用；反之则相反。如果我们给消费者的每一个消费束都指定一个数值，使得消费者更偏好的消费束的数值大于没那么偏好的消费束的数值，那么我们就得到了一个效用排序。从效用就是人的主观评价这一定义我们可以看出，效用的数值并不重要，关键的是排序。也就是说，如果消费束（x_1，x_2）优于消费束（y_1，y_2），那么指定（x_1，x_2）的效用为 5 和（y_1，y_2）的效用为 3，与指定（x_1，x_2）的效用为 10 和（y_1，y_2）的效用为 6 没有什么区别。之所以要指定具体的数值，只不过是为了便于比较。

主题三　消费者的选择与价格变动

有了消费者的预算约束和效用函数，我们就可以确定消费者的最优消费选择，也就是说使消费者获得的满足程度最高的消费束。如图 8－3 所示，BL 是某消费者的预算约束线，C_0，C_1，C_2 表示其 3 条无差异曲线，那么，该消费者的最优选择就是无差异曲线 C_1 与预算约束线的切点 E 所表示的消费束（x_1，y_1）。

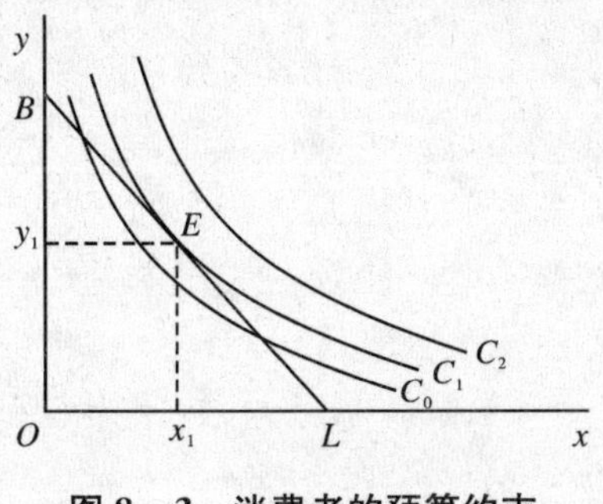

图 8－3　消费者的预算约束

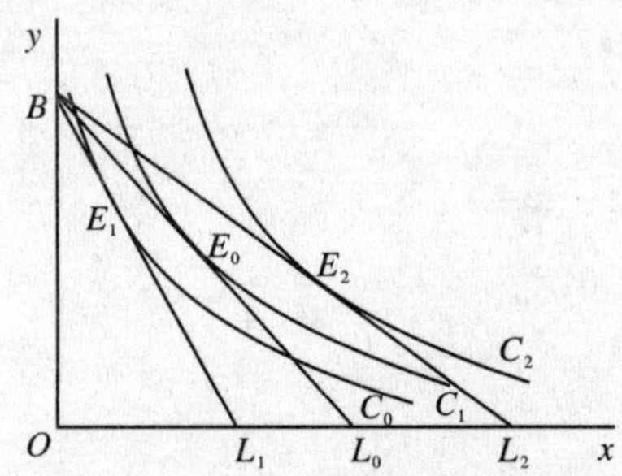

图 8－4　消费者预算约束的改变

从前面的内容我们知道，如果商品的价格发生变化，那么消费者面临的预算约束也就会随之变化。这种变动对消费者的最优选择会产生什么样的影响呢？下面，我们还是从图上进行直观的分析。

如图 8－4 所示，BL_0 是消费者原来的预算约束线，E_0 是它相应的最优选择点。假设由于某种原因 x 的价格上升，y 的价格保持不变，那么预算约束线将变为 BL_1，消费者的最优选择变为 E_1。同样，如果 x 的价格下降，y 的价格保持不变，那么预算约束线将变为 BL_2，消费者的最优选择变为 E_2。从图上我们可以看到，一般而言，如果某种商品的价格上升，那么消费者将减少这种商品的消费；如果某种商品的价格降低，那么消费者会增加这种商品的消费。这一变动既取决于价格变化的大小，也取决于消费者无差异曲线的形状。

某种商品价格变化，比如说降低，所产生的影响，可以从两个方面来看：一方面，由于一种商品相对便宜了，消费者也许会更多地消费这种商品；另一方面，商品价格的降低也可以看作是消费者收入的上升，这会使得他更多地进行消费。前者称为价格效应，后者称为替代效应。最终的影响也就取决于这两种效应的大小。

如果消费者的收入发生变化，那么这也会使得消费者面临的预算约束发生变化，从而使消费者的最优选择发生改变。从图上来看，消费者收入的变化就是预算约束线的上下（或左右）平行移动，最优选择点也就随着与无差异曲线切点的不同而发生改变。一般而言，消费者收入的增加（减少）会使消费者增加（减少）对某一种商品的消费。但是，如果随着消费者收入的上升，他对某种商品的消费却在减少，那么我们就把这种商品称为**吉芬商品**（Giffen Goods），它是以最早注意到这种现象的 19 世纪的一位经济学家吉芬的名字命名的。

主题四　经济学中的边际思想

边际分析是经济学中的一个重要概念。它考虑的不是某种经济变量的绝对值，而是其增加或减少的相对变动。人们通常犹豫不决的不是该不该去做某事，而是该多做还是少做。比方说，没有人会考虑要不要吃饭，人们所要决定的通常是吃多一点还是吃少一点的问题。

边际分析最重要的两个概念是边际成本和边际收益。**边际成本**指新增加的成本，而**边际收益**则指新增加的收益。例如，老张要买一台计算机，假设他有两种选择：一种是比较低档的配置，比方说 AMD 速龙×25000 的 CPU 加普通的微星主板，再配上 320G 的希捷硬盘；另一种是比较高档的配置，比方说 Pentium 双核的 CPU 加最高档的微星主板，再配之以 500G 的希捷硬盘，并且显示卡、声卡、CD－ROM、显示器等都是目前最好的。前者只需 2900 元，而后者则至少需要 4300 元。那么，选择后者的边际成本就是 1400 元，而得到的边际收益当然就是更快的速度、更佳的效果，也许还包括别人的羡慕。老张要考虑的就是边际成本和边际收益究竟哪个更大，也就是说，花更多的钱究竟值不值得。

对消费者来说，边际效用分析告诉我们，关键的是最后一单位消费品给他带来的效用与所增加的成本大小的比较。要使自己的效用最大化，就必须使两者，即边际效用（消费者的边际收益）和边际成本（该商品的价格。因为在充分竞争的市场中，商品价格与边际成本、边际收益一致）相等。

而对生产者来说，边际分析则要求他们将注意力放在新生产出来的商品的价格与生产成本的比较上。当两者，即边际收益（一般就是商品价格）和边际成本相等时，企业的收益达到最大。

主题五 收 益

简单来说，**收益**就是经济主体投入一定的经济资源而获取的东西。它可以是货币形式的，也可以是非货币形式的，比如消费者通过消费某种商品所获得的精神愉悦。对企业来讲，它们的收益一般都是以货币形式来衡量的。下面我们以典型的生产企业为例来加以说明。

企业在一定时期内销售其生产的产品所获取的总收入，我们称为**总收益**（*TR*）。它可衡量企业所有的资源投入获取的收益大小。如果用总收益除以产品销售量，我们就得到该企业的**平均收益**（*AR*）。它表示企业一单位产品的收益水平，通常也就等于产品的销售价格（*P*）。而企业每增加一单位产品的销售所增加的收益，就是我们前面说过的边际收益，在完全竞争市场的条件下，它一般就等于该单位产品的销售价格。

我们可以通过收益曲线在图 8－5 来描述收益与销售量（或产量）之间的关系。假设企业生产的是彩电，企业处于一个完全竞争的市场上。我们横轴表示其彩电的销售量，纵轴表示收益，那么 *TR* 就是企业的总收益曲线，而 *AR* 和 *MR* 则分别表示企业的平均收益和边际收益。

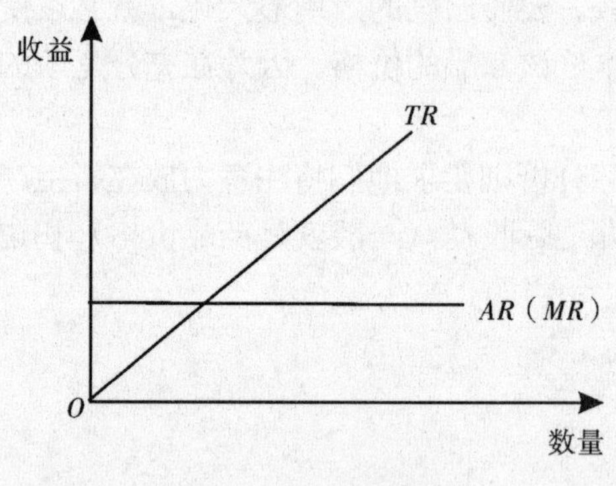

图 8－5 收益曲线

在本例中，由于假设是完全竞争，所以平均收益曲线正好与边际收益曲线重合。而在其他情况下则不一定如此。

主题六 成　本

我们做任何事情都是需要付出代价的，这也就是所谓的“天底下没有免费的午餐”。这些代价我们就把它称为成本。我们同样主要以生产企业为例来说明这一概念。

企业为生产和销售产品所付出的所有成本就称为**总成本**，它表示企业为取得总收益而付出的代价。总成本当中，又可以分为固定成本和可变成本。企业要进行生产就必须有厂房、机器等，在产量低于某个水平时，这些投入都是不会发生变化的，我们把与这些不变投入相联系的成本称为**固定成本**。而像原材料、工时等投入则会随着产量的变化而变化，我们就把它称为**可变成本**。总成本除以产品销售量也就得到**平均成本**，它表示销售每一单位产品所需的成本。而每多销售一单位产品所需要增加的成本就是前面提到的**边际成本**（各种成本曲线以及它们之间的关系，可以参阅后述“企业的经营目标”）。

要注意的一点是，这里讲的是经济学上的成本概念，我们称之为经济成本，它和实践中的会计成本有联系，但不是一回事。经济成本中包含着会计成本，但是有些会计成本又不属于经济成本，而且经济成本中还包括一些非会计成本。

在这当中，我们要注意的有两个重要的经济成本概念：一个是**机会成本**，另一个是**沉没成本**。

主题七　企业的经营目标

前面我们讲过收益和成本，而**利润**就等于总收益减去总成本。企业经营的目标就是利润最大化。那么，如何实现利润最大化呢？

我们要知道，在短期和长期内企业面临的情况是完全不一样的。在短期内，企业可以增加劳动、资金等可变投入，但是厂房、机器设备等固定成本是无法改变的；然而，在长期内，企业不仅可以改变可变投入，而且还可以购买更多的厂房、机器设备以增加生产能力。

我们主要看短期的情况。为了便于说明，我们还是通过图 8－5 的收益和成本曲线来看。

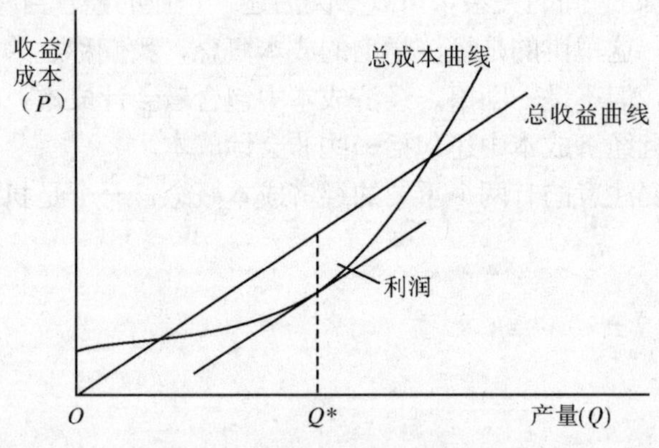

图 8－6　收益和成本曲线图

如图 8－6 所示，总收益曲线是一条通过原点向右上方倾斜的直线，总成本曲线是一条与纵轴相交的斜率始终为正的曲线，而利润就是两条曲线的垂直距离。从图上我们可以清楚地看到，当产量为 Q^* 时，利润达到最大。如果我们换一个坐标来看，就可以知道利润最大化的具体条件。

如图 8－7 所示，如果用成本作纵坐标，产量为横坐标，那么边际成本曲线、平均成本曲线和平均变动成本曲线的形状大致就是这样：当价格为 OA 时，最优产量，也就是使利润最大化的产量是 Q_3，也即价格等于边际成本时候的产量。此时的利润为阴影部分 $ABCD$ 的面积。从图 8－7 我们可以清楚地看到，如果价格大于 OE，那么利润就大于零；如果价格等于 OE，那么利润就等于零；如果价格低于 OE，那么利润就为负了。当利润为负的时候，是不是企业就不生产了呢？也不是。原因在于，无论企业生产与否，它都要付出固定成本。所以，当价格在 OE 与 OH 之间时，企业还是会继续生产，因为这时候虽然价格低于平均成本（企业处于亏损状态），但还是高于平均变动成本，这样就可以弥补一

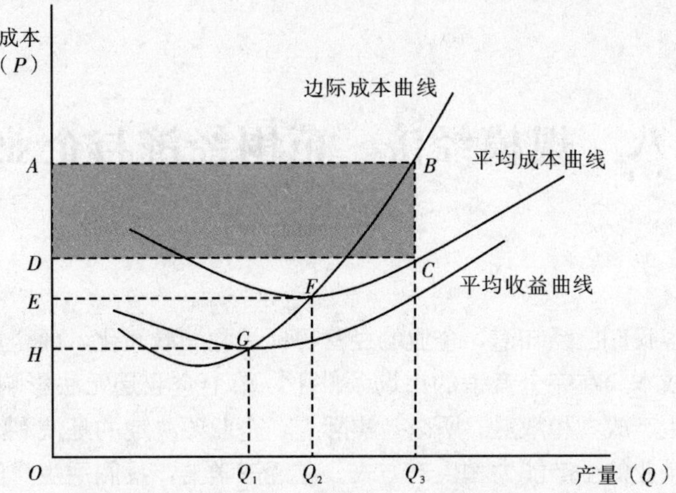

图 8－7　边际成本、平均成本和平均收益曲线图

部分固定成本。而如果企业停止生产，它的损失就是整个固定成本。当价格低于 OH 时，企业根本不会生产，因为此时这样做更有利。因而，我们把 H 点叫做进入和退出点。显然，这时企业的供给曲线就是边际成本曲线在 H 点以右的部分。

长期内的分析跟短期内的分析类似，只是固定成本也可变，利润最大化总的原则还是边际成本等于价格。要注意的一点是，我们这里分析的都是完全竞争条件下企业的情况，至于垄断的情况，我们在后面会谈到。

主题八　规模经济、范围经济与企业经营

从前面的内容我们已经知道，企业的经营目标是利润最大化，而企业的利润又取决于市场价格和生产成本。在完全竞争的市场条件下，单个企业是无法影响整个市场价格的，它可以控制的是生产成本和数量。所以，实际上，企业要决定的是使利润最大化的最优产量。这就牵涉到企业的生产能力和生产方式。在经济学上，我们用生产函数来描述一家企业的生产技术和能力。最常见的一种形式是柯布—道格拉斯生产函数：$Y=AK^{\alpha}L^{\beta}$，其中 Y 代表企业的产出，K 和 L 分别表示资本和劳动两种投入，A 是常数。如果所有的投入以一定比例同时增加，而产出恰好增加同样的比例，那么我们就说企业存在规模报酬不变；而如果产出增加的比例小于投入，那么我们就说企业存在规模报酬递减；如果这时产出增加的比例大于投入，那么我们就说企业存在规模报酬递增或者规模经济。我们就拿上面的例子来说，假设 $A=1$，当 $\alpha=0.5$，$\beta=0.5$ 时，若 K，L 同时增加 1 倍，产出也同样增加 1 倍，也就是规模报酬不变；当 $\alpha=0.3$，$\beta=0.5$ 时，若 K，L 同时增加 1 倍，产出的增加不足 1 倍，也就是规模报酬递减；当 $\alpha=0.7$，$\beta=0.8$ 时，若 K，L 同时增加 1 倍，产出的增加大于 1 倍，我们就说存在规模经济。如果从图上来看，那么，当平均成本曲线向右下倾斜时，存在规模经济；当平均成本曲线水平时，存在规模报酬不变；当平均成本曲线向右上倾斜时，存在规模报酬递减，如图8－8所示。

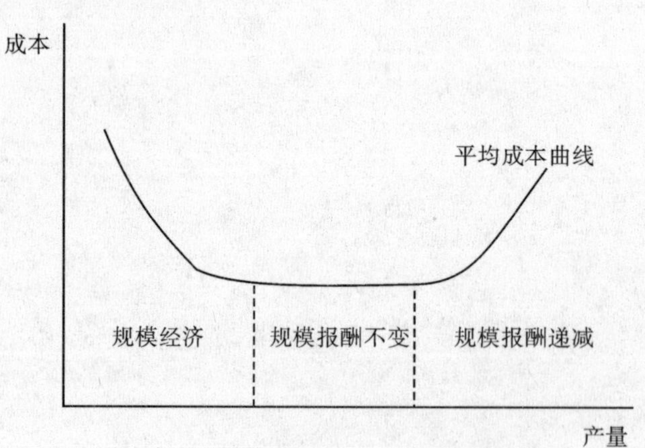

图 8－8　规模报酬随成本曲线变化图

以上是对一种产品而言的，如果企业生产一种以上的产品，情况又不一样。问题的关键在于，不同的产品之间是否存在着某些重要的相互联系，也就是说，一种产品的生产是否会影响其他产品的生产。在某些时候，不同产品自然是同时生产出来的，我们把这些产

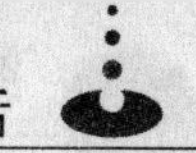

品称为关联产品。比方说吧，养羊的农场一般可以同时生产羊毛、羊皮和羊肉。如果要生产更多的羊毛，那么羊肉的产量自然也就少了。如果企业同时生产几种产品的支出比分别生产它们要更小，那么我们就说存在范围经济。这一概念有助于我们理解为什么同一企业一般总是从事某些既定的生产活动，而范围经济存在于一些关联产品之间。

主题九 垄 断

我们前面一直在讨论完全竞争条件下的情况。究竟什么是完全竞争呢？市场上存在着不同的行业，不同的行业又以一定的方式组织在一起，这些组织方式就是市场结构。**完全竞争**是其中的一种市场结构，在这种市场结构中，企业的数量很多，而且每一家企业都只是价格接受者，它们的行为对市场价格没有影响。从这些限制条件我们可以看到，真正的完全竞争几乎是不存在的，市场上更多的是非完全竞争状况。这些市场结构包括：完全垄断、寡头垄断和垄断竞争。如果市场完全没有竞争，只有一家企业，它提供产品给整个市场，那么我们就把这种情况称为**完全垄断**。这是一种极端的情况，比较少见。如果市场上有少数几家企业，它们共同为市场提供产品，那么我们就称它们是**寡头垄断**。如果市场上企业的数量比寡头垄断市场多，但又还没有多到实现完全竞争的程度，它们提供相似的产品，那么我们就称之为**垄断竞争**。在寡头市场和部分垄断市场上，都存在某种程度的竞争，但在程度上又比完全竞争市场受到更大的限制，所以我们又把这两类市场称为**不完全竞争**。

在上述市场结构中，企业的产量和价格决策与完全竞争根本不同。下面我们以完全垄断为例来加以说明。我们已经知道，在完全竞争条件下，每家企业都是价格接受者。而在垄断条件下，由于垄断企业控制着整个市场，它所面对的需求就是整个市场需求，它的产品供给就是整个市场的供给。所以，如果垄断企业以高价销售，那么它提供的数量就受到需求的限制；如果它想多销售一些产品，就必然要降低产品价格。实际上，垄断企业面临的是一条向右下方倾斜的需求曲线（如图 8－9 所示）作为其商品出售的价格线。

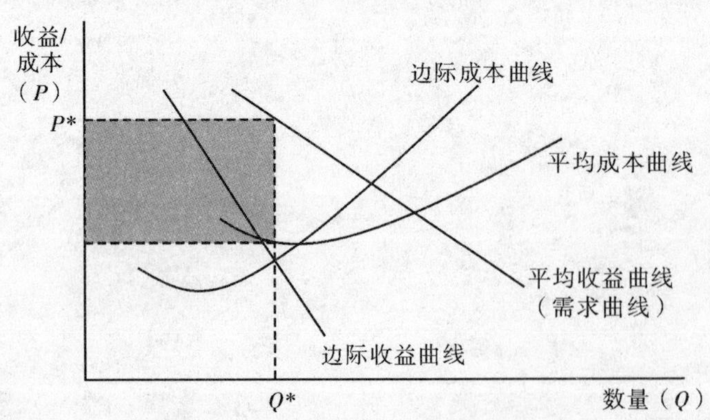

图 8－9 垄断企业的收益/成本曲线图

垄断企业的经营目标当然也是利润最大化，它所应遵循的原则也是边际成本等于边际收益。它与竞争企业的明显区别，就在于此时企业面临的边际收益曲线与平均收益曲线

（即需求曲线）不再是重合的（如图 8－9 所示）。所以，在垄断的条件下，企业提供的产品数量要比完全竞争条件下的少，并且价格也更高。从图上我们也可以清楚地看到，垄断利润即为阴影部分的面积。

垄断企业还有一个特点，它可以利用它的垄断地位实行价格歧视，也就是对不同消费者或在不同市场上索取不同的价格。其中，最常见的例子就是少量购买和大量购买的价格是不一样的。

产生垄断或者竞争受限制的原因很多，主要是：政府政策、资源的独享、信息障碍、企业采取的市场策略以及规模经济的存在。其中，由于某个行业存在规模经济而导致的垄断，我们称之为自然垄断。因为在这种情况下，由一家企业大规模生产并提供产品的成本比较小，因而是有效率的，引入竞争只会导致效率的下降。

上面我们说的都是作为供给方的企业垄断，我们可以称之为**卖方垄断**。然而在市场上，还有另一种形式的垄断，它是由作为市场上的需求方的数量较少导致的。如果某个市场上只有一个买者，这就是一种**买方垄断**。对此的分析虽有所不同，但基本方法和原则与卖方垄断一样，这里就不再赘述。

主题十　竞争市场上价格的决定

需求与供给是市场经济中的一对孪生兄弟，它们共同作用使得产品市场价格最终得以形成。大家要注意，这里所说的需求和供给既不是指单个消费者的个别需求，也不是指单个生产者的个别供给，而是指整个社会的全体消费者对某种商品需求的加总，以及市场上该种产品的所有生产者的产量之和。我们知道，在完全竞争经济条件下，对于同一种产品而言，市场中总会有大量的消费者以及数目众多的生产者，其中全体消费者构成产品的买方，而全体生产者则构成产品的卖方。产品的价格不可能由个别的消费者或生产者来决定，因为市场中的生产者和消费者是如此之多，任何人都处于平等的地位，以至于谁也不可能单凭个人的力量来决定。

那么，市场价格究竟是如何决定的呢？答案其实很简单：产品的市场价格是由市场上该种产品总的需求和供给来共同决定的。举个例子来说，假定目前市场上出现了一种新的产品，我们给它取名为“苏菲”，现在我们来做一个实验，看看“苏菲”的市场价格是如何决定的。首先我们将市场上的所有消费者聚集到一边，同时将市场上的所有生产者聚集到另一边，然后由一个公正的报价人给“苏菲”进行公开报价。报价正式开始：第一轮报价是1000元，生产者们欢呼雀跃，表示同意；然而消费者们认为价格太高了，表示否决。双方未能达成协议，唯有进行第二轮的报价。第二轮报价是100元，这一轮跟上一轮的景象刚好相反：消费者们沸腾了，表示支持；然而生产者们却一致认为价格太低，予以否决。双方争持不下，只好进入下一轮的报价……如此反复进行，终于当报价为500元时，消费者们和生产者们都没有表示异议，协议最终达成，于是“苏菲”的市场价格就定在500元了。因此，产品的市场价格不是由个别消费者或个别生产者决定的，而是由全体消费者组成的买方以及全体生产者组成的卖方，也就是说，是由产品总的需求和供给共同决定的。

主题十一　博弈三要素

我们知道，传统经济学中的一个重要假定就是，人是理性的，在给定约束条件下最大化自己的效用。在这一过程中，人们需要相互合作，但同时合作中又存在着冲突。为了解决这些问题，理性规定了各种制度来规范人们的行为。传统的新古典经济学建立在价格制度（即市场制度）的基础之上，它假定市场完全竞争，没有信息不对称问题（参阅本聊天室主题十五“旧货市场与逆向选择”）。但是，这些假设在现实生活中根本无法得到满足。于是，经济学家又提出其他一些非价格制度。这其中，博弈论是一块重要的基石。

博弈论是研究决策主体的行为发生直接相互作用时候的决策，以及这种决策的均衡问题。也就是说，当一个经济主体，比如一个人或一家企业的选择受到其他人或其他企业选择的影响，而且其本身也影响其他人或其他企业选择的决策问题和均衡问题。同样是决策问题，前面我们讲的都是一个经济主体，而现在研究的问题则牵涉两个或两个以上的经济主体。由于博弈论在经济学中的广泛应用以及对经济学发展的巨大推动作用，博弈论已经成为主流经济学的一部分。而一个明显的标志就是，1994 年的诺贝尔经济学奖就授予了 3 位在博弈论方面有着突出贡献的经济学家纳什、泽尔腾和海萨尼。

我们首先来看看博弈的三要素：参与人、策略和支付。**参与人**是指参与博弈过程，在博弈中最大化自己效用的决策主体（可以是单个人、企业、团体，甚至是国家）；**策略**是指参与人在博弈过程中可以选择的行动；而**支付**则是指各参与人在博弈过程中选择某种策略所获得的效用大小。我们就通过这三个基本的要素描述博弈。这里，又有两种方法：标准式表述和扩展式表述。而最常见的就是前者，它一般用方框图来表示。

举个简单的例子：大家都知道，在碳酸饮料市场上，有两大巨头——可口可乐和百事可乐。它们都想独霸整个市场，但是由于实力相当，又不得不受制于对方。我们现在来看一看它们之间的一个价格博弈。每家公司都可以选择两种价格：高价、低价。如果两家公司同时选择高价，它们当然可以同时分享高额的利润，比方说每家公司得 5 亿美元；如果两家公司同时选择低价，这时一种可能的情况是同时获得很低的利润，甚至于亏损，我们假设它们都亏损 2 亿美元；如果一家选择高价，一家选择低价，那么显然由于顾客都去购买低价产品，选择低价策略的公司将独享全部的利润 10 亿美元，而选择高价策略的公司将面临巨额亏损，假设亏损额为 8 亿美元。如果用表格表述，则如下页表8 - 2所示。

表8-2　两大公司的价格博弈表

单位：亿美元

		可口可乐	
		高价	低价
百事可乐	高价	(5，5)	(-8，10)
	低价	(10，-8)	(-2，-2)

这个价格博弈的参与人就是百事可乐和可口可乐，它们的策略有高价和低价两种，它们的支付如表中所示。括号里面前一个数字表示百事可乐的支付，后一个数字表示可口可乐的支付（负号表示亏损）。它又叫做博弈的支付矩阵。

主题十二　博弈的类型与均衡

我们已经知道了博弈的三要素，那么我们就可以根据这些要素以及其他一些因素的不同对博弈进行分类。

根据参与人多少的不同，我们可以分别称博弈为：二人博弈、三人博弈、四人博弈等。根据参与人能否达成一个具有约束力的协议，又可以分为合作博弈和非合作博弈。在合作博弈中，参与人之间可以达成一个有约束力的协议，从而在行动时采取一致策略；而在非合作博弈中则不允许有这样的协议存在。

而根据参与人采取行动的顺序先后，我们又可以将博弈划分为：静态博弈和动态博弈。**静态博弈**是指在博弈中，参与人同时选择行动，或者虽然不是同时行动但后行动者并不知道先行动者采取了什么具体行动。**动态博弈**则指参与人行动有先后顺序，并且后行动者能够观察到先行动者所选择的行动。

如果从参与人对其他参与人的特征（主要是理性与否）、策略及支付的了解情况来看，我们又可以将博弈分为**完全信息博弈**和**不完全信息博弈**。前者是指每一个参与人对所有其他参与人的特征、策略及支付完全了解；而后者则相反。

我们一般把上述两种分类方法结合起来考虑，这样博弈就可以分成：完全信息静态博弈、完全信息动态博弈、不完全信息静态博弈和不完全信息动态博弈。

如果我们注意参与人的支付，我们又可以发现，有一些博弈的支付比较特殊，各个参与人支付的和总是为零。我们把这类博弈称为**零和博弈**。与此相类似，各个参与人支付之和为一大于零的常数的博弈，称为**常和博弈**。而与零和博弈相对应的就是**非零和博弈**。

我们研究博弈的一个主要目的是要找到博弈的均衡解，它是指所有参与人最优策略或行动的组合。不同的博弈的均衡解是不一样的，这当中最重要的一个均衡概念当数**纳什均衡**。它是指这样一种策略组合：在给定其他人的策略选择的情况下，没有任何人有积极性去选择其他策略，也就是说，没有人会去打破这种均衡。

下面我们举一个博弈论中最经典的例子——囚徒困境来加以说明。有两个共同作案的罪犯被警察抓获。在审讯他们之前，警察明白告诉他们：如果两个人都坦白，那么客观量刑，每人各判 6 年刑；如果两个人都抵赖，则以妨碍公务罪各判 2 年刑（因已有证据表明其有罪）；如果一个坦白，另一个抵赖，那么坦白的释放，抵赖的重判 9 年刑（正所谓“坦白从宽，抗拒从严”）。然后，把他们分开审讯。这时，两个囚徒面临的博弈如下页表 8－3（因为是判刑，所以用负数来表示他们的支付）。

表8－3　囚徒困境博弈模型

单位：年

		罪犯B	
		坦白	抵赖
罪犯A	坦白	(－6，－6)	(0，－9)
	抵赖	(－9，0)	(－2，－2)

这是一个非合作的二人博弈，并且属于完全信息静态博弈。从表中我们可以看到，“坦白”这个策略是两个囚徒的占优策略，即无论对方采取什么策略，自己选择“坦白”总是要有利些。而相对应地，在分开审讯的情况下，由于每个罪犯都生怕自己采取“抵赖”策略后，如果另一个同伙采取了坦白，自己就将招致重罪，所以，“抵赖”就是两人的劣势策略。这样，我们就很容易地得到，“坦白，坦白”就是最终的均衡。两个囚徒都不得不坦白，并各被判6年刑。

主题十三　如何衡量经济运行的效率

衡量经济运行效率的指标有很多，但从经济学家的眼光来看，效率总是与经济中各成员的福利状况密切联系在一起的。这其中一个重要的概念就是**帕累托最优**。它是指这样一种经济状况：在这种情况下，没有什么方法可以在不使任何人的境况变差的同时使任何人的境况变得更好。而如果在某种经济状况下，可以在不使任何人的境况变差的同时使某个人的境况变好，那么就称为**帕累托改进**。

我们举个简单的例子：假设A先生不喜欢吃苹果，但喜欢吃香蕉；而B先生则恰好相反，喜欢吃苹果，不喜欢吃香蕉。但是，事与愿违，A先生手中只有苹果，B先生手中只有香蕉。显然这不是一种帕累托最优状况。我们可以采取某些措施加以改善，比方说，A先生用手中的苹果去换B先生的香蕉。这样的结果是A先生有香蕉吃，而B先生也有苹果吃，两个人的状况都得到了改善，因而是帕累托改进。

那么，如何衡量经济是否满足帕累托最优呢？这要有三个条件：交换有效率、生产有效率和组合有效率。

交换有效率要求经济中生产的所有商品都必须以最有效的方式在个体之间加以分配。比如上面的例子中，A先生喜欢香蕉，B先生喜欢苹果，那么交换有效率要求最终的结果是，A先生得到香蕉，B先生得到苹果。在满足交换有效率时，个体之间就没有进一步交换的余地，任何对交换起阻碍作用的措施都将导致低效率。

第二个条件是**生产有效率**。即在这种状态下，它不可能生产更多的某些产品而又不减少其他产品的产量。如果用生产可能性曲线来描述，就相当明显了：生产可能性曲线表示在其他产品产出水平既定的情况下，某种产品的最大产出数量。举个简单的例子：假设某个经济只生产两种商品——面包和大炮，它的生产可能性曲线如图8－10所示：

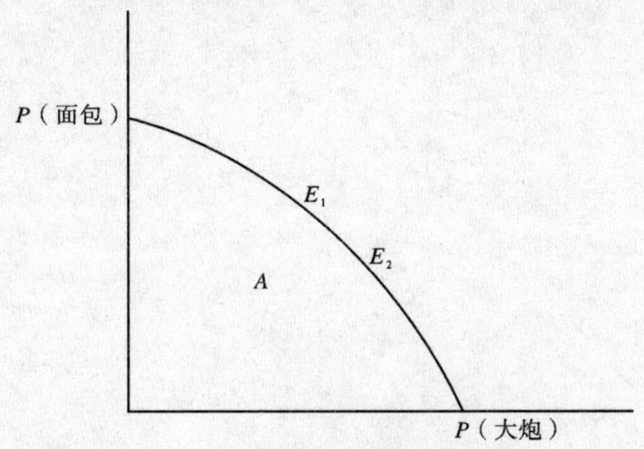

图8－10　面包和大炮的生产曲线

从图8－10我们可以看出，只有当经济处于生产可能性曲线上（如点 E_1，E_2）时，它才满足生产有效。如果经济位于生产可能性曲线内部（如点 A）时，我们可以通过采取某种措施使经济移向生产可能性曲线（如移到点 E_1），从而使面包和大炮的产量同时提高。

满足帕累托最优的第三个条件是必须满足**组合有效率**。即帕累托最优的第一个条件和第二个条件要能组合起来达到有效率的一致，也就是说，经济中所生产出来的产品组合应符合经济对这些产品的偏好组合。换句话说，在生产可能性曲线上生产的经济所生产出来的产品符合消费者的偏好。

我们要注意的一点就是，帕累托最优仅仅表示一种效率，并不代表某种意义上的平等或公平。也就是说，帕累托最优并不一定是最公平的一种配置。举个简单的例子：如果经济中所有的财富都集中在一个人手中，这可以是一种帕累托最优状态，但显然是极端不平等的。

主题十四　市场经济是否有效率

前面我们谈到了如何衡量经济运行是否有效，那么紧跟着就有一个问题：市场经济是否有效率呢?

福利经济学第一定理告诉我们，所有竞争市场均衡都是帕累托最优的。下面，我们分别从帕累托最优的三个条件来加以分析。

市场经济中最重要的就是价格机制，它可以保证交换是有效的。人们在决定某种商品的购买数量时，需要衡量的当然就是从单位商品中所获得的好处与购买这一单位商品所花费的成本，即价格。如果我们把价格看成是一个人对他从某一单位商品中获取边际效用的一个粗略指标，那么只要所有人面对同样的价格，他们在各自实际购买的数量上获得的边际效用是相等的。还是以前面的例子为例，对于那些特别喜欢香蕉而不喜欢苹果的人（A先生）来说，他对香蕉的购买量将大大超过苹果的购买量；而对那些特别喜欢苹果而不喜欢香蕉的人（B先生）来说，则刚好相反。

我们再来看生产。这时候，商品的价格对企业而言就表示各种所需投入的稀缺程度。如果每家企业均面临同样的劳动、资本和其他投入品的价格时，它们会自觉地、最有效地使用这些投入，从而保证经济在其生产可能性曲线上运行。

在产品组合方面，价格机制再次保证了其有效性。因为这时候消费者的偏好完全通过商品价格的变化体现了出来。比如说，经济一开始在生产可能性曲线上的点 E_0（见图8－11）处运行。假设由于某些原因，消费者的偏好发生变动，他们想要更多的香蕉、更少的苹果。这一变化通过市场上的供给需求的变动最终体现到价格上：对香蕉需求的上

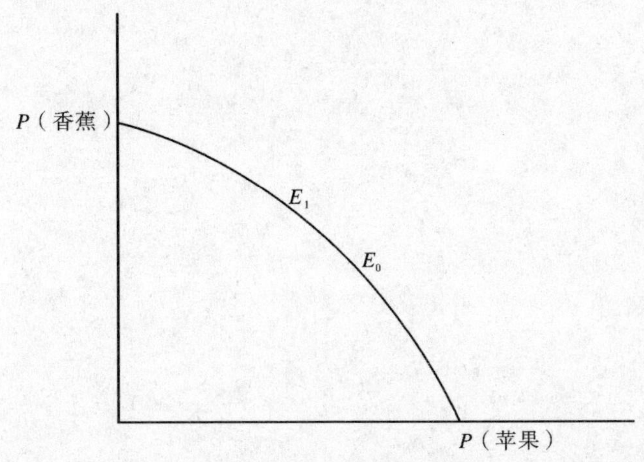

图 8－11　香蕉和苹果供应曲线

升使得香蕉价格上升，从而香蕉的产量也随之上升；而对苹果需求的减少则使得苹果价格下跌，进而苹果的产量也会减少。整个经济就会沿着生产可能性曲线移动，比如移到点 E_1。此时，有更多的香蕉、更少的苹果供应市场，经济中的产品组合随消费者偏好的变化发生了变动。

那么，假定经济有一个帕累托最优的配置，我们能否找到一组价格使市场达到均衡，也就是能否通过市场上的价格机制来加以实现呢？

福利经济学第一定理解决了这个问题。它表明，在一定条件下，帕累托最优配置总可以通过市场均衡加以实现。

主题十五　旧货市场与逆向选择

相信大家都有这样的经验：当你在市场上买东西的时候，对一些商品的价格和质量，你心里完全没底。虽然你会觉得老板开的价太高，但是实际上你根本不知道这种东西究竟值多少钱。关于该商品的价格和质量的信息，只有卖东西的老板才真正了解。在经济学上，我们把这种情形称为存在**非对称信息**，即某些参与人拥有另一些参与人不拥有的信息。

非对称信息的情况在旧货市场上非常明显。在旧货市场上，商品的质量参差不齐，某件商品真正的质量情况只有卖主清楚，买方只能靠估计。比如一辆二手汽车，表面上看还比较新，但实际上它有些什么毛病还很难说。也许它的发动机存在严重的问题，但这只有开上几百公里之后才能发觉。所以，问题就出现了：怎么鉴别旧货的质量呢？在大多数人都不是专业人士的情况下，我们只能采取一个办法——估计。一般而言，我们假设整个旧货市场上商品的平均质量是共有知识，也就是说，到旧货市场上去的人都知道旧货的平均质量。如果要出价，我们也就最好按平均价格来把握。这当然是明智的做法。但是，这样一来，到旧货市场上去的人都只愿意支付平均价格，那些质量明显高于平均质量的旧货就会不愿意卖，从而退出市场。随着质量高的旧货的退出，整个旧货市场上商品的平均质量下降，买主的开价也下降，较高质量的旧货又会退出市场……这个过程会一直进行下去，直到旧货市场消失。这在信息经济学上称为逆向选择，它是由非对称信息造成的。平常人们说选择，都是选择好的，而这里选择的却是差的，所以把这种现象叫做逆向选择。

在保险市场上，逆向选择的情况也是显然的。每个人的风险程度是不一样的，保险公司不可能完全了解每个人的风险情况，所以它只能按照一个平均的风险水平来厘定保费率。风险程度低于平均水平的人就不会来投保，只有那些风险程度高的人才会来投保。

逆向选择造成的后果当然是非常的不利，但也并不是没有办法解决。从造成这种状况的原因我们知道，如果能消除非对称信息，那么也就不会有逆向选择了。然而，要完全消除非对称信息非常困难，所以我们一般只能尽量减少信息不对称的情况。一种方法是由卖主采取一些措施让买主相信自己的商品质量，比如可以提供一年的免费保修期；让经纪人介入是另一种解决办法，因为经纪人对信息的掌握始终要比普通消费者多。

主题十六 保险市场与道德风险

非对称信息除了可能造成逆向选择外，还可能导致道德风险。这在保险市场上比较常见。当投保人按照保险公司厘定的保费率投保之后，保险公司对他的行动是缺乏了解的，即使当初投保人的风险并不是太大，但是如果他做出一些事情从而加大了自身的风险，那么这对保险公司是相当不利的。比方说，投保人A向保险公司投了家庭财产险。在投保之前出门时他也许还会比较注意看看门窗是否锁好、煤气有没有关好、电源插座是否已经拔掉等。但是由于已经投了保，他可能就会这么想：反正投了保，出了事有保险公司呢，我犯不着那么小心。所以他可能就会不那么注意防盗、防火等。这样一来，他家的财产失火的风险就会加大，因而保险公司就面临损失；有的人甚至故意造成火灾来骗保。这种情况下，因为保险公司无法观察到人们在投保后防灾行为的情况，从而投保人产生了“隐蔽行为”，保险公司面临着投保人松懈责任甚至可能采取“不道德”行为而引致损失的风险。这就是**道德风险**。

道德风险与逆向选择都是由于非对称信息造成的，但它们之间有着明显的区别。从理论上讲，逆向选择是合同前（事前）的机会主义，道德风险则是合同后（事后）的机会主义，而实际上，这两种情形一般同时出现。比如，在股东和经理人的关系当中，经理拥有自己管理能力的私人信息，因而在挑选经理人员过程中，股东面临着逆向选择问题。而经理又掌握着公司运行和政策选择方面的隐蔽信息，这样股东又面临着道德风险。

许多道德风险的问题都可以化为“委托—代理”问题。简单地说，委托—代理关系就是一个人（所谓代理人）按照协议规定以另一个人（所谓委托人）的名义来承担和完成一些事情。比如股东和经理之间就是一种委托—代理关系，委托人是股东，代理人是经理。一般而言，委托人是无法完全观察到或者至少无法完全证实代理人的行为，因此，这里存在着信息不对称的问题，特别是一些隐蔽行为。而造成这一问题的根本原因在于委托人与代理人的目标经常是不一致的。比如在股东—经理关系中，股东的目标当然是企业价值的最大化，但经理的目标一般只是个人利益最大化。

要解决道德风险问题有许多可选的方法，下面以股东—经理关系为例加以说明：将经理的工资与企业效益挂钩；股东加强对企业的监管；股东实行效率工资，即支付给经理一份较高的、在其他地方很难得到的工资。另外，保证金也可以起到防止道德风险的作用：股东要求经理事先交纳一定的保证金，一旦发现经理经营过程中有欺瞒行为或没有尽力的情形，经理就会失去这笔保证金。

主题十七　拍卖与招标

拍卖和招标应该说是一种很古老的交易机制了，它的历史据说可以追溯到罗马时代。而在现代社会，拍卖又是很流行的组织和实现交易的方式，常用于销售诸如古董、精美的艺术品、二手家具、土地、破产资产等。对于大型的建设项目，比如修电站、公路、港口码头等，一般就采用招标的做法。

容易看出，拍卖与招标是不同的。拍卖一般是一种销售商品的行为，而招标是为了完成一项工程或提供一项服务而进行的活动。而且两者的资金流动方向是不一样的：拍卖过程中由出价者支付给拍卖者，在招标时则由招标者支付给中标者。两者之间一个根本的区别在于，在商品拍卖中，人们对拍卖品信息的了解一般是比较完全的；而在工程或服务招标中，人们对将来才完成的工程和以后才提供的服务的信息了解就没那么完全了，因为未来总是不确定的。正因为这样，商品拍卖一般是“价高者得”；而在工程招标中，除了比较出价外，还必须考虑企业履行承诺等其他因素。

尽管这样，拍卖和招标之间也有许多共同的特点。首先，通常要交易的标的物潜在价值都比较大；其次，一般而言，每件标的物都是独特的，各自有一个单独的价格。所以，我们通常就只看拍卖，而招标理论完全可以从拍卖理论来理解。

大致来看，现在比较流行的拍卖方式主要有四种：

英国式拍卖。这是一种很常见的拍卖方式。在这种制度下，拍卖师先提出一个最低价，为了得到标的物，互相竞争的买主不断地提高出价，直到没有人愿意出更高的价格为止。所以这种拍卖方式又称为**升价拍卖**。

荷兰式拍卖。是拍卖师先提出一个比较高的价格，然后不断地逐渐降低价格，直到有人示意愿意以目前的价格买下标的物为止。所以这种拍卖方式又称为**降价拍卖**。

密封第一价格拍卖。这也是一种常见的方式。在这种制度下，参与拍卖的买主向拍卖人递交密封的出价，由出价最高者赢得标的物，支付他提出的价格。

密封第二价格拍卖。这在实践中比较少见，大家也许对它不太熟悉。它是由著名的经济学家维克里（1995 年诺贝尔经济学奖获得者之一）于 1961 年提出的，所以又被称为“维克里拍卖和招标”。在这种方式中，买主也是递交自己的密封出价，最后由出价最高的买主赢得标的物，但他只需要支付所有买主出价的第二高的价格。

由于拍卖种类的不同，拍卖参与人的策略也相应不一样。

在英国式拍卖中，当价格被不断抬高时，参与者必须决定是出更高的价，还是退出拍卖。这当然取决于他对标的物的评价。如果对手的出价低于自己的评价，他当然会抬高出价；但如果别人的出价已经高于自己的评价，他最明智的做法就是退出。所以他的策略应该是：必要时一直出价，直到价格等于自己对标的物的评价为止。

而密封第二价格拍卖似乎就没有那么明显了。让我们举个具体的例子来加以说明。假设参与人A与参与人B进行一场密封第二价格拍卖，其中A对标的物价值的评价为1000元。如果A出价800元（低于自己的评价1000元），那么要是B出价600元（低于A的出价），A当然可以以600元的价格获得标的物；但要是B出价900元（高于A的出价），A虽然愿意出价950元，但他已经失去了这个机会。反过来，如果A出价1200元（高于自己的评价），那么要是B出价800元（低于A的评价），A自然可以以800元的价格获得标的物；但要是B出价1100元（高于A的评价），那么A就得支付1100元的价格，这也是不划算的。所以，A一定要按自己的评价来出价。B也是一样。